新学校体育叢書

ボールゲームの授業

学校体育研究同志会編

創文企画

新学校体育叢書の発刊によせて

（1）学校体育叢書の意義

①学校体育叢書の刊行

　学校体育研究同志会（以下、「体育同志会」）は1970年代のはじめ頃から1980年代半ばにかけて『学校体育叢書』（ベースボールマガジン社）（以下、「叢書」）を刊行しました。本稿の末尾に掲載している【表1】はそのタイトルと発行年を一覧にして示しています。全25巻のタイトルからこの時期の体育同志会の実践や研究の全体像を伺い知ることができます。まず、体育・保健体育の教育課程（教科における教材別の指導、体育理論、健康教育、教科外の行事やクラブ活動の指導）が網羅されています。そして技術指導と集団づくりという体育指導の中心的テーマが扱われています。幼児や障害児を含んだ体育指導の対象の広がりがあります。体育実践や体育指導あるいは技術指導についての基本的な考え方がまとめられています。体育の実践記録や実践的な研究方法が追求されています。そして、スポーツの技術と思想という文化研究の成果も示されています。

②「叢書」発刊を促したもの

　当時の「叢書」発刊を促したものは大きく2つありました。1つは、現代科学の成果や体系を教育の内容に反映させるという当時の教育全体の動きです。「体育は何を教える教科か」が厳しく問われ、それにどう答えるかを実践的に明らかにして具体的に示す必要がありました。2つめは、子どものつまずきを克服し、子どもの切実な要求に答えられる技術指導の内容や系統について、科学的な見通しと実践的な手応えが確認されてきたことです。とくに1960年代から実践的な研究を重ねて、誰もが泳げるようになる「ドル平」泳法をつくり出したことが、その後の技術指導の研究や実践を大きく前進させました。教材の本質を明らかにする方法や、実験的に実践し子どもの事実で検証しながら教材づくりを進めることなどが、「ドル平」泳法をつくり出す過程で自覚化されてきました。このような教材づくりの方法を科学的に整理して、それを他の教材に適用していくことによって、各教材の「特質」は何か、「基礎技術」は何か、「技術指導の系統」はどのようなものかが明らかにされていきました。

③「叢書」刊行の頃の体育指導の問題

　ところで、「叢書」が刊行された頃は「カン」や「コツ」といった経験的な指導が主流でした。「体力づくり」を目標の柱に掲げた 1968 年の学習指導要領から「たのしい体育」がうたわれた 1977 年の学習指導要領の時期と、「叢書」刊行の期間が重なっています。

「体力づくり」体育では、一見科学的な装いを取りながらも、「筋力」「持久力」といった行動体力要素が「基礎」と考えられ、教材の価値や学習の成果が体力要素に還元されました。また、技術学習に関しては、個別スキルや部分スキルを「基礎」、集団スキルを「応用」、そして全体としての「ゲーム」を順番に積み上げるように指導していけばよいと考えられていました。しかしこうした指導では、子どもは面白くない上にできる見通しを持てず、実際なかなかうまくなりませんでした。結果、「体育嫌い」がたくさん生まれ、次の指導要領では一転して「楽しさ」が強調されることになります。しかし今度は、「楽しい」と感じることが優先され、何を指導し何が学ばれたのか、どんな力がついたのかが不問になってしまったのです。

④「みんながうまくなる」体育の追求と実現

「叢書」の刊行はこのような当時の体育指導の問題から脱却することを促し、体育授業を変える方向や方法を実践的かつ具体的に提起し、その考え方や科学的な根拠を明らかにするものでした。「叢書」から学んで体育授業づくりに取り組んでいた教師たちは、「体力づくり」体育や、「基礎」「応用」「ゲーム」の形式的な積み上げ方式の体育に陥ることなく、「みんながうまくなる」体育を追求していたのです。

　このように「叢書」は、教材ごとの技術指導の科学的な根拠をもった筋道を明らかにし、それに則した体育授業づくりを促して、体育指導を変革することを可能にしました。さらに、体育指導の「素材」となる運動やスポーツが文化であることや、文化としての最も魅力的な面を味わうために不可欠な技術を明らかにする観点、「素材」から教え学びとる内容が凝縮された教材をつくる方法・手順を明らかにしました。「叢書」の成果を学び共有することによって、体育という教科に固有の文化や科学に関わる内容を探求し、教えがい学びがいのある教材づくりを進め、指導の内容や系統的な筋道を明らかにすることを、教師自身が実践と研究の課題として自覚するようになりました。

（2）新しい学校体育叢書発刊へ

①体育同志会の実践・研究の進展

　以上のように「叢書」の成果は学校体育や体育指導のあり方、体育を担当する教師の実践と研究を大きく変えるものでした。けれども1980年代半ば以降、その成果を土台としつつも体育同志会の実践や研究は、その後の諸課題と向き合ってさらに進展してきています。それゆえに新しい学校体育叢書（以下、「新叢書」）を発刊することが必要になっています。「叢書」以降の実践や研究には以下のように相互に関わり合ったいくつかの進展のベクトルがあります。

　1つは、「体育がすべての子どもたちに保障する力は何か」、「体育でどんな子どもを育てるのか」という学力や教養や人格形成の考え方が探求されてきました。2つめは、体育授業で様々な仲間と協同して学ぶこと（「グループ学習」あるいは「異質協同の学び」）の意味や指導のあり方が深められてきました。グループ学習は体育授業において子どもたちを学習の主人公にするための方法と捉えられ、さらには体育授業にとどまらず学校の外で文化実践の主人公になるために不可欠な学習方法であると考えられています。3つめは、体育で扱う教材や種目から実践を論じるのではなく、運動・スポーツ文化を全体的・総合的に認識するための教科内容についての研究が自覚的に追及されてきたことです。中村敏雄編『スポーツ文化論シリーズ』（創文企画）など、スポーツの文化研究の広がりや深まりがこのことを後押ししました。また、スポーツ文化に関する基礎的認識を教える「教室でする体育」（体育理論）の試みも生まれました。4つめは、これらの実践と研究の進展を土台として、現場の教師たちが自前の共同研究によって『教師と子どもが創る体育・健康教育の教育課程試案』（1巻、2巻、創文企画）を作成したことです。就学前から高校までの発達課題や生活課題とともに体育の実践課題を階梯ごとに示し、運動・スポーツ文化の全体系にもとづいた教科内容の領域と基本的事項を、階梯にそって系統的に構成したものです。このような試案づくりに触発されて、自前の体育カリキュラムづくりの実践がいろんな現場教師によって提起されるようになっています。

②民間の教育研究団体の成果を世に問う

　「叢書」がそうであったように、「新叢書」もまた、民間の教育研究団体である体育同志会の実践と研究の成果を広く世に問うものです。「学校体育叢書の意義」で触れたように、わたしたちは民間の教育研究団体として、「学習指導要領に準

拠する」ことを無条件に前提とせず、様々な体育指導の問題に向き合い、運動文化論という独自の立場と子どもを社会と文化の主人公にするという切り口から学校体育をどのように改善するかを追求してきました。

「体育は何をめざし、何を、どのように教える教科なのか」、「体育が保障する学力はどんなものか」「すべての子どもが『できる・わかる』ようになる指導の内容と系統をどうつくるか」「子ども同士が主体的に教え合い、学び合う体育学習をどう組織するか」。このような自問自答を半世紀以上も重ねてきました。そして、子どもが確実に変わる実践の事実でその成果を確かめてきたのです。

2008年に告示された学習指導要領は、およそ30年続いてきた「楽しい体育」路線と「めあて学習」の指導を大きく見直すものになっています。「体育は子どもたちにどんな力を保障するのか」を明確にすることが求められ、教科の目標と内容をより明確なものにし、「学習内容の体系化・系統化」が重視されています。この指導要領の作成に深く関わった高橋氏は、これからは次のように体育が「変わらねばならない」と述べています。

体育は「運動文化を基盤として成立する教科」であり、「生涯スポーツの実現に向かって、運動文化を教養として習得させ、主体的な運動実践人の形成をめざしている」(高橋健夫「教育改革でこれまでの体育はこう変わらねばならない」『体育科教育』2008年5月)

この主張は、運動文化論といわれる体育同志会の考え方と酷似しています。2008年の指導要領の解説書や指導要領に準拠した体育授業に関するテキストには、体育同志会の実践研究の成果が参考にされている部分が見受けられます。このことは、わたしたち民間の実践研究が先進的なものであり、これからの体育を考えるとき民間の実践研究の成果が無視しえないものになっていることを表しています。

このような意味で「新叢書」は、指導要領が求めていることに十分応えられる内容をもっているだけではなくそれをさらに越えて、これからの学校体育のあり方を全国の学校体育に関わる人たち、とりわけ教師、父母、子どもたちに向けて発信するものになっています。

③どんな「新叢書」が求められているか

どんな「新叢書」をつくるのか、わたしたちは以下の様な4つの基本方針をもって取り組みました。

◆学習指導要領が示す体育のあり方と向き合い、運動文化論という民間としての

体育同志会の立場から追求し確認されてきた今日的な到達点にもとづいて、これからの体育実践を構想していくうえで是非とも必要な内容や課題を示したい。これまでの種目中心、技能中心の体育観を払拭し、近現代スポーツが抱える問題も視野にいれながら、これからの運動・スポーツ文化を創造する主人公に子どもたちがなるような体育実践の構想を各巻のテーマや課題にそくして示したい。

◆以前の「叢書」に学んで自前の体育授業づくりに取り組んできた現場教師の多くは、子どもが変わる姿に体育授業づくりの手ごたえを感じ、さらには体育の年間計画を変え学校づくりを視野に入れた多面的な教育実践を展開してきました。今度はそうした人たちが中心になって、いま学校現場に増えている若い次世代の教師と一緒になって、「叢書」を現代的な状況と視点から学び直し、その何をどのように引継ぎ、発展させるのかを明らかにし、それを「新叢書」づくりに盛り込んでいく。

◆「叢書」以降に生み出された、すぐれた成果をあげた実践、その時々の重要な教育課題に応えようとした実践、これからの体育のあり方を大胆に問題提起するような実践など、典型となる体育実践をフォローしていく。そしてこれから先の社会や学校体育のあり方を展望して、それらの実践的研究の成果や課題を整理し位置づけていく。

◆「叢書」以降に目覚しく発展・深化している運動科学や技術・戦術に関する科学、スポーツ文化に関する研究の諸成果や方法を確認し、それらを体育実践において意味ある教養や認識の内容として妥当なものかどうか批判的に検討しながら取り入れていく。

以上の様な4つの基本方針から、「新叢書」は体育同志会の実践・研究の全体的構造を最新バージョンで提案するものにしたいと思っています。

この「新叢書」発刊をきっかけとして、これからの学校体育をめぐり現場の実践的取り組みといっそう深く結びつき、全国で学校体育の改革に関わっている様々な人たちとの交流やネットワークを広げていきたいと思います。その中で忌憚のないご批判とご意見がたくさん寄せられることを期待しています。また、何よりも体育実践における子どもたちのリアルな姿や声を大切にしつつ、子どもの発達や学びを援助し励ます父母や地域の人たちの受けとめ方にも耳を傾けながら、「新叢書」の検証をしていきたいと思います。

新学校体育叢書の発刊によせて

表1　学校体育叢書（ベースボールマガジン社）のタイトルと発行年

第1期（全13巻）		第2期（全12巻）	
発行年	叢書タイトル	発行年	叢書タイトル
1972	水泳の指導	1978	技術指導と集団づくり
	バレーボールの指導		体育の実践的研究
	スキーの指導		体育理論の指導
	陸上競技の指導		性教育の展開
1973	小学校ボール運動の指導		スポーツの技術と思想
	バスケットボールの指導	1979	体育の技術指導入門
	キャンプの指導	1981	健康教育の実践（中学校編）
	体育指導法	1982	障害児体育の指導
1974	幼児体育の指導	1984	クラブ活動の指導
	器械運動の指導		運動会・体育行事の指導
	体育実践論		健康教育の実践（高校編）
1975	体育の授業記録	1986	ラグビーの指導
	サッカーの指導		

新学校体育叢書
ボールゲームの授業

目　次

第1部

ボールゲーム
の指導計画

第1章
小学校低学年〜中学年の
ボールゲームの指導

1. 低学年期におけるボールゲームの指導の目標と内容

(1) 低学年期の児童の発達とボールゲームの指導の目標

　低学年期の児童の発達の特徴は、神経機能の伸長が著しく学習機会に恵まれると幼児期にはできなかった二つの動作を連動させた動き（協応動作）ができるようになることです。たとえば、ナイフで鉛筆を削る（目と手）、投げる手と反対の足を一歩踏み出して物を投げる（手と足）、片方の足を支えにしてもう一方の足でボールを蹴る（軸足と蹴り足）などの技ができるようになります。ボールゲームの指導においても神経機能の伸長を促す教材を用意することが大切です。

　また、練習メニュー自体がゲーム性に富んでいて楽しいものを用意すると、五感を使って全身で「できる」まで取り組むことができます。成功や失敗をたくさん経験させることが大切で、この体験が伏線として残り、中学年以降の「わかって、できる」技術学習によみがえります。

　この時期の児童は友達とのつながりは希薄で、学習活動を通じて児童間の交わりを深めることも課題となります。

　低学年期の児童におけるボールゲームの指導の目標を以下のように考えます。
①ともにうまくなる
　・からだの操作やボール操作の方法を教え合いながらうまくなる。
　・シュートが決まる場所がわかり、攻めと守り「1 対 1」の駆け引きを楽しむことができる。
②ともに楽しみ競い合う
　・みんなでうまくなって、「うまくなった」チーム間でゲームを競い合うことができる。
③ともに意味を問い直す
　・みんなにはそれぞれちがった経験や考え方があり、「上手」な子も「下手」な子も「たくさんボールに触りたい」「もっとうまくなりたい」とう願いをもっていることがわかる。

(2) 教材体系

　低学年期の児童でも幼年期の運動経験の有無により身体操作能力にかなりのひらきがあり、「未熟な児童への配慮」が必要です。

　また、低学年の特性から①身体操作・ボール操作力（ボール持って走る、ボールを的に投げる、足のいろいろな部分でボールを蹴る）の向上を重視し、②習熟練習は習熟内容をゲーム化した教材を用意します。そして、習熟過程において「攻め対守り」の「1 対 1」の駆け引きを楽しむことや防御によって生まれる「死角」がわかることも視野に入れます。

①シュートボール
・しっぽとりゲーム（重点教材、フラッグフットボールへの事前学習教材でもある）
・的あてゲーム（①シュートが決まる距離②リバウンド③強くて正確なシュート）
・「1：1」のシュートボール（含むハーフコート）（＝重点教材）
・「2：2」シュートボール

②サッカー
・楽しくボール操作、身体操作の仕方を学ぶ教材（色々なボールタッチ、集団ドリブル「くやしい〜」、サッカー相撲、うさぎとかめ等）
・「じゃまじゃまサッカー I（攻め全員ボール保持）」（＝重点教材）
・「じゃまじゃまサッカー II（ボール 1 個）」

2. 中学年期におけるボールゲームの指導の目標と内容

(1) 中学年期の児童の発達とボールゲームの指導の目標

　中学年期の児童の発達の特徴は、低学年期の具象的で多様な運動経験をもとにその蓄積の広がりで、抽象的思考、論理的思考が芽生え出すことです。帰納的な学習方法から分析力が備わってきます。

　この時期、「ゴール前（シュート局面の攻防）における 2 人のコンビネーションによる攻防技術」の学習を問題解決学習等の方法で学ぶことが大切です。

　また、低学年期からできてきた「協応動作」に「しなやかさ」が加味され、いろいろなボール操作が姿勢を崩さずにリズミカルにできるようになります。ボール操作力の獲得を「コンビネーション学習」と関連づけて学ぶことが大切です。

　中学年期の児童におけるボールゲームの指導の目標を以下のように考えます。
①ともにうまくなる
　・重要空間への走り込みとそれへのパス出しからのシュート（2 人のコンビネーションからのパス・シュート）ができる。

- ボール保持者のシュートコースを抑えたり、重要空間に走り込もうとする者を
マークしようとこころみるようになる。

②ともに楽しみ競い合う
- グループ学習で個人やチームの課題を明らかにし、協力して問題解決学習に取
り組むことが出来る。
- 自分たちにあったルールを考えて楽しむことができる。

③ともに意味を問い直す
- チームや個人の能力を固定的に見るのでなく、それぞれを上達の過程上に位置
づけて見ることができるようになる。

(2) 教材体系

　中学年期の教材には、ボール操作力に巧みさが備わることに加えて、この時期の
児童の発達的特徴である分析力の向上を促すものを用意しています。

①フラッグフットボール
・「2：2」のフラッグフットボール（＝重点教材）
・「3：3」のフラッグフットボール（変形Tフォーメーション）

②シュートボール
・「2：1＋キーパー」のシュートボール
・「2：2＋キーパー」のシュートボール（＝重点教材）

③サッカー
・「じゃまじゃまサッカーⅡ」（攻め3：守り2、ボール1個）
・「じゃまじゃまサッカー基礎技術バージョン」（攻め2：守り1＋キーパー）（＝
重点教材）
・「じゃまじゃまサッカー基礎技術発展バージョン」（攻め2：守り2＋キーパー）

3.　サッカーの指導

　ボールゲームは、ボールをゴールに入れた得点の多さを競うゲームであり、そこ
には特有の難しさである「相手とのかけひき（戦略づくり）」や、バスケットボー
ルやサッカー特有の「攻防の切り替え（作戦づくり）」が、特に情報処理の能力が
発展途上の低・中学年の子どもたちにとっては大きな壁となります。サッカーでは、
足でのボール操作による不確定要素がさらに難しくしています。そして、スポーツ
クラブで習っている、運動が得意で技能を先取りしている子がワンマンプレイには
しり、他の子がそれを見ているというような実態が生まれやすい教材であるともい

えます。

　そこで、低学年・中学年のサッカーを「みんなが分かってできる（低学年は「できる」が先に来る）」ようになる指導方法を提示してみます。

(1) 低学年の指導
○第1次『オリエンテーション』

　低学年の子どもたちは、からだの巧みさが育つ発達段階であるのでそれほど能力格差が大きくありませんし、周りの子と比べた自分の能力観というのがまだ固定化

表 1-1-1　【低学年の全体計画】『自分と相手との関係づくり』(11 時間)

次	時	学習内容	教えたい中身
1	1	オリエンテーション	・「みんながみんなでうまくなるサッカー学習」という目標を確認する。 ・チーム編成 ・ゲームに出る順番や役割を決める。 ・コーチ会議
2	2 3 4	「じゃまじゃまサッカードリブル」(3：2) 『点を入れるには、どうすればいいかな？』	(攻)・シュートをする喜びを体験する。 ・ボールを思うように操作できるようになる。 ・今がチャンス（すきまがある）が分かる。 (守)・攻めのボールを奪ってけり出すおもしろさを体験する。 ・攻めてくる相手の前で守ることが分かる。
3	5 6 7	「じゃまじゃまサッカードリブル」(3：2) 『みんなが点を入れるには、どうすればいいかな？①』(個人戦術)	(攻)・じゃまされても点を取れている子は、「フェイント」をして守りをかわしていることが分かる。 ・チームで「フェイント」を考え、できるように教え合う。
4	8 9 10	「じゃまじゃまサッカードリブル」(3：2) 『みんなが点を入れるには、どうすればいいかな？②』(チーム戦術)	(攻)・味方が守りにじゃまされている間にできた「すきま」を探すことでも、じゃまゾーンをぬけられることが分かる。
5	11	まとめのリーグ戦 (3：2 又は 3：3)	・みんながボール操作を十分習熟できていれば、3：3での対戦へと発展させてもよい。

※中学年や高学年からサッカー学習に入る場合は、一度子どもたちの知っているサッカーをやってみて、「おもしろかった」かどうかやその理由についてのアンケートを行い、「みんながみんなでうまくなるためにはこのサッカーではなく『じゃまじゃまサッカー』というのをしてみない？」と提案する形でじゃまじゃまサッカードリブルから始めるのもいいかもしれません。

していません。そんな低学年の子どもたちにとって、「みんながうまくなる」という体験や、低学年なりに学習した具体的事実からうまくなる方法を「みんなで」探していく機会を保障する絶好の時期であるといえます。

　そこで、教室のオリエンテーションでは、「みんながみんなでうまくなるサッカー学習」を子どもたちに呼びかけ、そんな学習をしていくためのグループを教師側で用意しておいて発表します。子どもたちとこのチームでよいか納得を得られれば、各チームでキャプテンとコーチを選出させます。また、準備係など各チームで役割も決めていきましょう。

　また、「みんながみんなでうまくなる」ための教材として「じゃまじゃまサッカー」（本書 p.119 参照）を説明します。そして、チーム毎に出る順番と記録と審判を決めていきましょう。

- チーム…どのチームにも「運動の得意な子」「運動の苦手な子」「理解力の高い子」「気になる子」が存在するような、異質協同のチームをつくります。
- キャプテン…チームの子に声をかけたり積極的に活動しようとする意欲のある子。
- コーチ…コーチ会議に参加して、記録表をもとにチームの中で困っている子を探し、どうすればうまくなれるかを会議の中で考えていきます。
- 役割…「キャプテン」「コーチ」以外に、「道具準備」「記録（日付など）」「グループノート（先生に提出する係）」を決めておくと、授業の流れが子ども主体になりスムーズになります。
- 出る順番と記録と審判…毎回、「運動の得意な子」と「運動の苦手な子」が同時に出るように決めます。また、出ていない時に得点を記録する人も決めます。審判は、「ゴールかどうか見る人」「じゃまゾーンを超えたかどうか見る人」をチーム一人ずつ決めましょう。

○第2次『点を入れるには、どうすればいいかな？』
　いよいよじゃまじゃまサッカーのはじまりです。最初はボールを全員が持って攻めるので、必然的にドリブルゲームとなります。準備運動として、p.119 で紹介した「ボールタッチ」や「へびドリブル」を紹介し、以後の授業の最初にも継続して取り入れましょう。

　この段階で、「ボールがうまくけれない」といった子どもの実態や感想文から、p.120 で紹介した「わっかをめざせ」や「コーンをめざせ」、「8の字ドリブル」を順次取り上げてみましょう。

　ここでの学習のポイントは、「じゃまゾーンにできるすきまの発見」です。子どもたちは必ず、「すきまがあったらいけた」といった空間に関する感想を書いてきます。これを取り上げて、「すきまを見つけよう！」と全チーム共通の学習課題を設定し進めていきます。

○第3次『みんなが点を入れるには、どうすればいいかな？①』（個人戦術）

　じゃまじゃまサッカーを3時間ほどすると、だんだん点を取れた子とそうでない子の差が顕著に表れてきます。点を取れていない子は、じゃまゾーンで躊躇する姿も見られます。各チームに一人は出てくるでしょう。一方で、「すきまがあれば行けた」という感想が大半を占めてきます。そんなころ合いを見計らって、『みんな点を入れるにはどうすればいいかな？』と子どもたちに投げかけます。

　この時期にキャプテンコーチ合同会議を休み時間などに設定します。じゃまじゃまサッカーのとりことなった子どもたちは休み時間返上で乗ってきます。そして、記録表をながめさせ、チームの中で誰が得点をたくさんとっていて、誰が取れていないかに注目させます。次のじゃまじゃまサッカーの時には、この二人の違いに注目するよう呼びかけておきましょう。

　そうすると、次の時間には点を取っていない子がじゃまゾーンの前で躊躇している姿と、一方で守りにつかれてもフェイントをしてじゃまゾーンを突破している子の違いを発見してきます。この時に、「上手い子はじゃまゾーンで躊躇してる子の未来の姿。躊躇している子は、すでに上手くなった子の昔の姿だよ。」と解説してあげると、チームの中で互いに見通しを持ちながら教え合い、学び合うことができるようになります。

　そして、ここまでのサッカー学習4時間で、運動の苦手な子もある程度ボール操作ができるようになっているので、「各チームでフェイントづくりをしよう」と、全チーム共通の課題を設定して進めていきましょう。フェイントには①「右に行くと見せかけて左に行く」（方向転換）と②「ゆっくりからスピードをあげる」（スピード転換）と③「相手とボールの間に自分の体を入れる」（ブロック）の三種類に集約されます。この時に、「サッカーずもう」や「くやしい」（p.116、p.118 参照）を扱うとよいでしょう。

○第4次『みんなが点を入れるには、どうすればいいかな？②』（チーム戦術）

　フェイント学習の一方で、「上手い子に守りが引きつけられている間にすき間ができるところを行く」といった、味方をおとりとするような感想文も出てきます。このようなチーム戦術の視点に関する指導も球技指導にはとても重要になってきま

す。

　そこで、フェイント学習もひと段落したころに、おとり作戦についても取り上げて作戦づくりを行います。作戦表を用意し、誰はどのように攻めるかをはっきりさせて、ゲーム開始時にはねらいを持って取り組めるようにしていきましょう。

　また、子どもたちに余裕があればドリブルの方向についても取り上げましょう。図 1-1-1 のように

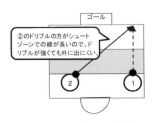

**図 1-1-1 ドリブルの方向と
コートの性質**

まっすぐのドリブルよりも、斜めのドリブルの方がコートを広く使えて線から出にくくなります。このように、相手とのかけ引きだけではなくコートに対する認識も、戦術学習には必要不可欠な要素です。

○第 5 次『まとめのゲーム』

　サッカー学習の最後は、まとめのゲーム大会を行うとよいでしょう。どのチームも力は拮抗しているので、勝ったり負けたり引き分けたりと大いに盛り上がるはずです。どの子も一時間の授業でゴールを 5 点以上とれていれば十分習熟できていて、「すきま」についてしっかり認識できていると考えられます。そのような時は、守りを 1 人増やした 3：3 でのゲームとするのもいいでしょう。

　このゲーム大会では、ただ盛り上がるだけではなく、リーグ表を用意したり、賞状を用意したり、ルールを確認したりして、運営をできる範囲で子どもたちに任せることも大切です。また、『まとめのゲーム』後にはまとめの感想文を書かせるようにしましょう。サッカー学習でどんなことが分かったのか、どんなことができるようになったのか、チームの子はどう変わったかの視点で書かせ、この感想文を交流しましょう。このようにして、「みんながみんなでうまくなるサッカー学習」をみんなの手で作り上げてきたことを子どもたちにフィードバックすることが、新たな学習要求の土台を築くことになるでしょう。

(2) 中学年の指導
○第 1 次『オリエンテーション』

　個人差はありますが、9 歳の壁に差しかかる中学年の子どもたち、特に 3 年生の後半は、低学年から引き続きからだの巧みさが育つ発達段階であること以上に、学校でのさまざまな経験を積み重ねてきているので周りの子と比べた自分の能力観ということが見え始める時期です。しかし、固定化することはまだそれ程ありません。また、ものごとの原因と結果をそれまでの経験とつなぎあわせて考えたり、これか

表1-1-2　【中学年の全体計画】『自分と複数の味方・相手との関係づくり』（11時間）

次	時	学習内容	教えたい中身
1	1	オリエンテーション	・「ドリブル」バージョンと違って、攻めの時にチームでボール1球とするルールを確認する。 ・低学年参照
2	2 3	「じゃまじゃまサッカーコンビネーション」（3：2） 『点を入れるには、どうすればいいかな？』	(攻)・1人のドリブルでは2人の守りを突破できないことに気づく。 ・ボールを「すきま」に通して味方にパスできれば、シュートできることが分かる。 ・パスの仕方、パスの止め方が分かる。
3	4 5 6	「じゃまじゃまサッカー基礎技術バージョン」（2：1） 『二人のコンビネーションで大切なことを学習しよう』	(攻)・だれが、どのあたりで、いつパスをもらうか、作戦図を使って考える。 ・ボールを受ける人は、守りの後ろに隠れてしまうとパスが受けられないことが分かる。 ・パスするふりをしてドリブルや、パスするふりをして別の方向にパスする工夫を考える。 ・パスの仕方、パスの止め方を習得する。
4	7 8 9 10	「じゃまじゃまサッカーコンビネーション」（3：2） 『じゃまする守りをどうすれば、作戦が成功しやすくなるか考えよう！』	(攻)・ボールを受ける人は、守りを外す動きをしてすきまをつくる。 (守)・「すきま」を突破されないように、2人のコンビネーションで防ぐことを考える。
5	11	まとめのリーグ戦	・作戦の完成度が高まっていれば、3：3での対戦へと発展させてもよい。

※中学年や高学年からサッカー学習に入る場合は、まず低学年の全体計画を参照してください。

ら行うことの結果や原因を予想（仮説）できるような論理的な思考力が育ち始めています。そんな中学年の子どもたちにとって、「みんながうまくなる」という体験はもとより、うまくなる方法を「みんなで」探していく機会を保障する絶好の時期であるといえます。

　教室でのオリエンテーションについては、低学年の項（pp.15-16）を参照していただくとして、ここでは教師側の意識することを低学年との違いから示しておきます。

　まず、「じゃまじゃまサッカー」のルールの違いについて、攻めのボールが3人で1つになる以外、ルールはドリブルバージョンと変わらないことを説明します。

　次に、チームづくりについては子ども同士のつながりが育っているようでしたら、チームの中心となるキャプテンやコーチをこのオリエンテーションの場で選出して、次回のオリエンテーション②の時にチーム発表、様々な役割決定を進めるの

もいいでしょう。普段の学校生活や放課後の習い事での活躍などから、誰が運動が苦手かなどは、4年生くらいになれば子どもたちの方がよく把握していることもあります。その際は、選出された子どもたちのやりとりのバランスを取るように努めて、休み時間にチームづくり会議を行いましょう。

　また、ルールについて、勝敗にこだわりを持ち始める子どももいるでしょう。細かいところまで見る力も育ってきていますので、授業が進むにつれて、例えば「ボールが線から出たのにそのままシュートした（守りがボールをけってきた）。ずるい。」などの苦情もでてきます。その時は、ボールとラインの関係でどうなれば出たとするかを話し合い、合意を得たところでその判断は審判に委ねるということをみんなで決めていく学習も大切になってきます。図1-1-2で示し、「④のように線から完全に出る方がみんなにとって分かりやすい」という民主的な視点を

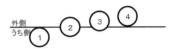

図1-1-2　ボールとラインの関係

育てることができます。「審判が自分のチームから出ている」＝「甘くする」などの声には、「審判は隣のコートを見る（第三者が審判をする）」とするといいでしょう。

○第2次『点を入れるには、どうすればいいかな？』

　じゃまじゃまドリブルと違って、3人でボール1球なので、多くの場合はうまい子がドリブルで突破するような展開となるでしょう。しかし今回はボールが1つしかないので、いくらうまいといっても中学年の子にとって、同時に2人を抜き去るのは簡単ではありません。必然的にボールを持っていない2人の動きが重要になり、パスが見られるようになります。ドリブルよりパスの方が速いことに気づいた証拠です。「パスの必要性」をつかんだ子どもたちに、p.116で紹介した「ボールタッチ」のパスバージョンを紹介するといいでしょう。毎時間の学習の準備運動的に扱うことができます。

　ここでの学習のポイントは、「パスの出し手ともらい手二人によるコンビネーション」です。また、パスを出したり止めたりする技術の習得も大切になってきます。そこで、次の学習段階へ進みます。

○第3次『二人のコンビネーションで大切なことを学習しよう』（チーム戦術）

　パスの必要性をつかんだ子どもたちに、二人のコンビネーションでゴールに向かうゲームを紹介します。

　それまで3：2で行ってきたゲームを2：1で行います。コートもグリッド状のラインを入れて、どこのエリアでパスを受ければいいかについても学習を進めます。

作戦図を用意して、事前にペアで相談させましょう。

　パスの出し手（オン・ザ・ボールの人）は、どこにいつパスするか、どれくらいの強さでパスするか、ボールの蹴り方について学習していきます。図1-1-3の場合、④の地点が守りをはずしてパスをでき、受けた人がシュートにも行きやすい場所であることを共通に学びましょう。

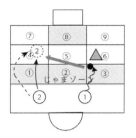

図1-1-3　作戦図の例

　一方パスのもらい手（オフ・ザ・ボールの人）は、どこに走り込むか、どのように走り込むか、ボールの止め方について学習します。走り込む場所は④の地点が優れていることは、パスの出し手と一致する部分です。この場所の認識の一致が、二人のコンビネーションには必要不可欠となるのです。また、走り方については、図の破線のようにゆったり回り込む（スワーブ）と、ボールを正面で受けやすく止めやすい体勢となります。

　この学習（図1-1-4）で、守りの後ろの⑥や⑨の地点は、足でボール操作するサッカーではパスが出にくい（守りの日陰）ことも掴ませましょう。ボールを持った①の視点から、守りの影とならないところ（日向）へ②は走り込む必要があることも、基礎技術バージョンでしっかり教えておきたいことです。このような②の動きは、「顔を出す動き」とよく言われます。①と②が守りでさえぎられるのではなく、互いに顔を見ることのできる場所へボールを持っていない②が動くことが大切です。

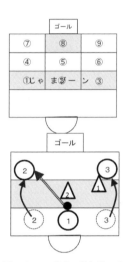

図1-1-4　グリッドと④への待ち伏せ作戦

　ボール操作技術が高まっていれば、⑧のエリアだけ守れるキーパー（手はなしとしてもいいかもしれません）をつけてもいいでしょう。これによって、シュート技術の精度も高めることができます。

　またボールの蹴り方については、つま先よりも足の内側で押し出すようにける方が正確なパスになりやすいこと。しかし初心者には、足の甲の方が足を開かずにけれるので有効な場合もあります。あくまでも、インサイドの方がボールにあてる面が広いので、パス成功の可能性が高くなるということを抑えておきましょう。止め方については足のつま先を上げて、足のうらにボールを当てるようにすると多少弾んだボールでも止められることに気づかせ、ゲームの中で動きながらできるように習得させましょう。

　サッカーはボールゲームで数少ない「中盤」のある球技です。パスを出す方も、受ける方も、この基礎技術バージョンで両方を経験し、習得することで、その後のサッカー学習を豊かにする扉となります。

　そこで、この時期にキャプテン・コーチ合同会議を設定しましょう。そして、記録表をながめさせ、チームの中で誰が得点をたくさんとっていて、誰が取れていないかに注目させます。得点の少ない子は多い子と比べて何が違うのかをゲーム中に見させるようにします。そうすると、ボールの止め方やシュートの仕方、そしてパスの仕方が浮き彫りとなってきます。これが、異質協同のグループ学習による課題解決です。

　また、学習が進むと、守りがパスを警戒し始めます。そうすると、今度は⑥や⑨の方が手薄となります。そんな時は、「パスと見せかけてドリブル突破」や、「⑥や⑨まで受け手が走り込んでパス」（図 1-1-5）という気づきも重要です。子どもたちの習熟が進み余裕がある場合は、「常に、守りとのかけ引きによって有効な攻めが決まる」ことも教えたい中身になってきます。

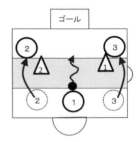

図 1-1-5　ドリブル突破作戦

○第４次『じゃまする守りをどうすれば、作戦が成功しやすくなるか考えよう！』
（チーム戦術）

　基礎技術バージョンで学習したことを、再び３：２のじゃまじゃまサッカーで試してみます。すると、今度は守りが２人であることに課題が深まっていきます。守りが１人の時は漠然とあった空間が狭められ、「すきま」として子どもたちは認識します。そのことによって、より正確で速いパスと互いのタイミングが重要となります。ゲームの質の違いから学習課題を子どもたちに掴ませ、より緻密な作戦づくりへと学習を発展させましょう。

　典型的な初期の作戦として「待ち伏せ」攻撃が出てきます（図 1-1-6）。そのことによって守り（図では２）が後ろに下がり始めると①はドリブル突破が有効になります。

　そこで、守りのコンビネーションが生まれます。つまり、「一人（2）はボールを持っている攻めに斜めから取りにくことで②のコースを消しながら①のドリブルにも警戒し（1人二役）、もう１人（1）は後ろで待ち構える」という「つるべの動き（一方が前に出

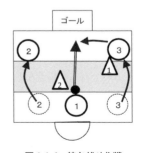

図 1-1-6　待ち伏せ作戦

ればもう一方は後ろに下がる）」といわれる守り方です。

　この守りに対抗する形で、『待ち伏せ』が発展した『走り込み』へと攻めのコンビネーションが発展していくことになるのです。しかし、後ろについた守り（1）が「ボールも見ながら後ろも気にする」ところまで個人守備戦術が発展すると、攻めの③は1を振り切らなくてはならなくなります。そこで、守りを振り切る動き方として、

a：「相手の重心の逆をとる」動き。一方に動いて、逆に動き直す。

b：「相手の視野から消える」動き。守りの後ろにかくれて、パスした時に位置に走り込む。または、相手の前から突然空いているところへ走る動き。

　以上の二通りが出てきます。総じて、「空間をつくる動き」となります。これについては、かなり難度の高い個人戦術なので、分析力と総合力が育ち始める高学年以降の学習内容となります。

　ここで、苦手だった子もコンビネーションに関するボール操作や動きを習得できているようならば、『守りが攻めのボールをとった後、スタートサークルでボールを止めたら守りに1点』というルールを新たに設定してみるとよいでしょう。これによって、攻防の切り替えが生まれますので、さらに作戦の成功率が求められます。また、サッカーらしさ（ゴール型ゲームらしさ）の一つである攻防の切り替えを子どもたちに分かりやすく教えることができます。

○第5次『まとめのゲーム』

　まとめのゲーム大会については低学年の方を参照してください。また、一時間の授業でゴールを10点以上とっていれば、作戦の完成度が高まっていると考え3：3のゲーム大会とするのもいいでしょう。

　中学年の後半にボールゲームをすることが多いと思います。特に4年生の後半は9歳の壁を超えた子どもたちですので、理解力が高まっています。ですから、リーグ戦の運営や表彰を実行委員会をつくって検討し、当日の運営は全て子どもたちに任せることができます。技術的に学んだことだけではなく、高学年に向けての自主的自立的な学習集団へのまとめとすることができるでしょう。

　また、『まとめのゲーム』後にはまとめの感想文を書かせるようにしましょう。各児についてはもちろんのことですが、特にチームの子はどう変わったかという視点で書かせましょう。そして、この感想文を交流しましょう。このようにして、『みんながみんなでうまくなるサッカー学習』を、みんなの手で作り上げたことと同時に、分かってできることでみんな変われるんだという能力観を共有することも、固定的能力観が人間関係を支配し始める高学年を前にして大切な気づきとなるでしょう。

4. シュートボールの指導

（1）シュートボールとは

　サッカーやバスケットボールのような複雑なボール運動を子どもたちに与えても、よほどいい指導内容や方法がないと、子どもたちはただ経験するにすぎません。とりわけ、低学年の子どもはそうなりがちです。そのため、子どもたちの精神的・身体的な実態に即して、あるいはねらいに応じて必要な技術や戦術を強調したり、そのために不必要と思われる技術や戦術を省略して作り直す（教材づくり）必要があります。シュートボールは、攻撃と防御を中心に、ハンドボールのように片手でシュートすることに焦点を当てて作られたゲームです。以下に見ていくように、それぞれの学年の実態やねらいに応じて、コートやゴール、あるいはルールなどは作り替えられます。そのため、決まったコートやルールがあるわけではありません。ただ基本的には、攻撃する人が入ってはいけないサークルの中心に台と的をおいて、攻撃する人はその的に当てることで得点をねらい、防御する人は当てられないように守って、交互に点数を競うゲームです。このゲームでは、低学年で行われる「ボール転がしあそび」や「ボール当て」などと違って、攻防の入り乱れがあり、また力一杯シュートすることができるという特徴があります。

①用具について

　シュートボールに必要な用具は、的とボールです。ボールは、ソフトドッヂボールの０号の青か白を使用するとあたっても痛くなくていいでしょう。的はポートボールの台の上に段ボールなどで作って置きます。ねらいに応じて、大きさを変えます。低学年のうちは、シュートを打つことを楽しみたいので、打てば当たるぐらい大きくしておくといいでしょう。また、的に当たったら１点として、的が倒れたら点を追加すると、強いシュートを打とうとする子どもがでてきます。ただし、強いシュートは外れることも多いので、確実に当てるのか、大量点を狙うのかということを考えさせることができます。

②コートとルールについて

　コートはオールコートの場合は、図1-1-7のようにミニバスのコートを利用し、ハーフコートの場合はサークルを１つ使用します（図1-1-8）。しっぽとりゲームは体育館に引かれたラインやエリアを利用したり、的あてゲームは壁に的を描き当てて跳ね返ったボールをシュートすることを繰り返すとよいでしょう（図1-1-9）。

ルールは、学年、実態、ねらいに応じて作っていくことができます。本稿では、1年生では1：1でゴール2つ（オールコート）、2

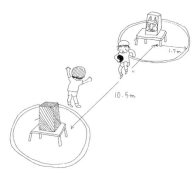

図1-1-7　コートの例
（ミニバスのコートを利用）

図1-1-8　ハーフコートの例

図1-1-9　体育館の壁を利用した的あてゲーム

年生では2：2でゴールは1つ（ハーフコート）にしています。ただ、例えば、シュートは円の外から打つ、ドリブルなしで持って走っていい、相手の体に触れてもいいけど、ぶつかったり、押したりしてはいけないなどは共通しています。ゴールの周りの円を二重にすれば、防御側の動ける範囲を明確にすることができます。この場合、ドーナッツボールという名前で呼ばれることもあります。表1-1-4に示していますが、2年生以上では、防御が2人と設定していますので、二重円にすることで、自ずと防御は横並びになります。一重円での場合は、2人がゴールを守る、1人はボールを取りに行き、1人はゴールを守るという役割分担をすることもできます（図1-1-10、図1-1-11参照）。さらに一重円では、攻撃も防御も両方とも円の中に入ってはいけないというルールでやることもできます。この場合、防御が的から離れることになるので、力一杯打つのではなく、防御の頭越しのループシュートの出現が期待できます。また、2年生の場合は、シュートをした（はずした）ら次のシュートは必ず別の子どもが行うルールにしておけば、仮にシュートを打った子どもがボールを拾った場合でも、パスのような形が出現しま

図1-1-10　2人ともゴールを守る

図1-1-11　1人はボールを取りに、もう1人はゴールを守る

す。また、的に強く当てようとする子どもはシュートを外すことが多いので、もう
1人の攻撃の位置をシューターと対角にするなどを考えさせることもできます。

（2）1年生のシュートボール（1：1を中心に）

　低学年では、自分とボール・ゴールの関係はわかっても、味方や相手の動きまで
認識することは難しいようです。勝敗よりも自分がシュートすることに大きな関心
や喜びがあります。特に1年生では、常に自分がシュートに関わっていくという
ことが大切です。また、相手と味方のゴールの識別や攻防の切り替えも難しい段階
です。

　1年生のシュートボールで敵味方のゴールの識別や自分がボールを持った時と、
相手が持った時の動きの違いがわかって動けるように学習させるといいでしょう。

　この段階で大切なことは、思い切り楽しむ中で知らず知らずのうちにボール操作
能力やゲーム認識力をつけていくようなゲームを仕組むということです。そして、

表1-1-3　1：1を中心としたシュートボールの指導の例

次	時	学習内容	教えたい中身
1	1	オリエンテーション	・「シュートする楽しさを味わう」、「シュートしやすい空間（重要空間）がわかって、できる」、「攻防の切り替えができる」という目標を確認する。 ・チーム編成 ・ゲームに出る順番や役割を決める。
2	2 3	しっぽとりゲーム ・チーム全員で腰につけたフラッグをとりあう。 ・攻防の入れ替わりのあるゲームを行う。	・ゴールがないので、相手にフラッグをとられないように周りを見ながら逃げる。 ・応用として、相手ゴールへ進む途中でフラッグをとられないようにする。
3	4 5	的あてゲーム ・1：0でのゲーム① ・1：0でのゲーム②	・的に近いほどシュートが決まりやすいことが分かる。 ・壁に的を描いて、1分間に何度もシュートを決める（図1-1-9）。
4	6	試しのシュートボール（図1-1-7）	・自分や相手のゴールが分かる。 ・相手が守っている的にシュートが打てる。
5	7 8	ハーフコートゲーム	・相手をかわしてシュートする方法を考える。
6	7 8 9	オールコートゲーム	・攻めと守りの切り替えをしながら、シュートにつなげる。

できるだけシュートを打って、的に当てる楽しさを味わうことが大切です。

(3) 2年生のシュートボール（2：2を中心に）

　2年生でも、1：1の学習をすることも可能ですが、1年生のときに1：1の学習をしている場合に、味方をつけることで攻撃のバリエーションが広がります。また、防御も2人になるので、味方と相手の位置を確認しながらシュートをすることができます。ただ、まだパスの概念が発達していないため、パスをもらってシュートというよりは、シュートのこぼれ球を拾ってシュートというイメージになります。

表 1-1-4　2：2を中心としたシュートボールの指導の例

次	時	学習内容	教えたい中身
1	1	オリエンテーション	・「2人で防御を破ってシュートできる」という目標を確認する。 ・チーム編成 ・ゲームに出る順番や役割を決める。
2	2	試しのゲーム（2：2のハーフコートゲーム）	・2：2のゲームのやり方やルールがわかる。 ・うまくいったことと、うまくいかなかったことを見つける。
3	4 5 6	的あてハーフコートゲーム ・2：0でのゲーム（キーパーなし） ・2：1でのゲーム（キーパーあり）	・パスを受けて素早くシュートを打つ。シュートは交互に打つ（図1-1-12）。  図 1-1-12　2人の的あての例 ・2人でキーパーをかわしてシュートする。 ・ボールを持っていない人が、シュートの打ちやすい空間へ移動してシュート。
4	6 7	2人の防御について考える（図1-1-10、図1-1-11参照）	・防御のパターンを知る。 ・相手の攻撃に応じた防御ができる。
5	8 9 10	シュートボール（2：2のハーフコートゲーム）	・自分や相手のゴールが分かる。 ・相手が守っている的にシュートが打てる。

なので、味方がシュートを打とうとしているとき、どこに動いたら拾いやすいのかを学ぶことになります。さらに、攻め（自分と味方がボールを持った時）と守り（相手がボールを持った時）の違いがわかって動くことを学ばせたいと考えています。そのためにも1回の攻撃が成功した後は、相手側の攻撃になるようなルールにして、攻防の切り替えが多くなるようにするとよいでしょう。こうして3年生以降では、パスを明確に位置づけるといいでしょう。

5.　フラッグフットボールの指導

(1) 低学年でのねらい

　低学年は、まず自分の得点が最優先で意識される時期ですから、フラッグフットボールの指導においては、誰もが得点する機会を保障されたゲームで、「スペースの発見と活用」につながるような指導をしたいと思います。ですから、低学年のゲームでは、誰もが一つずつのボールを持ち、得点する喜びを目一杯味わえるゲーム回数も保障したいものです。実践では以下の3つを大切にしたいと思います。

・ わかる…攻撃側がゴールに進入しようとすれば、防御側はそれを防ごうとしたり、追いかけたりするという関係にあることがわかる。攻撃側の動きに防御側が引きつけられることによってスペースが生まれることに気づく。
・ できる…急にスピードや方向を変えるフェイントを使ったり、味方の動きによって生まれたりするスペースを見つけて走り込むことができる。
・ 学び合う…簡単な審判やゲーム観察を通して、得点を数えたり、発見したスペースを教えたりしながら学習を進めることができる。

(2) 低学年での学習の進め方

　授業を進めていくなかで、まずねらいたいのは、ボールゲームの戦術における「動きの原則」の学習と、身体操作の「感覚づくり」です。具体的には、フラッグフットボールは陣取合戦ですから、攻撃が進入しようとすれば、防御はそれを防ごうとしたり、追いかけたりするという関係にあるということを理解させ、その過程で必要な運動感覚も養っていくというわけです。そこでは、審判やペアチームの得点係などを通して、ゲーム観察の必然性を持たせながら、互いに教え合う過程を仕組みましょう。具体的なポイントについては、全8時間で、5人対5人の「しっぽとりゲーム」を行う場合の指導計画例（表1-1-5）をもとに説明していきます。

表1-1-5　低学年の指導計画例（全8時間）

時	ねらい	内容
1 ・ 2	・オリエンテーションで、学習の進め方やフラッグフットボールのやり方、ルールがわかる。 ・準備運動で行ういろいろな走り方を試す。 ・チームづくりを行い、ゲームを楽しむ。	①フラッグフットボールのルール理解とゲームの実施 ・一人1個のボールを持ってスタートする。 ・腰につけたフラッグを取られないようにして、得点ゾーンにまで進むと得点になる。 ・守りの時は、ディフェンスゾーンの内側で相手のしっぽを取る。 ②準備運動で行う走り方 ・横向き、切り返し、回転など、友だちにぶつからず、素早く走る走り方を練習する。 ③チームづくり ・1チーム5人程度のチームをつくる。2つのチームでペアチームとなる。
3 ・ 4 ・ 5	・フラッグフットボールのゲームを楽しむ。 ・ペアチーム同士がゲーム観察を行い、アドバイスしあう。	①簡単な審判を行いながら、ゲームルールの確認を行うとともに、ゲームを見ることを意識づける。 ・ディフェンスゾーンを出てないか、サイドラインからでていないか。 ・ゲーム中に出現するディフェンスの隙間にも気づかせたい。 ②オフェンス技術・ディフェンス技術への着目 ・ディフェンスを引きつける動き、ディフェンスを置いてけぼりにする動き、できたスペースを活用した動き。 ・隙間を空けないように守るチーム、それぞれが守る人を決めるチームなど ③チーム内でゲームにおける得点状況の記録。
6 ・ 7 ・ 8	・ポジションや動き方などを、事前に相談した上でフラッグフットボールを楽しむ。 ・ペアチーム同士がゲーム観察を行い、アドバイスしあう。	①簡単な審判をしたり、他のチームの作戦を読みとりながら、ゲーム理解を深める。 ②プレイ前のチーム内での作戦合意をしながらゲームをする。 ・隙間を空けないように守るとか、それぞれが守る人を決めるとか、スタート時の位置など、プレイ前に相談してからプレイをする。 ③まとめの発表。 ・チームのメンバーの得点状況。 ・チームでゲーム前に相談したことで、うまくいったこと、うまくいかなかったことを確認する。

（3）5人対5人のゲームの様子（1・2時）

　攻守は1回ずつの交代制で図1-1-13のように◎の攻撃5人は、全員がボールを持って自陣からスタートします。スタートと同時に、一気に突き進む子もいれば、じっくり相手の動きをうかがう子もいるでしょう。先ほどの動きの原則で言えば、防御の時は得点ゾーンに進もうとする人を防げばよいのです。進まなければ、セン

ターラインを挟んでにらめっこ状態で動けない子も
でてくるはずです。初期のゲームは1人が1人に
対応したゲーム様相になることが予想されますか
ら、自分が右に進んでぬこうとすれば、相手はそれ
を防ごうとして右に寄せてきます。そこで、フェイ
ントを用いて左に切り返して得点ゾーンまで進むこ
となどが技術的な課題となります。このときに、ボー
ルを持ったまま、走るスピードをコントロールする
ことや、方向転換の際のボディバランスなどの感覚
づくりにつなげるわけです。ここまでだと、明らか
にボール運動の個人戦術の学習ですから、1人対1

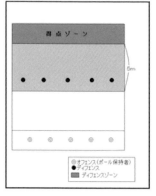

図 1-1-13　低学年のコート

人のゲームでも構わないわけです。後の発展を考えると、ぜひもう一段階のステッ
プアップを目指します。

（4）5人対5人の意味（3時以降）

　攻撃が防御ゾーンを突き進もうとすれば、防御はそちら側に寄るはずです。片方
に寄るということは、逆サイドにスペースが生まれるということでもあります。こ
の一瞬生まれるスペースに気づくことは、プレイ中は難しいかもしれません。特に、
コート中央付近で身動きできないまま立ち往生している子は、なかなか気づけない
でしょう。しかし、コートの外でゲームを観察している時なら、比較的容易に発見
させることができます。ゲーム観察による発見から始めて、プレイ中にも仲間の動
きとの関係のなかで生まれては消えるこのスペースに気づせ（友だちが大きな声で
教えてあげるなど）、それを活用する、つまりそこに走り込むことができるように
なると、得点ゾーンにより近づけることになります。

　ただし、瞬間的に生まれるスペースに走り込むことができない児童も見られま
す。そこで、プレイ前に5人の合意された動きによる意図的な防御の誘導を作戦
にすることを試みてもいいでしょう。子どもたちは、右サイドに5人で集中しつ
つ、ディフェンスゾーンの寸前で左に展開する作戦や、両サイドを同時に走り込む
作戦など、防御を引きつけることでスペースが生まれるという戦術的な気づきを生
かした作戦をつくることでしょう。

　この段階では、厳密な意味での「ボールを持たないときの動き」ではありません
が、自分もゴールする喜びも味わいながらも、ボール保持者と防御の動きの関係性
に気づかせることは、次の段階で生きてきます。

(5) 中学年でのねらい

　中学年になると、低学年と比べて時・空間認識の発達する時期であると言われます。この段階では、いよいよボール運動の戦術の中核となる自分とボールと相手との関係性を認識させることで、意図的な「スペースの創出と活用」をめざしましょう。ここでの大きなルール変更は、ボールを一つにすることと、パスが入ることです。ボールが一つになったことで、防御は、常にボール保持者を意識して見なければなりません。逆に、攻撃でもボールを持っていない人がコート上に存在するので、この時初めて「ボールを持たないときの動き」が学習課題として浮かび上がってくることになります。

　中学年では、以下を大切にしたいと思います。

・わかる…ボールを持たないときの役割として、パスを受け取ったり、ボール保持者を守ったりできることがわかる。
・できる…2人のコンビネーションによって、意図的にスペースを創り出し、得点することができる。
・学び合う…簡単な審判やゲーム観察を通して、自分たちでゲームを進めたり、プレイを評価しながら学習を進めることができる。

(6) 中学年での学習の進め方

　このゲームでは、基本的な攻撃戦術として、スペースを創出するための「ボール保持者」と「ボールを持たない人」の役割を理解させたいと思います。そのためには、まず最小単位である2人対2人のゲームから始めるのがよいでしょう。ですから、オリエンテーションでは、ゲームルールの理解と同時に、具体的な攻撃パターンを示すことで、両者の役割を明確に浮き出させる必要があります。

　2人対2人のゲームでは、ボール保持者のフラッグを取りにくる防御の間でガードすることと、スペースに走り込みパスを受けることが可能になります。フラッグフットボールの作戦は、これら「ラン作戦」（図 1-1-14）と「パス作戦」（図 1-1-15）の大きく2つに分けられます。

　次に示した作戦図は、それぞれ左右対称の作戦にできます。さらに、「ラン作戦」では、低学年のゲームで学習したフェイントを入れることもできるでしょう。2人が同時に右に進むと見せかけて切り返し、左に進むのです。また、「パス作戦」では、2点ゾーンへのパスもできます。全員に「ボール保持者」と「ボールを持たない人」の役割を理解させるためには、最初の段階ではシンプルな作戦を提示し、それぞれの作戦を成功させるためのポイントを見つけたり、練習する方がよいでしょう。も

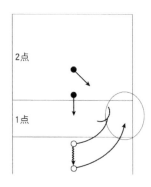 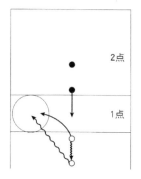

図 1-1-14　右への「ラン作戦」　　図 1-1-15　左への「パス作戦」

表 1-1-6　中学年での指導例

時	ねらい	内容
1 ・ 2	・２人対２人のフラッグフットボールのやり方、ルールがわかる。 ・チームづくりを行い、まとめのリーグ戦までの学習の見通しを持つ。	①２人対２人のフラッグフットボールのルール理解とゲームの実施 ・２人で１個のボールを持ってスタートする。 ・腰につけたフラッグを取られたり、コートの外に出たりするまで進み、進んだ距離に応じて得点が異なる。（例：－１点、０点、１点、２点） ・ミニゲームを全員で観察し合いながら、審判の仕方や勝敗の決め方、細かなルールなども相談して決めていく。 ②チームづくりと学習の見通し ・１チーム４人程度のチームをつくる（２人がペアでプレイするので、それを観察するもう一つのペアとチームになると、４人チームがちょうどよい）。 ・まとめのリーグ戦に向けて、チームで作戦練習をしたり、審判をしながら他のチームを観察することで、チームのみんなでうまくなっていくことを確認する。
3 ・ 4 ・ 5	・２人対２人のフラッグフットボールのラン作戦とパス作戦の特徴がわかる。 ・プレイでの２人の役割や、ゲーム中のペアチームの観察の仕方がわかって、ゲームをすることができる。	①基本的な攻撃や防御の方法を知る。 ・攻撃では、２人の役割（ボールを持った人と持たない人の関係）について考えさせながら、ボールを持って走る「ラン作戦」と、ボールをパスする「パス作戦」の基本となる８パターンを示す。 ・２つの作戦を試すなかで、それぞれの作戦のメリット・デメリットに気づかせる。 ・守り方については、最初の段階ではプレスディフェンスだけを示す。 ②チーム内で役割を分担して、練習やゲームをする。 ・作戦練習では、最初は防御を付けずに動きを確認したり、実践形式でもう片方のペアに防御をしてもらったりしながら練習をする。 ・ゲームにおいては、片方のペアがプレイする時には、もう片方のペアがコーチとなり、プレイ後にアドバイスをする。

6・7・8・9	・作戦を選び、そのポジションや動き方などを、事前に相談した上でプレイをすることができる。 ・攻撃と防御の作戦を考えながらゲームを楽しむことができる。	①練習やゲームのなかでの攻撃や防御の作戦のでき具合を分析し、修正する。 ・作戦図を用いてチーム内で予め作戦の合意をした上で、走る場所や速さ、タイミングなどを合わせる。 ・チーム内でディフェンスをしあって、動きを改善する。 ・ゲーム記録を分析し、作戦の修正をして精度をあげていく。 ②ゲームの審判やゲーム記録の役割を分担して、練習やゲームをする。 ・審判をすることでゲーム理解を深められると同時に、他のチームの作戦を観察させることで、チームごとの特徴を知ったり、よいプレイを発見させたりする。 ・ゲームのなかで、作戦ごとの得点や2人の動きがあっていたかなど、簡単なゲーム記録をとって、アドバイスをしあう。
10・11・12	・リーグ戦全体やゲームの1場面で、それぞれ状況や得点を考えて、攻め方や守り方を考えることができる。 ・審判をしたり、ゲーム記録をつけたりしながら、自分たちでリーグ戦を進めることができる。	①これまで練習してきた作戦をいかして、まとめのリーグ戦を楽しむ。 ・それぞれ状況に応じて、相手の作戦を予想したり、自分たちの作戦を決めたりすることで味わえるゲームのおもしろさに気づかせる。 ②まとめのリーグ戦を自分たちで運営する。 ・対戦表に基づいて、審判が対戦チームをコートに招集したり、毎回の対戦結果を張り出したりするなど、クラス全員が関わりながらすすめていくリーグ戦の姿を話合いながら企画・運営する。

し授業時間数に余裕があれば、これらのパターンを示さず試行錯誤しながら有効な作戦を見いだしていく学習も可能でしょう。

　このどちらにおいても、前に走るスピード、フェイントやパスの場とタイミングなどを、プレイ前に合意することが必要となります。これは、攻撃だけでなく、防御も同様に守り方の合意が必要です。そして、プレイが終わるたびに、ゲーム観察者を交えて作戦の検証を行います。2人対2人のゲームを始めると、プレイの前後にチーム全員が頭を寄せ合って相談し合う時間が一気に増えます。ここが戦術学習の醍醐味です。

第2章
小学校高学年のボール運動の指導

1. 高学年におけるボール運動の指導の目標と内容

(1) 高学年期の児童の発達とボール運動の指導の目標

　高学年期には身体の発達が急激な高まりを見せるようになってきます。また、男女の身体的特徴がはっきりしてきます。呼吸循環器系の発達が大きく、運動能力の点では持久力がつき粘り強くなってきます。つまり、さまざまな運動・スポーツに取り組んでいくための身体的な基礎が出来上がるのです。この発達の特徴から「スポーツの本格的な学習」をはじめるのにふさわしい時期と言えます。さらには高学年期の子どもたちは「わかる」ことに対してとても興味をもつようになります。認識面での発達も大きく、具体的思考から、抽象的思考への移行期であり、論理的な思考をすることができます。運動の原理・原則や構造がわかり、そのことによってできるようになると面白いと感じるようになります。そのため、運動技術を獲得するためには、わかってできることが重要であり、系統的・段階的な指導や友達同士でわかったことを共有し合う学習が効果的です。

　ボール運動においては相手の動きを想定したり、動きに対応したりする必要があり、同時に味方との連携プレイが必要になってきます。指導においては、相手チームや自分のチームのパフォーマンス分析、それに対応した作戦づくり、2人のコンビネーションプレイを基礎単位にしたボールやゴールの認識、有効な空間の発見と創出といったゲーム感覚を養うことが学習課題となります。

　高学年期の児童における主要なボール運動の指導の目標を以下のように考えます。

①ともにうまくなる

　スポーツがうまくなった経験と実感をもとにして、

a. 運動のコツやポイントがわかり、二人のコンビネーションプレイの習熟を図る。

b. ボールやゴールに対する認識を深め、意図的にタイミングのずれを使ってシュートできる空間を見つけたり、創出したりできる。

c. 自分たちの技術レベルに関連づけて作戦を組み立てて得点することや、作戦の有効性を分析することができる。

②ともに楽しみ競い合う

a. グループで役割分担して学習を進めることができる。

b. 競技の形式やルール、審判の仕方を学び、競技会を主体的に運営することができる。

c.「ルール」についてみんなで決めたり、創り出したりして、コートやゴールの大きさ、どんな用具や道具を準備するか、ゲームのねらいや進め方、勝敗の決め方やゲームの本質に関わる基本原理（対等・平等、人権尊重、安全確保、不合理の排除など）など学ぶ。

③ともに意味を問い直す

a. みんなと合意しながら自分たちでルールは変えられ決められること知り、ルールを変えると、そのスポーツのおもしろさやよさも変わってくることを実感する。このようにしながら、運動文化はその時代の人々が受け継ぎ、創り変えてきたことがわかる。

b. 今ある技術・道具・ルール・組織・制度などの内容、意味や価値は、その時々の社会や状況、歴史的な変遷と関わりをもっていることがわかる。

(2) 教材の体系と重点教材

　主体的な学びを形成していくため、「できる」（技能習熟）だけでなく「わかる」（技術認識）の質を高めながら、できる子もまだできない子も、ともに学んでいく授業を目指します。ただし、低・中学年で十分に学べていない教材の場合には、順序立てて学習していけば、「みんなができる」という実感を味わうことが、先ず大切になることもあります。このようなことを念頭に、以下のような視点で重要教材を選び出していきます。

　①「技術指導の系統性」や「技能のポイント」が比較的はっきりしていて、「わかる」ことによって、みんなが「うまくなる」「できる」が実現しやすいもの。

　②みんなで計画・実践・総括をするというプロセスのなかで、グループや学級での話し合いが進められるような内容。

　③自分がうまくなることや友だちがうまくなることの意味を考えたり、学習集団における自分の役割を考えたりすることのできるもの。

　また、それぞれの教材の学習において、「みんながうまくなっていくことの楽しさや喜び」を味わうために、学習過程のなかで次のような課題が設定される必要があります。

　①得意な子と苦手な子が、友だちの動きを見てその動き（プレイ）がどういう仕組みでできているかがわかること。

　②その動き（プレイ）ができるようになるためには、どのよう順序でどんな練習

をすればよいのかがわかること。

　③友だちのつまづきを見つけ、友だちにいつ、どのようにアドバイスしていくかがわかること。

　以下に高学年の球技の代表的な教材であるサッカー、バスケットボール、フラッグフットボールにおいて、技術・戦術に関わって「できること」と「わかること」の達成イメージについてまとめておきます。

［サッカー］

a. 味方との間でパスをする（される）場所、タイミング、強さなどがわかる。

b. 相手（ボール）とゴールの位置関係がわかる。

c. 3～4人のコンビネーションを使ってゴールエリア内に空間を作り、パスからのシュートをすることができる。

d. 記録やゲーム様相の分析を通して、空いた空間や意図的に空けた空間にボールを持ち込みシュートすることができる。

［バスケットボール］

a. シュートの入りやすい重要空間や、重要空間に侵入しやすい場所がわかる。

b. 重要空間を意図的に作って攻撃をする2人（3人）のコンビネーションや、守りにおける2人（3人）の「ボールを持たない動き」を含むコンビネーションを身につけることができる。

c. 攻めや守りの作戦におけるそれぞれのプレイの役割やプレイをうまく行なうためのポイントがわかる。

d. ゲームの記録やゲーム様相の分析を通して、ゲーム場面における自分たちの攻撃や守備の特徴や課題を読み取ることができる。

［フラッグフットボール］

a. 攻撃場面において、相手陣内にボールを進めるために重要な空間がわかり、空間を意図的に創り出す2～4人のコンビネーション（フォーメーション）を身につける。

b. 守備場面において、自陣への相手の侵入を防ぐために、相手のボールをマークしたり、攻撃してくる空間を守るための2人～4人のコンビネーション（フォーメーション）を身につける。

c. 攻めや守りの作戦におけるそれぞれのプレイの役割やプレイをうまく行なうためのポイントがわかる。

d. ゲームの記録やゲーム様相の分析を通して、ゲーム場面における自分たちの攻撃や守備の特徴や課題を読み取ることができる。

２．サッカーの指導

　高学年におけるサッカーの指導のねらい、学習の進め方、学習の全体計画及び１時間の授業の流れについて、ここでは述べていきます。

（1）サッカーの指導のねらい
①できる
　コンビネーションプレイによって、ゴールエリア内に空間をつくりパスからのシュートをだれでもができるようになる。
②わかる
　シュートを打てる空間をつくり出す方法と、その空間を守る方法がわかる。
　サッカーに固有のオフサイドルールがわかる。
③学び合う
　ゲーム記録やゲーム様相の分析をして、意図的な攻めや守りをすることができるようになる。
　作戦をたて、試合で検証し、成果と課題を見つけ出し課題克服のための練習内容を考え、試合での課題（チームや個人）を解決しながら主体的な学習ができるようになる。

（2）指導の進め方
　オフサイドルールを学習内容に位置づけたサッカーの指導の進め方について述べます。
　オフサイドルールは、サッカー学習をする場合、文化的な認識の面からも、また技術・戦術の認識の面からも、取り上げたい内容だと考えます。オフサイドルールはサッカーでしか学べない固有の内容です。このルールに込められた「待ち伏せを許さない」というイギリスのスポーツ観の学習は、勝利至上主義に対するアンチテーゼとして有効な意味を持っています。また、得点にいたるまでの「プレイを少しでもみんなで楽しむ」という考え方は、プレイをする主体の側でも、また試合を観る側においても、大切な内容を含んでいます。これらオフサイドルールを如何にして授業の中に位置づけ教材化を図るかは、サッカーの指導の重要な課題といえます。ここでは一例を示し、これを参考に様々な実践が生まれることを期待しています。
　サッカーの授業をはじめるにあたっての最初のオリエンテーションで「オフサイド」の起原についての話を聞かせます。その上で歴史の追体験をさせたいと思いま

す。体験なしでは、サッカーの実際のゲームになった時に動きとして理解しにくく、「わかって」「できる」ことにも繋がりません。

①歴史追体験の授業方法

　ポイントは、2つです。その1つは、「1点先取」つまり相手ゴールにタッチダウンしたらそれで試合終了ということです。2つ目は、「ずるい、こそこそするプレイ」を生み出す必要があります。試合会場は、運動場を使います。クラスを2つに分けそれぞれのゴールを決めます。ゴールとなるものは、壁でも木でもなんでも良いことにします。ボールはドッチ・サッカー・ラグビー・ライスボールなど、空気を抜いて蹴ってもあまり飛ばないボールを使います。

　ルールについては、その都度子どもたちが自主的に考え作っていくことを基本にします。安全の確保のためタックルの代わりに両腰に手ぬぐいを付けそれが取られたらボールを離すようにするのも良いでしょう。取られてもすぐに腰に付ければプレイに参加出来るようにします。考えられるプレイ上のトラブルは色々起きることと思います。それらの出来事、一つひとつにどう対処するのか、子どもたちが考え合意を積み重ねる中でこのお祭りの様なゲームがとても楽しいものになることでしょう。より楽しむためには、疲れたら休んでも良いこととし、またゲームに参加できることにします。作戦で休んでいる人を使って得点し試合が終了したとすると「ずるい・こそこそ」したプレイは、許されないとなります。ずるいプレイについては、その後クラス全体で話し合い、「ボールより前に人がいたらダメ」というオフサイドのルールが子どもたちの中から出てくることでしょう。こうして歴史追体験ができフットボールスポーツの奥の深さが理解出来ます。

②子どもたちのゲーム様相

　高学年ではじめてサッカーの授業を受ける子どもが多い場合は、ミニゲームをしてもボールにも寄りつかず団子状態にもならない状態になることがほとんどです。未経験者の場合、団子の中に入ってどうボールを保持するのか、また、その後のプレイの見通しが持てないこともあって、「お客さん」状態になってしまうのです。

　高学年になると、状況を把握する力は、低学年や中学年の時より増しています。「わかりたい」という意欲を引き出すことがポイントとなります。たとえ未経験者であっても、「わかる」意欲を引き出し、「できる」ことにつなげていくことが必要です。そこで団子や「お客さん」になることの意味について、みんなで考えるように授業を仕組んでいきます。

③オリエンテーションの持ち方

　課題解決学習の方法をとって授業を進めることを提案します。

　そのためのグループノートのつくりかたの説明、課題を見つけだすための記録の取り方の説明をします。クラス全員が「わかって」「できる」学習をめざすことを、ここでしっかりと確認します。

〈グループノート〉

　グループノートでは、子どもたちが自分たちで課題解決に取り組めるように、次のような項目を設定し、子どもたちが書き込めるようにします。

a. その日の授業準備の役割分担

b. 対戦相手に対する作戦

c. 試合の結果と、良かった点、課題となる点をまとめる欄

d. 前回の試合結果から導きだされたチーム練習計画表

e.「あなたからわたしへ」「わたしからあなたへ」といった、メンバー1人ひとりがその日の試合で思ったことを記入し、交流し、励まし合ったり個人の課題を明確にしあったりする欄

〈チーム分け〉

　バランスのとれたチームわけを子どもたちと相談しながら進めます。

　この時、生活班などでリーダー役をする子をチームリーダーとし、経験者はコーチ役にするとよいでしょう。

　1チーム4名とします。学習の初期段階は、ゴールキーパー役1人、グランドプレイヤー役3人と考え、攻撃・守備に役割分担の必要が明確にではじめる後半は、4人のチーム構成を工夫できるようにします。

〈コーチ会議、リーダー会議〉

　授業の進行状態の節目ごとにコーチ会議を持ち、主には、技術面での共通する課題の確認と、その克服のための練習方法を交流し有効なものを共有していきます。

　また、リーダー会議では、授業の進め方の確認をしたり、授業準備片付けの順番や練習試合の組み合わせ、まとめの総当たり戦の計画などの立案をしたりします。

④指導の全体計画（20時間）

　以下に、指導の全体計画を示します。ここでは、オフサイドルールの理解と歴史追体験の5時間を含めて、20時間の大単元の計画になっています。時間配分等は、子どもの実態、状況や学校の実情に合わせて弾力的に扱います。

表 1-2-1　高学年の指導計画

次	時	ねらい	学習内容
1	1 2 3 4 5	オフサイドを理解する。	第1回オリエンテーション ①オフサイドの歴史の解説 ②歴史追体験の授業説明 ・1点先取で試合が決まること ・危険のないようルールを自分たちで考えること。＊最初の段階では、どんな手をつかっても得点の取り方は自由。 ③早く試合が終わったりする場合の原因を考え解決をする。 ④ずるい得点方法にたいする対処方法を考え解決をする。 ⑤③〜④を通してオフサイドの歴史追体験をし、実際の内容を理解する。
2	6 7 8 9 10	サッカーをみんなで学習することを理解させる。 空いた空間がかなりあることがわかる。 攻撃の課題 3対3 ボール軌跡図を録って、空いた空間を見つける。	第2回オリエンテーション ①課題解決学習であることがわかる。 ②グループノートや記録用紙の記入ができる。 ③バランスの取れたチームわけができる 初期ゲーム様相 団子状態でなかなかボールが外に出ない ①ボールの保持・ドリブル・パス・スクリーン・ターン・フェイント・視野の確保（個人戦術） ②パスの技術・コンビネーションを基礎にすえた様々なパスゲームの習熟（グループ戦術） ③内線を守る守備の仕方を理解する。 内線ゲームができる。 ④空いた空間をつかってゴールをねらうことができる。
3	12 13 14	1点先取で試合終了とする。 試合を簡単に終わらせないための方法を考える。 守備の課題 攻撃の正三角形の位置取りを見つけさせる。	パスからのシュートが簡単に決まり出す。（オフサイドルールの導入・ラインでするか2人でするか柔軟に選択する） 3対3 ①ゴール前へのパスが待ち伏せ作戦で簡単に決まり始めたら、第二回目のオリエンテーションをし、みんなが楽しめるルールを子どもたちの側から出るようにする。 ②そのためにサッカーのルールの学習（オフサイドルール）をする。 ③待ち伏せ作戦がオフサイドルールに反するということになれば、そのオフサイドを人でするのか、固定のラインでするのかを決め、線審もその判定の練習をする。最終的には、人にすることが望まれるし、ボールコントロールが未熟な者でもオフサイドラインを形成する動きはできる。 3対3のミニゲームコート図

4	15 16	相手の守備を読み破る方法を考える。ブロックリターンなどのグループ戦術の習熟 攻撃の課題 3対3から状況をみて4対3にし、攻撃有利にする。	守備の形成が速く行われることや、オフサイドのルールによりシュートが決まらなくなる。 ①攻撃の正三角形の位置取り、味方とのアイコンタクトによるパスからのシュート練習やオフサイドにかからないパス出しと受ける練習をする。 ②①の練習により攻撃のスピードを上げる。 ③攻撃時の視野を広げコンビネーションパスのバリエーションを増やす。 ④コートバランス （各自のポジショニングを見つけ出す）
5	17 18	守備は、カバーリングなどを駆使し得点を阻むようにする。 守備の課題	4対3の攻撃の数的有利の面が活用でき、コンビネーションが再び決まり出す。 ①ビデオ分析などを用い味方が抜かれた場合のカバーにまわる人の確認と、ボールを保持した瞬間の攻撃の体勢をどう創るかを確認できるようにする。 ②攻撃と守備の一応の役割分担とその変更を試合中状況によって変幻自在にできるように計画・練習する。 ※状況判断の上で4対4＋ゴールキーパーでミニゲームをする。
6	19 20	子どもたちの力で試合の進行・運営ができるようにする。	総当たり戦をし、今までの学習のまとめとする。 ①総当たり戦の計画をする。 ②各チームの特徴に沿った作戦をたてることができる。 ③今まで学習してきたことを出すことができる。

【参考文献】
中村敏雄編著『ラグビーボールはなぜ楕円形なの?』大修館書店、1992年
中村敏雄著『オフサイドはなぜ反則か』平凡社ライブラリー、1985年
日本体育協会監修『最新スポーツ大事典』大修館書店、1987年

3．バスケットボールの指導

(1) オリエンテーションの指導―コンビネーションプレイの前段階
　オリエンテーションとして次のような内容が考えられます。
①バスケットボールのルールの変遷（歴史的発展）
②チーム作りのための基本的なスキルの調査
　学級内には、すでにバスケットボールを経験している子どもから、全く経験していない子どもまでいるので、チーム作りをするために、特にボール操作を中心とした調査をします。また、この調査を進めながら、初めてバスケットボールを学習する子どもたちに、準備運動として取り入れられそうなシュートやドリブル、パスの初歩的な行い方を指導します。調査の内容は以下のものであり、回数や時間などを

計ってデータとします。

- ゴール下のシュート
- ミドルシュート（制限区域ラインあたりから）
- ドリブル（ボールを進めるためのもの）
- 遠投（ショルダースロー）

③チーム作りや簡易ルールでの試しのゲーム

　チームを決めたら、キャプテンを選んだり、準備運動の内容や方法を覚えたりします。その後、覚えたルールに沿って3：3でオールコートの試しのゲームをしてみます。技術的にもルールの理解に関しても、不十分だらけの状態ですが、ゲームを行ってみると学習課題が見えてきます。中でも、「シュートにつながるプレイ」について記録をとってみます。子どもたちが記録をとることはこの時点では難しい場合もあるので、指導者が大まかな記録をとることになります。「シュートにつながるプレイ」は大きく分けて以下のものが見られます。

- ドリブルでゴール近くに入ってシュート
- ゴール近くにいる人がパスを受けてシュート
- 制限区域の外からシュート
- リバウンドシュート
- ゴール近くでルーズボールを拾ってシュート

④シュート学習（1：0）

　試しのゲームで見られたシュートにつながるプレーを参考にして、シュートの学習をします。初心者を想定したシュート学習では、シュートが最も入りやすい場所（重要空間）の理解と、そこからのシュート方法を知ることが中心となります。

- 重要空間でのボードを使ったシュート練習
- ドリブルで制限区域外から入ってボードを使ったシュート（ドリブル後ストップしてシュート）
- 制限区域外からのリングをねらったシュート練習

　以上のように、オリエンテーションとして、バスケットボールのゲームの全体像を理解させるとともに、準備運動として取り入れられるシュート練習や、ボールハンドリングなどの運動の方法を指導します。これらが理解できるとチームごとの練習も可能になります。

(2) 2人のコンビネーションプレイの学習

①ゲームの中のシュートチャンス

「ゲームの中でどのようにシュートチャンスが生まれているか」と問いかけて、以

下のようなシュートチャンスがあることを見つけ出させます。

- 重要空間でパスをもらってシュート→「ポストシュート」
- 制限区域ラインの外からシュート→ミドルシュート
- ドリブルシュート
- リバウンド及びルーズボールのシュート

②2人のコンビネーションプレイ（パスからのシュート）学習

2人のコンビネーション学習のはじめは「ポストシュート」を取り入れます。これは2人で「パス―シュート」を作り出すコンビネーションプレイとしては、とてもわかりやすく、ゲームの中でもシュートにつながるプレイなので練習する目的もはっきりします。

- 2:0で「パス―シュート」のイメージを持ち、「高いパス」「ジャンプキャッチしてゴールへ正対してシュート」の練習を行います。（図1-2-1）

図1-2-1　ポストプレイ

- 場所を変えて、いろいろな角度からのポストシュートを創造的に考えて行います。
- 子どもたちの中から「カットイン型シュート」が見られたら、それも紹介し、ポストシュートの発展型として練習に取り入れてもいいでしょう。
- ※カットインは、パスを出す側も受ける側もタイミングを取るのが難しいので、すべての子どもたちができるようになることは、この段階では困難です。
- ポストシュートの動きが理解できたら、チーム内で2：1や2：2のハーフコートの攻防練習を行ってみます。

③防御の学習

コンビネーションを生かした攻撃学習を追求するためには、防御の学習もし、「防御を突破する攻撃」というボールゲームの攻撃の本質を意識することが大切です。こういった学習を取り入れないと、せっかく練習したポストシュートをゲームの中でなかなか使うことができないのです。この段階では、防御の学習はあくまでも攻撃の学習のためなので、攻撃ができなくなるような厳しい防御技能は求めません。防御の仕方を制限して、段階的に制限を解除していきます。

- 移動なしの手だけを動かす防御（重要空間の外側でパスをねらう）
- 手を後ろに組み足だけを使って動く防御（内線で守る）
- 手足フリーで守る

5年生としては、ゲーム中「シュートチャンスだったらシュートしてみる」とい

う意識識を子どもたちが常に持つことは大切です。したがって、ポストシュート以外のシュートへの習熟練習も位置づけます。コンビネーション学習を中心的な学習課題としますが、準備運動やシュート練習としてミドルシュート、ドリブルシュート、リバウンドシュートも取り入れます。

　それらのシュートを経験することが「ポストシュート」の重要さの理解と、練習意欲の高まりをもたらします。

④ゲーム

　子どもたちは早くゲームをしたがります。その欲求はボール運動の特性でもあり、ゲームを行うことは練習の課題を見つけるためにも必要です。したがって、試しのゲーム後、毎時間ないしは1時間おきにはゲームを位置づけます。その場合、学習内容を確かめることができるような条件下でゲームを行ったり、課題を見つけられるようなゲーム記録を取ったりすることが必要です。

〈ゲームの条件例〉
　・2：1、2：2のハーフコートゲーム
　・3：2、3：3のハーフコートゲーム
　・3：3のオールコートゲーム
　・4：4のオールコートゲーム

〈ゲームの記録の例〉
　・シュートの記録（誰が、どこで、どんなシュートをしたか）
　・触球数やシュート数を記録する「心電図」（記録図）※本書 p.107 参照

⑤2人のコンビネーションプレイ学習で身につけたい認識と能力

　2人でパスを使ったコンビネーションプレイの練習をすると、時空間認識と予測判断能力の向上を図ることができます。時空間認識と予測判断能力は「4つのシュートをどこで放つのか」を課題にした次のようなプレイ（例）の中で見られます。

（ポストシュート）ゴール下でパスをもらえばシュートできる。〈空間認識〉

（ポストシュート）ボールが制限区域外にあるとき、ポストへ入ればパスをもらえそう。〈時空間認識・予測能力〉

（リバウンドシュート）味方が○○からシュートするから、□□でリバウンドボールをとろう。〈空間認識・予測能力〉

（ドリブルシュート）ボールを持ったときに目の前に守りがいなければドリブルで重要空間へ入ってシュート。〈判断能力〉

（ミドルシュート）重要空間に敵がいてパスできない。自分には守りがついておら

ず、シュートできる。〈空間認識・判断能力〉

⑥これまでの学習を生かし、2人のコンビネーションプレイで攻める戦術を考える

　これまでの学習してきた2人のコンビネーションを生かして、防御を引きつけてシュートチャンスを作る方法（＝戦術）を考えるような学習が可能となります。学習内容は以下のものがあります。

　・「どうしたら相手を引きつけられるか」
　　ボールを持っている人が、パス又はドリブル又はシュートをねらう
　・「どこへ引きつけたらよいか」
　　中か外か、0°か45°かトップか、左か右か
　・「パスはどこで受けたらよいか」
　　中か外か、0°か45°かトップか、左か右か

⑦上記の内容を含んだ学習（戦術学習）の例
《戦術例1》（図1-2-2）
　ボールマンAがドリブルをして、防御を外右45°へ引きつけ、Bは中フリースローレーン内でポストシュートをねらうために、重要空間にはいる。

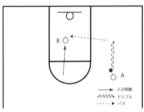

図1-2-2

《戦術例2》（図1-2-3）
　外でA—Bのパスをして防御を外側のBに引きつけ、Aがリターンパスを中で受け、ポストシュートをねらう。

《戦術例3》（図1-2-4）
　ポストマンAからBへパスして防御を外へ引き出し、Bが外へ出てきた防御の出会い頭をドリブルで破ってシュートをねらう。

図1-2-3

《戦術例4》
　BからポストマンAへパスして、防御を中へ引きつけ、リターンパスをもらったBがミドルシュートをねらう。

　防御が引きつけられる場所と、ノーマークが生まれる場所は次の通りです。

　外で引きつけると→中が空く
　中で引きつけると→外が空く

図1-2-4

　　上で引きつけると→下が空く
　　下で引きつけると→上が空く
　　左で引きつけると→右が空く
　　右で引きつけると→左が空く

⑧チーム毎の作戦づくり

　チーム毎に、上述の戦術例を参考にした戦術を2〜3種考え、カードに「作戦1」などと番号を振ります。これがチームの宝（作戦の元）になります。また、考えた作戦を練習して、チーム内で身につけて使えるようにします。

(3) 3人のコンビネーションプレイの学習

　2＋1：2、2＋1：3、3：3

　小学校におけるコンビネーションプレイの学習は、「2人」まででも十分だと思います。しかし、ゲームは3：3や4：4で行う関係上、3人のコンビネーションプレイの学習もできれば行うといいでしょう。

①2人の攻撃プレイが行き詰まった場合

　2人の攻撃プレイが行き詰まってしまったら、その攻撃パターンはリセットしてやり直すことを学習します。スムーズにリセットして立て直すためには、3人目のプレイヤーが必要となります。

②3人でこそ、作り出すことのできるプレイ

　3人いるからこそ、作り出すことができるプレイがあることを学びます。

　・1人をおとりとするプレイ
　・スクリーンプレイ
　・ダブルカットイン
　・ダブルポスト　など

4. フラッグフットボールの指導

(1) 学習のねらい

　中学年で行った2人対2人のゲームでは、「ボールを持たない時の動き」によって「スペースの創出と活用」をめざしました。高学年においては、「作戦の組み立て」をめざしますが、基本となるのは2人対2人で学んだ内容です。2人のコンビネーションについて、ボールを持たない時にスペースに走り込みパスを受けることや、ボール保持者のフラッグを取りにくる防御の間でガードすることが理解されていな

い場合には、迷わず2人対2人のゲームをまずは取り入れることをお勧めします。

　ここでは、次のような学習のねらいを掲げて、2人対2人のゲームを取り入れた指導計画をお示しします。

・わかる…パスプレイ、フェイントプレイ、ブロックプレイを組み合わせて、重要空間を意図的に作る攻め方がわかる。マンディフェンス、ゾーンディフェンス、プレスディフェンスを使った守り方がわかる。
・できる…3人のコンビネーションによって意図的にスペースを創り出し、得点することができる。
・学び合う…簡単な審判やゲーム観察を通して、自分たちでゲームを進めたり、プレイを評価しながら学習を進めることができる。

(2)「作戦の組み立て」の内容

　高学年でめざしたい「作戦の組み立て」には3つの意味があります。

　一つ目は、ゲーム人数を3人にすることでボールを持たない人が一人増えることになり、二人分の「ボールを持たない時の動き」を組み立てるということです。フラッグフットボールの作戦は前述したように、ラン作戦とパス作戦に分けられます。ラン作戦の場合、最小のユニットは「ボールをもって走る人」と「走る人を守る人」の2人で成立しますから、2人対2人ゲームで原則的な動きを確認することができます。しかし、パス作戦では、「パスを出す人」と「受け取る人」に加えて、「パスを出す人を守る人」の存在が重要になり、3人が最小ユニットだと考えられるのです。つまり、2人とも走る人を守る作戦もできますし、2人ともパスを受け取る作戦もできるのですが、1人が守って1人がパスを受け取るという役割が組み合わせられるようになるというわけです。因みに、2人ともパス受け取る作戦の場合、どちらにパスを出すべきか、「パスの選択」を瞬時に行うという新たな戦術的な課題も現れます。

　二つ目は、守り方を組み合わせることです。ボール運動の戦術学習では、主に攻撃場面に焦点を当てた実践が多いようです。防御は、攻撃に対応する動きが要求されるのに比べ、攻撃は役割を確認した上で作戦に移るので、より意図的なプレイを行なうことができるからだと思われます。しかし、防御には、相手の動きに対応するだけでなく、積極的に働きかける防御の仕方もあります。基本的な防御戦術としては、プレス、マン、ゾーンの3種類に大きく分けることができます。これらを組み合わせて、2人がプレスを行い、1人が後ろのゾーンで守ったり、1人がプレスをして、2人が左右に分かれて守ったりする作戦が考え出されるでしょう。

　そして、3つ目の攻撃と防御の作戦の組み立ては、次にあげる得点形式の変更によって、ゲームの一局面だけでなく、ゲーム全体を見通してより戦略的な「作戦の組み立て」を楽しむゲームとなります。

（3）コートとダウン制

　高学年では、図1-2-5のコートを使って、4回の攻撃で10m進むことができると得点となるゲームに変更します。中学年でのゲームは、1回の攻撃をどのように成功させるかというゲームで、1プレイごとに得点が決定していました。しかし、ここでは1回目の攻撃で進んだ場所から2回目の攻撃を始め、また進んだ場所から次の攻撃を、というように4回繰り返すのです。例えば、ボールを持った人が3m進んでフラッグを取られたり、コートから出た場合には、2回目の攻撃は、3m進んだ地点のコー

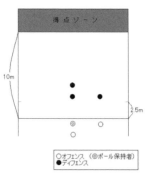

図1-2-5　高学年のコート

トの中央から始めます。2回目でパスが失敗した場合は、2人対2人のゲームでは0点になったように、2回目を始めた位置である3m地点から3回目の攻撃を始めるわけです。そして、最終的に4回目の攻撃を始める場所が、得点ゾーンまで遠ければ、たくさん進まないと得点になりませんし、近くなら得点が入る確率は高くなるというわけです。

（4）4回の攻撃権と「作戦の組み立て」

　実は、「作戦の組み立て」の3つの意味は、4回の攻撃、もしくは防御の仕方をそれぞれ、ゲームの状況に応じて組み立てるというものです。4回の攻撃権が保障されているフラッグフットボールのゲームでは、この「作戦の組み立て」が重要な戦略的な課題となり、直接勝敗を左右する要因となりうるのです。これを楽しむためには、攻撃と防御の作戦の特徴を理解することが必要になります。攻撃する場合を考えてみます。フラッグフットボールでは攻撃を始めた地点より前に進んでパスをすることが禁止されています。このルールと、前述のパス失敗は1cmも進めないというルールが、ラン作戦とパス作戦の特徴を生み出しています。パス作戦では、ロングパスが決まれば長い距離を進むことができます。しかし、ボールを落とすと0点なので、パスを受け取る人は防御をかわしボールをキャッチしなければなりません。パスを出す人も投げる場所、速さ、タイミングを合わせねばなりません。成功率が低いのです。その点、ラン作戦はボールを持ったままなので、ボールが取ら

れる心配はありません。しかし、ガードをうまく使ったとしても進める距離は長くありません。ですから、着実に少し進めるラン作戦と、成功率は低いが長い距離を進めるパス作戦というように大まかにとらえることできます。

　具体的なゲーム場面では、4回の攻撃をどのように組み立てていくか、そしてゲーム状況に応じた攻撃、つまり何回目の攻撃であと何mだから、それを進むためにはどの作戦を選択するか、といたことを子どもたちは考えるわけです。そして、得点を得るためには、選択できるだけのバリエーションのある作戦準備が必要となります。作戦も単純なものから、より複雑な仕掛けを用いたものも登場するでしょう。また相手のポジション見て、用いる作戦やポジションを急遽変更するチームも現れることでしょう。防御はその逆に、それを進めないためにどのような守り方をするのか、押すのか引くのかといったことをチームで相談するわけです。作戦をつくって練習し、それをゲームの中でゲーム状況に応じて、攻め方や守り方を考え、駆け

表 1-2-2　高学年の指導計画例（全 12 時間）

時	ねらい	内容
1・2・3	・2人対2人のフラッグフットボールのラン作戦とパス作戦の特徴がわかる。 ・プレイでの2人の役割や、ゲーム中のペアチームの観察の仕方がわかって、ゲームをすることができる。	①2人対2人のゲームにおける基本的な攻撃や防御の方法を知る。 ・攻撃では、2人の役割（ボールを持った人と持たない人の関係）について考えさせながら、ボールを持って走る「ラン作戦」と、ボールをパスする「パス作戦」の基本となる8パターンを示す。 ・提示した8つの作戦を試すなかで、それぞれの作戦のメリット・デメリットに気づかせる。 ②チームづくりと学習の見通し ・2人対2人のゲームで基本的な戦術を学んだ後、3人対3人のゲームに移行し、まとめのリーグ戦に向けたチーム練習を行うことを伝える。 ・まとめのリーグ戦に向けて、チームで作戦練習をしたり、審判をしながら他のチームを観察することで、チームのみんなでうまくなっていくことを確認する。
4・5・6・7・8・9	・3人対3人のフラッグフットボールのやり方や、作戦の作り方がわかる。 ・攻撃や防御の作戦の特徴を生かしたゲームができる。・	①3人対3人のゲームにおける作戦の作り方を知り、役割や作戦を組み立てながらゲームをする。 ・ボールを持たないときの役割として、パスを受け取ること、ボール保持者を守ること、またコンビネーションによるフェイントなどが行える。これらの役割を考えながら、3人の動きを組み合わせることで作戦づくりができることを理解させる。 ・3つの守り方については、そのメリット・デメリットに気づかせながら、具体的なゲーム展開のなかで、作戦を選んで使えるようにする。 ②チーム内で役割を分担して、練習やゲームをする。・作戦練習では、最初は防御を付けずに動きの確認したり、実践形式でもう片方のペアに防御をしてもらったりしながら練習をする。
10・11・12	・リーグ戦全体やゲームの1場面で、状況や得点を考えて、攻め方や守り方を考えてリーグ戦をすることができる。 ・審判をしたり、ゲーム記録をつけたりしながら、自分たちでリーグ戦を進めることができる。	①これまで練習してきた作戦をいかして、まとめのリーグ戦を楽しむ。 ・それぞれ状況に応じて、相手の作戦を予想したり、自分たちの作戦を決めたりすることで味わえるゲームのおもしろさに気づかせる。 ②まとめのリーグ戦を自分たちで運営する。 ・対戦表に基づいて、審判が対戦チームをコートに招集したり、毎回の対戦結果を張り出したりするなど、クラス全員が関わりながらすすめていくリーグ戦の姿を話し合いながら企画・運営する。

引きを楽しむゲームができる。これは、とてもレベルの高いボール運動の楽しみ方ではないでしょうか。

　表3に指導計画例を挙げていますが、フラッグフットボールには戦術だけでなく、素材となっている「究極のスポーツ」とも呼ばれるアメリカンフットボールの特徴を学ぶ時間も付け加えたいものです。アメリカンフットボールは、球技であるにも関わらず攻守の担当が完全に分かれているツープラトーン制があり、なおかつ攻めるのにボールを持ってはいけないポジションがあるなど明確な役割分業が行われているスポーツです。もし、3人の内、その1プレイ中はボールに触れることなくガードのみに終始するポジションを設けたなら、ゲームの様相は大きく変わることでしょう。しかし、球技における分業をどのようにとらえるのか、それを考える契機にはなりそうです。

5．ベースボール指導　—3on3によるベースボール型—

（1）ベースボール3on3とは

【場の設定】

○学校にあるバックネットに向かって打つ。

○ホームベースからバックネットまでの距離はおよそ20m（図1-2-6）。

○塁間はバッターが打った後、アウトになるかならないかの微妙な距離に設定する。

○体育館でも行うことができ、体育館では壁に向かってボールを打つ。

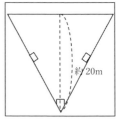

約20m

図1-2-6　フィールドの広さ

【道具】

○プラスチック製の太いバットとボール

【人数の設定】

○基本3人1組（4人以上も可）

○攻撃の時は全員が打つ。守備の時はピッチャーを含めて3人で守る。キャッチャーは設けない。

【ルール】

○バックネット（体育館は壁）に直接当たったらアウト（フェンス越えホームランなし）。

○ピッチャーはバッターが打ちやすいボールを打つ。

○三振なし。盗塁なし。3アウトチェンジ。

このベースボール 3on3 では運動量が確保でき、さらに防御の際はそれぞれに役割を与えることができます。またネット（壁）に向かってボールを打つので、遠くまでボールが飛んで行かず、ゲームが間延びしてしまうこともありません。場の設定に関しては、子どもたちに体験させてみて変更してもかまいません。特に、塁間はアウトになるかならないかの微妙な距離が必要なので、何度も試させて「おおよそこれくらい」ということを子どもたちと一緒に決定してもよいでしょう。後述しますが、実践の中でもルールや場の広さなどは子どもたちに考えさせ、少しずつ整備していきます。

（2）学習のねらい

○防御と攻撃の仕方がわかり、戦術を使って作戦を立てることができる

○防御や攻撃をしている時の動き方ができる。

○ルールを守って、チームで協力しながら楽しくゲームができる。

（3）学習の進め方

①準備運動

「投げる」「捕る」「打つ」「走る」技術を獲得させるために、次のような準備運動を毎時間 10 分程度確保するようにします。

a. スロー＆キャッチ（フライ）

　・声をかけながらボールを投げ（フライ）

　・声をかけられた人はキャッチする。

　・全員が 5 回まわったら次の練習。

b. スロー＆キャッチ（ゴロ）

　・声をかけながらボールを投げ（ゴロ）

　・声をかけられた人はキャッチする。

　・全員が 5 回まわったら次の練習。

c.3 人でベースカバーの練習

　投げる人、打つ人、捕る人、コーチングする人に分かれ、それぞれ 5 回練習。（図 1-2-7）

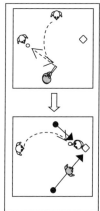

図 1-2-7　ベースカバーの練習

②戦術学習

　ベースボールでは、攻撃側（打者、ランナー）はいかに進塁するか、防御側（野手）はいかに進塁させないかを考えながらゲームを行います。色々な場面を設定す

ることによって、「こんなときにはこう守る」「こう守っているからこう攻める」という戦術の学習を段階的に行います。

a.「1アウト1・2塁」からの攻防

　すべて塁が埋まっている状態での防御と攻撃の学習です。打者がボールを打ったら、2塁ランナーは必ずホームにかえってくるので、防御側は必ず誰かがホームベースカバーに行き、ホームでアウトをとるという動きになります。

　また、1塁ランナーがホームにかえってくるのか、2塁で止まるのかの確認も必要になります。1塁ランナーの進塁については、打球の方向によって判断することができ、守っている前に転がったら2塁で止まり、後ろへ抜けたらホームまでいく可能性があります。それぞれの状況で誰がどこに動くのかをグループで考えさせながら学習を進めます。攻撃側は2塁ランナーをかえすために、どこに打てば得点確率が高いかを考えます。

b.「1アウト2塁」からの攻防

　1塁が空いている状態での攻防の学習です。1塁が空いているため、防御側は2塁ランナーの動きとバッターの動きを打球の方向によって判断しなくてはなりません。攻撃側は、ランナーをホームにかえすのか、そのままとどめておくのか、ランナーをかえすためにどこに打ったらいいのかを考えます。

　防御はaの場合と同様に、打球が守っている前に転がった場合は2塁ランナーはその場にとどまると考えられるので、2塁ランナーを牽制しつつ1塁でアウトをとるという動きになります。打球が守っている後ろへ抜けた場合は、ランナーはホームに向かうので、ホームのベースカバーに1人、バッターは2塁に進むと思われるので、2塁のベースカバーに1人という動きになります。aに比べると、状況判断が複雑になり、ランナーを牽制しつつアウトをとるという考えは子どもたちからは出にくいと思われるので、ゲームを止めながら実際の動きをモデリングすることも必要になります。

　攻撃は2塁ランナーの動き方とバッターの打ち方を学習します。2塁ランナーは打球の方向を見ながら、ホームに帰るのかとどまるのかを判断します。バッターは2塁ランナーをかえすためにどこに打てばいいのかを判断します。

c.「0アウト1塁」からの攻防

　2塁が空いている状態での攻防の学習です。2塁が空いているため、防御側は1塁ランナーの動きとバッターの動きを打球の方向によって判断しながら守ったり、攻撃側は1塁ランナーを進塁させるための打ち分けを考えていくことになります。

　防御はa、b同様に、打球の方向によって動き方を考えさせます。守っている前に転がってきた場合は、2塁でアウトがとれるので2塁のベースカバーに1人、2

塁が間に合わない場合に1塁のベースカバーに1人という動きになります。守って
いる後ろに抜けたら、1塁ランナーはホームにかえってくる可能性がありますの
で、ホームのベースカバーに1人、バッターは2塁まで進むと考えられるので、2
塁のベースカバーに1人という動きになります。

　攻撃側はボールの打ち分けと、それに伴ってランナーの状況からどう判断するの
かを学習します。ここでチームの作戦として、ランナーを2塁まで進めるのかホー
ムまで進めるのかを、チームで話し合い、バッターとランナーの動きを確認するこ
とも必要です。

d.「0アウト0塁」からの攻防

　すべての塁が空いている状態での攻防の学習です。

　防御側は守っている前に転がったら、バッターを1塁でアウトにすることができ
るので、1塁のベースカバーに1人、1塁が間に合わない時のために2塁ベース
カバーに1人という動きになります。後ろへ抜けたら、ランナーはホームまでかえっ
てくる可能性がありますので、ホームのベースカバーに1人、バッターが2塁ま
で進塁する可能性があるので、2塁に1人という動きになります。

　攻撃側は、塁がすべて空いているので、1塁に進むにはどの方向に打ったらいい
のかを考えます。また打球によってどの塁まで進むのかを判断します。

　0アウト0塁でゲームを進めていくと、これまでのa～cでの場面が出てくるの
で、学習した内容を復習しながらゲームを進めていくことができます。

③確認ゲーム

　状況を想定した戦術学習のまとめとして、以下のようなルールでゲームを行いま
す。

（例）「1アウト1塁」のまとめゲーム

　Aグループが攻撃、Bグループが防御の場合、Aグループが得点をあげたら、そ
の時点でAグループの勝ち。逆にBグループが2アウトをとったらBチームの勝ち。
これで1回表の終了。

　1回表にAグループが勝った場合、1回裏でAグループが2アウトをとれればA
グループの勝ちでゲーム終了。Bグループが得点をあげたら、次の回（2回表）に
進みます。

　2回表では、Bグループが得点をあげているので、Bグループは2アウトをとれ
ればBグループの勝ちで終了。逆にAグループが得点をあげれば、2回裏に進みます。

【参考文献】
起田新也・則元志郎「論考　ベースボール教材化と実践課題」『たのしい体育・スポーツ』2012年

6．バレーボールの指導

(1) はじめに

　学習指導要領では、ボール運動が、ゴール型・ネット型・ベースボール型に分類されています。ネット型の代表的教材であるソフトバレーボールの楽しさは、相手のサーブやアタックをレシーブし、味方同士でパスをつないでアタックに結びつけて得点することですが、そのボール操作は、子どもたちにとっては容易ではありません。いざゲームをしてみると、サーブが入らない、サーブが入ってもレシーブミスで終わり、たとえレシーブしてもただ返すだけのゲームになってしまうことはよくあります。子どもたちに聞いてみても、「おもしろくない」という答えが返ってきます。そこで、ボールをつかむ（つかむ時間は1秒以内）ことにより、ボール操作の困難さからくる作戦ミスを減らし、より確実に作戦を実行できる「ホールディングバレー」を紹介します。

(2) ホールディングバレーボールとは

　ホールディングバレーボールは、その名の通り、ボールをホールド、つまり「つかむ」バレーボールです。バレーボールは自陣でボールを弾きながら、相手コートにボールを落とすことが目的です。しかしながら、体育の授業においては、「弾く」ことがままならず、作戦云々の前に互いのミスによるゲームが展開していくことになりかねません。そこで、ホールディングバレーボールでは、ボールを「つかむ」ことにより、ボールを「弾いた」ことによるミスをなくし、作戦・戦術を学習させることに焦点を絞ることができます。具体的にどのようなルールで学習を進めればよいのか紹介します。

①ボールをつかむとは

　3回の接触の全てでボールをつかむわけではありません。3回目は相手コートに返すことになるので、ボールは弾きます。ボールをつかむのはレシーブの時。つまり、自陣のコートにボールが入ってきた時の最初の接触の際にボールをつかみます。また、2回目の接触（以下、トス）、つまりセッターからのボールがうまく上がらず攻撃できない場合は、そこをつかんでもよいと思います。ただし、トスに関しては攻撃する際の重要な要素になってくるので、学習を進めていく中で徐々に弾くようにしていったほうがいいと思います。

②授業ルール

[チームの人数]

コート上に3人、コーチとして1人の4人1組の編成にします。ゲームは3対3で行います。

[コートの広さ]

バドミントンコートを使用し、ラインはいちばん外側とします。また、バックアタックラインを、ショートサービスラインにします。

[ボール操作]

第1レシーブはボールをつかんだ後、パス（以下、ホールディングパス）をするようにします。ホールディングパスは従来のバレーボールのオーバーハンドパス、またはアンダーハンドパスのフォームで、少し長めにボールをホールディングすることによって行います。

[ネット高]

クラスの全員がスパイクを打てるように、クラスで一番身長が低い子がジャンプしてネット上に前腕の真ん中が出るくらいに設定します。

[サーブ]

右後衛の人が行い、届くところから投げ入れてもよいことにします。これは、確実にサーブが相手コートに入るようにするためです。サーブは必ずネット上2m以上を通過することにします。

[ローテーション]

両チームのサーバーがお互い2回ずつサーブした後、両チーム同方向（ネット対称）にローテーションをします。ネットを境に相手コートには自分と同程度の能力（特に身長）の者が正対するようにします。

(3) ホールディングバレーの戦術学習

①I層のディフェンスとその破り方

a. 3人によるブロック

I層のディフェンスはボールが自コートに返ってくる最前線で3人でボールを確実に止めるブロックです。ネット際でボールをブロックすることにより、自コートにボールを入れることなく相手コートにボールを返すことができる攻撃的なディフェンスです。（図1-2-8）

b. 3人ブロックの破り方。

I層のディフェンスはネット際に壁が立ちはだかるわ

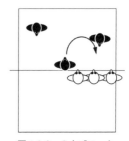

図1-2-8　3人ブロック

けですが、壁の後ろには大きいスペースがあります。ア
タックをするときに山なりにボールを弾きそのスペース
にボールを落とすことによって、3人のブロックを破る
ことができます。（図 1-2-9）

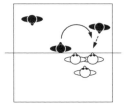

図 1-2-9　3人ブロックの破り方

②Ⅱ層のディフェンスとその破り方

a. 2人ブロック、1人カバー

　後方にスペースができることにより、そこをカバーす
る必要があります。ブロックの人数を1人減らし、後方のカバーをします。後方
のカバーの位置は、ブロックのすぐ後ろ（フェイントカバー）（図 1-2-10）、コー
ト後方（ストレートカバー）（図 1-2-11）、ボールサイドとは逆方向（クロスカバー）
（図 1-2-12）です。2人のブロックで最前線でボールをブロックしつつも、その後
ろのカバーをするディフェンス方法です。

b. 2人ブロック、1人カバーの破り方

　Ⅱ層の場合、ブロックの奥
にボールを落とそうとして
も、カバーがいるため山なり
のボールを打って落とそうと
してもうまくいきません。し
かしながら、ブロックの後方
は1人しかおらず、後方に
はまだかなりのスペースがあ
ります。したがって、ブロッ
クをこえるようなふわっとし
たボールを、後方の空いてい
るスペースに落とすことによ
り、2人ブロック、1人カバー
のディフェンスを破ることが
できます。（図 1-2-13）

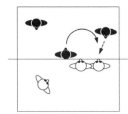

図 1-2-10　2人ブロック、1人カバー（フェイントカバー）　　**図 1-2-11　2人ブロック、1人カバー（ストレートカバー）**

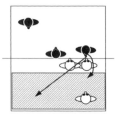

図 1-2-12　2人ブロック、1人カバー（クロスカバー）　　**図 1-2-13　2人ブロック、1人カバーの破り方**

③Ⅲ層のディフェンスとその破り方

a. 1人ブロック、2人カバー

　2人ブロック、1人カバーでは、コート後方には空いているスペースが広く、1
人ではカバーしきれないところがあります。したがって、空いているスペースをカ

バーする人数を増やすことによって、後方のカバーを強化します。また、ブロックを1人置くことで、スパイクされるコースを限定することができます。（図1-2-14）

b.1人ブロック、2人カバーの破り方

1人ブロック、2人カバーであっても後方にスペースは空いています。空いているスペースにボールを落とせばいいのですが、そのスペースは2人のカバーによりボールを拾われてしまう可能性があります。さらに、1

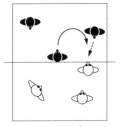

図1-2-14　1人ブロック、2人カバー

人ブロックにより、スパイクを打つコースも制限されるために、カバーされやすくもなります。スパイクのコースを限定させないためには、ブロックを外す動きが必要になってきます。

そこで、攻撃する際にひと工夫加えます。セッター以外の2人が、スパイクを打ちたい「場所」と「球種」をセッターに伝えることにより攻撃します。「場所」はネットに0～6の番号を貼り、どの位置に動くかという目安にします。「球種」はネットに平行なトス（以下、クイック系）と山なりのトス（以下、オープン系）に分け、クイック系をA、オープン系をBとします。

「1」の位置でクイック系のスパイクを打ちたい場合は「1A」とセッターに伝えます。同様に3の位置でオープン系のスパイクを打ちたい場合は「3B」と伝えます。

また、バックアタックに関しては、アルファベットの後にダッシュ（´）をつけることによってセッターに伝えます。（図1-2-15参照）

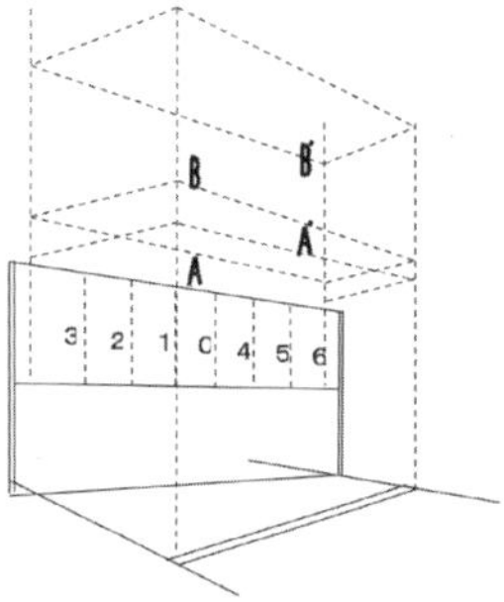

このように、「場所」と「球種」を組み合わせて攻撃することにより、自然と時間差を作り出し、ブロックする場所やブロックするタイミングをずらすことができるようになります。

図1-2-15　セッターに伝える際の場所と球種の目安

例えば、「1A」と「1B」を伝えて、セッターが「1B」の位置にボールを上げたとします。すると、「1A」と「1B」では、ネット際に走りこんでくるタイミングが異なるため、時間の差が生まれることになります。ブロックする側は、スパイクを打たれるよりも早くブロックする体勢をとってしまうために、ブロックがし終わったころにスパイクを打たれてしまうということになります。

また、「1B」と「3B」を伝えて、セッターが「3B」の位置にボールを上げたとします。すると、どちらでブロックすればよいのか判断に困り、ブロックするタイミングや

場所が限定できずに、攻撃側は容易にブロックを破り攻撃することができます。

　さらに、同じオープン系のボールを上げるにしても、「3B」と「6B」では距離が遠いために、相手ブロックを迷わせることができます。特に、セッターに入った子の技能にもよりますが、3の方を見ながらバックトスで6の方にボールを上げた場合には、完全に外すことができます。

　比較的安定した防御を崩すためには、時間差や空間差を作り出すことが必要です。どのようにすれば時間差や空間差を作ることができるかを考えることによって、おのずと自分たちの作戦ができあがります。そして、どのような攻撃（防御）を想定してどのように防御（攻撃）するのかを考えながらゲームをすると、より自分たちの考えた作戦が有効だったのかどうかが明確になると思います。

c. 攻撃を成功させるために

「場所」と「球種」を伝えて攻撃する方法は、練習が必要です。ゲームが始まると自分の伝えた場所に走りこむことだけに意識がいってしまい、セッターへの返球が直線的になってしまい、攻撃がうまくいかないことがあります。セッターへのボールが直線的になってしまうと、特に、クイック系でネット際まで走っていく場合には、時間的な余裕がないので、クイックの攻撃、つまり○Aの攻撃ができないことが多いです。

　そこで、攻撃を成功させるためには、

　①「場所」と「球種」をセッターに伝える。

　②山なりのボールをセッターに投げる。（両手による下投げ）

　③場所に走り込む。

　特に②ができるようになるまでは、じっくりと練習をする必要があります。

（4）ホールディングバレーにおける個人技能の練習方法

①オーバーハンドパス

　2人1組の練習です。額の前で、両手でボールをキャッチします。キャッチしたらすぐに相手に返します。返すときは相手の額にボールが渡るように返します。必ず山なりのボールを返すように練習をします。

②アンダーハンドパス

　両手での下からのパスです。ボールを両手でキャッチしたら、下から両手により相手に返します。キャッチから投げるまでの一連の動作がスムーズに行くように練習をします。

③スパイク

　横から山なりのボールを投げてもらい、壁に向かってジャンプしてスパイクを打ちます。このとき、力まずに肘を高くあげて手首を返すだけのスパイクの練習をします。

(5) 指導計画例 (全 12 時間)

表 1-2-3　ホールディングバレーの指導計画

時	ねらい	学習内容
1	グルーピング ためしのゲーム	学習の進め方について知る ためしのゲームを行う
2	ホールディングバレーの方法やルールについてわかる	・ホールディングバレーの方法やルール
3 4	Ⅰ層のディフェンスとその破り方についてわかり、できる	・3 人によるブロック ・3 人ブロックの破り方
5 6	Ⅱ層のディフェンスとその破り方についてわかり、できる	・2 人ブロック、1 人カバー（フェイント、ストレート、クロス） ・2 人ブロック、1 人カバーの（フェイント、ストレート、クロス）の破り方
7 8,9 10 11	Ⅲ層のディフェンスとその破り方について知る	・1 人ブロック、2 人カバー ・1 人ブロック、2 人カバーの破り方 　攻撃のサイン化
12	攻撃や守りを考えてリーグ戦ができる	・これまで学習してきた作戦を生かしてゲームを楽しむ ・自分たちでゲームの運営をする

第3章
中学校の球技の指導

1. 球技の指導の目標

(1)「ともにうまくなる」

　ここでは、主としてスポーツ活動や運動学習の中核である技術や戦術について、「みんながわかる・できる」ことが目指されます。本書では、このことについて、小学校低学年段階から高校段階までが系統的に示されていますが、中学生の現実はどうでしょうか。頭上のゴールにボールがとどかない、ボールの落下点を予想して移動できない…など、自分のからだと道具（ボール）を思うままに操作できないもどかしさを抱える生徒が少なからず存在しています。しかも、このことについてのあきらめが自己と集団に蔓延しています。つまり、この不自由さが自覚できずに、その克服方法も見出せないまま中学生になっているということです。ことばを換えると下手にさせられてきた生徒たちです。ですから、「うまくなる」には、萎えた自信の回復、自己の可能性への気づきといった中身を含み込ませる必要があります。さらに、自分の努力で自分だけがという世界に埋没させずに、「ともに」という視点を重視することで、学びあう仲間としての豊かな関係性を構築したいものです。

(2)「ともに楽しみ競い合う」

　ここでは、スポーツの楽しさを共有しようとする人間関係や集団の中で生じる課題を手続きや合意形成によって解決していくことが目指されます。しかしながら、現実的には、スポーツを楽しむ対象としてとらえることのできない生徒をよく目にします。その背景には、それまで身に染みついてきた技能観や競争観・勝敗観が存在しています。このことは得意・苦手にかかわるものではありません。自分の技能を真に発揮できず不完全燃焼を起こし続けているのです。チームのお荷物になり傷ついた経験から自らの欲求に重い蓋をしているのです。はたして、中学生の本音はどこにあるのでしょうか。思春期特有の力関係に支配された人間関係の中で、このことを表出させることは容易ではありません。例えば、どのようなチーム・ルール・競争様式なら結果や勝敗に納得できるのか。これらの問いを授業展開の中に組み入れることでしか、能力差・体格差・性差をこえて、すべての生徒がスポーツの持つ楽しさにふれることはできないでしょう。

(3)「ともに意味を問い直す」

　ここでは、スポーツは歴史や社会・環境と関わりながら、人類が営々と継承・発展させてきた文化であるという認識を育て、自分たちのスポーツ実践の意味を問い直して、新たに創り変えていくことが目指されます。例えば、中学生がTV中継や部活動で目にするスポーツの姿は、競技者レベルでの楽しみ方（競技力向上）を中心に、ルール改変が繰り返された結果（歴史的局面）としてのものです。この既存のスポーツ像を絶対視するだけでは、スキルを高め、戦術的行動に熟達し、ルールを遵守する態度を育てる授業実践の枠組みに止まってしまいます。さらには、かえって能力主義一辺倒のスポーツが、子どもたちの中に差別や分断という形で反映されることにもつながります。中学生の現実は、競争主義・優勝劣敗の世界に囲い込まれ、数値で表れる一面的な学力や部活動の成績、卒業時の進路にしか意味を見出せないでいるかのようです。豊かなスポーツ文化の世界との出会いを通して、自らの生活を豊かに変えていく。そして、自分たちが、自分たちのために、自分たちのスポーツ文化を創造する主人公に育つ。中学校体育科教育の出口像のイメージとして持っておきたいものです。

2. 教科内容と教材体系・重点教材

　中学校における球技指導を考える際に、まず留意すべきことは、教材と教科内容を峻別することです。例えば、サッカーとバレーボールでは扱う道具（ボール）は異なりますが、「道具の特性に応じた身体コントロール」という教科内容は同様です。また、バスケットボールとフラッグフットボールでは「コンビネーションの構成」は酷似しており、「パフォーマンスの分析方法」や「ルールづくり、大会の企画・運営」はどの教材でも扱うことができます。しかしながら、個々のスポーツの「技術・文化の発展史」はそのスポーツ特有のものであり、その教材でしか教えることはできません。3年間の教育課程を編成する上では、このような認識をもとに、器械運動や陸上競技など他教材の教科内容との兼ね合いの中で球技教材を体系化する必要があります。さらに重要なもうひとつの視点は、先に述べた目の前の中学生の現実（課題）から教科内容を導き出すということです。また、授業展開の中での生徒のつぶやきや問い・要求から教科内容があぶり出される場合もあります。よって、一単元の時間数を柔軟に設定することや、同一教材を重点教材として3年間通して10〜15時間程度設定するなどの思い切った工夫が求められていると言えるでしょう。

3.　バスケットボールの指導

(1)　学習のねらいと進め方

　冒頭の球技の指導目標に照らし合わせて、中学校卒業時には、既存のバスケットボールを客観視し、自分たちのスポーツ文化として再創造させたいものです。そのためには、シュート技能や戦術的行動、攻防の切り替え（トランジション）の一定の習熟が必要となります。ここでは、本書で述べられている小学校高学年までの指導内容を接続させることを前提にしますが、1・2年時の内容について簡単に示し、3年生時の文化創造学習について詳しく解説することとします。

①1年生の学習

　頭上のゴールへのボールコントロールに慣れない生徒の実態を考えると、まずは、バスケットボール特有のシュート技術として、ボールを投げ出す角度（スピードと軌跡）とバックボードの使い方は十分に習熟させる必要があります。さらに、シュートを打つ場所と入る確率を調査するなどして、後の戦術学習のポイントとなる「シュートが成功する意味ある場所（重要空間）」としての空間認識を高めておきたいものです。また、戦術学習の内容として押さえておきたいことは、その重要空間にボールを運び込む方法として、パス（カットイン）とドリブル（ドライブイン）によるものがあることの理解です。逆に防御側は、いかに運び込ませないかということが学習課題になります。これらのことを、ハーフコートの2対2を中心に十分に学習させていきましょう。

②2年生の学習

　バスケットボールのオフィシャルルールでは1チーム5人がコートに立ちますが、攻防が入り乱れる球技では、視覚情報が増えれば増えるほど混乱する生徒が目立つようになります。そこで、1年生の学習を発展させ、2人のコンビネーションをベースに攻撃を組み立てさせることが有効です。攻防関係としては4対4（ハーフコート）から始めるとよいでしょう。つまり、2人のコンビネーションが2つあるという考え方です。ここで重要になることは、コートバランスのとり方です。重要空間をターゲットにコートを自在に動くことができる時空間認識を育てたいものです。次に、オールコートの攻防学習へと入りますが、この切り替え局面（トランジション）でも混乱が生じます。ここでは、攻防戦術として、敵の重要空間に素早く攻め込む（ファストブレイク）、自分たちの重要空間に素早く戻る（ハリーバック）

のせめぎ合い関係を理解させます。コートを数回往復させる 4 対 4 のラリー学習を通して習熟させていくとよいでしょう。

③ 3 年生の学習

　以下の指導例は 8 時間の計画ですが、必要に応じて、事前に 1・2 年時の復習、途中に課題に応じたチーム練習、事後にリーグ戦の運営などを学習課題とし、15 時間程度の単元計画を組むことも可能です。

a オリエンテーション I（1 時間目）

　J・ネイスミスによって考案されたバスケットボールには、次のような特徴があります（1）プレイヤーがボールを持って走ることの禁止。（2）水平のゴールを頭上の高いところに設置。しかしながら、120 年あまりの時を経て生徒たちが目にするバスケットボールはかなり変容してきています。（1 →）ドリブルの発祥・ドリブラーのショットルールの廃止を経て、ドリブル技能の高度化によりボールを持って「走れる（と同様な）」スポーツに。（2 →）長身者有利なスポーツへの歯止めとしてのルール改正の必要性（3 秒ルール、センタージャンプの廃止）およびシュート技術（特にスリーポイント）の発展。このようなことを生徒たちに理解させた上で、「あなた（自分たち）はどのようなバスケットボールを目指したいですか？」と問い、1、2 年時の学習を振り返らせながら自分の意見をまとめさせます。

b オリエンテーション II（2 時間目）

　学習のテーマを「自分たちのバスケットボールを創る」と設定し、前時のそれぞれの意見をもとにチームごとに話し合わせます。ここでは、「コンビネーション主体のゲームがしたい」「ドリブルやロングシュートを多用したゲームがしたい」など様々な意見があると思われますが、チームで一定の方向性を定めるにとどめ、学習集団全体として統一することはしません。なぜなら、生徒一人ひとりの想いの異質さの中に、「ともにうまくなる意味」や「ともに楽しみ競い合う意味」を問い直す契機が含まれるからです。

　次に、ゲームを実施するためのルールを考えさせます。ベースとなるのは現在のオフィシャルルールですが、細部については、チームごとに意見を出し合う中で確定させていきます。例えば、トラベリングはバイオレーションとするのか、プレスディフェンスは認めるのかなど、ルールとゲーム様相は大きく関わりますが、ひとまず「最初のアワールール（私たちのルール）」としておきます。要となるのは、次時からの学習展開で、このアワールールが生徒たちの合意を経てどのように変容していくか、また理想のゲーム像がどう現実のものになっていくかということです。

c 試しのゲーム I・II（3・4 時間目）

　ゲーム様相をデータで示すことができるように、3時間目は「心電図調査」（本書 p.106参照）、4時間目は「シュート出現率調査」を行います。なお、ゲーム人数・時間・開始方法なども、先のアワールールで決めておきます。シュート出現率調査では、次のようにシュートを分類して記録をします。

（ア）カットイン…アシストパスからのシュート

（イ）ドライブイン…ドリブルからシュート

（ウ）ミドル・ロング…ゴール下付近を除く遠い距離からのシュート

（エ）リバウンド…シュートミスのこぼれ球を拾ったシュート

（オ）ワンマン速攻…オフェンストランジションからのドリブルシュート

（カ）シュート数…1ゲームでのチーム合計シュート数

d　ゲームデータ分析とチーム練習およびアワールールの改変（5時間目）

　データ分析は次の3つの観点で行わせます。

（ア）自分たちが目指しているバスケットボールは実現しているか。

（イ）1・2年時の技術学習を振り返り、チームに必要な練習は何か。

（ウ）アワールールの改変は必要か。必要ならどの部分か。

　例えば、チームメンバーの触球数に偏りが見られたり、カットイン・ドライブインシュート数の比率、ワンマン速攻の出現度など、2時間分のデータからは様々なことが読み取れます。そのデータから、自分たちが目指すバスケットボールへ向けてチーム練習に取り組ませるわけです。また、ゲーム様相をアワールールとの関係でとらえさせることがとりわけ重要となります。技術・戦術を各々の心がけのレベルで考えさせるのではなく、ルールに規定される側面に気づかせ、自分たちの必要に応じて改変させていきましょう。

e　まとめのゲームⅠ（6・7時間目）

　アワールールの改変は、実際のゲームに大きな変化をもたらすものです。しかしながら、どのようなゲームが理想であるかは、生徒の実態によって異なります。その理想像に向けて、情緒的な話し合いで解決させていくのではなく、科学的なものの見方や考え方を育て、技術・戦術とルールの関係でスポーツをとらえさせていきます。大切なことは、「ともにうまくなる」仲間の技術・戦術学習と「ともに楽しみ競い合う」仲間の合意形成の過程にあります。そのような学習過程の中で培われるスポーツ観が、自分たちの文化創造の礎となっていくわけです。

f　学習のまとめ（8時間目）

　まとめのゲーム（VTR）を観戦することで、自分たちが創ったバスケットボールを確かめ合わせます。TV中継やクラブ（部）活動で目にするものとは、また違った姿をしたスポーツがそこにあるはずです。また、学習のねらいにどこまで迫るこ

とができたかどうかも、生徒の感想などを通して探っておきたいところです。ここに、スポーツ文化の再創造を目指した授業のひとつの結論が実像となって現れることになるのです。

（2）教科外活動との関連

　中学校においては、生徒会活動や学年レクリエーションと有機的に結びつけて学習の成果を交流させることも視野に入れておきたいところです。授業クラスの違いによって、アワールールに若干の差異があるはずです。そこを委員会活動や学年リーダー会議などの話し合いで合意形成させていくわけです。実は、どんなスポーツも、このようなローカルな議論を繰り返すことで発展してきています。しかしながら、子どもたちの認識は、大会の企画や運営は、自分たちの知らない世界でいつの間にか行われるものであるかのようです。義務教育終了時には、幼少期に自分たちの遊びを自分たちで創り上げたように、もう一度、スポーツの楽しみ方を自分たちの手に取り戻させたいものです。上意下達のオフィシャルルールありきでプレイするより、より豊かな関係性の中でバスケットボールを楽しむことが可能になるはずです。そして、このような学習をくぐり抜けた生徒たちが、21世紀のスポーツ文化を創造する主人公となっていくことを願ってやまないのです。

4. サッカーの指導

（1）学習のねらいと流れ

　ボール操作技術が難しいサッカーで、様々な戦術をみんなで学ぶためには、明確な戦術（プレイ）の理解とそれをゲームに活かすための「授業ルール」の設定が重要です。毎時間（必要であれば数時間）学習内容となる戦術（プレイ）を一つに限定し、その戦術的な動きができたかどうかに焦点を当てた授業を行います。例えば、後半のゲームでは、ゴールによる得点の他に、学習内容を遂行できたときにボーナス得点を与えて勝敗を競い合うなどのルールの工夫も考えられます。

　授業の大まかな流れは前半部分で戦術を使った攻防の練習（ハーフコート）、後半部分でその戦術を活かしたオールコートでのゲームで進めるとよいでしょう。

　ゲーム（オールコート）における基本的なフォーメー

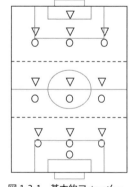

図1-3-1　基本的フォーメーション

ションは「4－3－3」とします。DF・MF・FW と各グループ 3 班（もしくは見るグループを含めると 4 班）に分け、ポジションをローテーションし、各戦術（プレイ）を学びます。その際、技能差・男女差を考慮し、対峙するグループを決め、同時にローテーションするようにします。

（2）ディフェンス（DF）の戦術練習

①マンツーマン DF

　マンツーマン DF は「人を守る」という守り方です。基本的には相手 1 人に対して 1 人の DF がつきます。裏のスペースのカバーリングのためスイーパーを置くようにします。

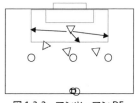

　オフェンス OF はハーフライン付近にボール出し役を置き、そこから FW へパスを入れ練習を開始します。

図 1-3-2　マンツーマン DF

（ハーフコートでの DF 戦術練習においても、同様にボール出し役を置きます。）

②ゾーン DF

　マンツーマン DF が人を守る DF であるのに対し、ゾーン DF は「地域を守る」守り方だと言えます。コートを縦に 3 等分しそれぞれ 1 人の DF が入ります。DF ラインは、ボール保持者の近くが最も高く、逆に遠くは低い位置取りをするようにします。また、自分の地域を越えて守ってしまうとバランスが崩れてしま

図 1-3-3　ゾーン DF

うということに注意しなくてはなりません。3 人の DF がラインを作り、ボール保持者に対してチェックに行く DF を 1 人置くようにします。

③オフサイドトラップ

　DF3 人でラインを作り、センターバックの指示でラインの上げ下げを行います。ラインを上げることで、相手 FW をオフサイドポジションに置き去りにできます。ラインを上げる時は、前方への大きなクリア、相手プレイヤーによる大きなバックパス、ボール保持者への十分なプレス・パスコースの限定ができたときなどに行います。よって、ボール保持者に対してチェッ

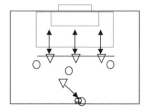

図 1-3-4　オフサイドトラップ

クに行く DF を 1 人置くようにし、パスコースを限定するような追い込み方をして

もらいます。

④プレスDF

　プレスDFは「ボールを奪う」守り方です。コートの前方からプレッシャーをかけ、空いているスペースを無くし、相手のミスを誘ったり、ボールカットを狙ったりします。ボール保持者へは2人のDFでチェックに行くようにします。

　練習では、図のような位置からスタートすると、プレスをかけやすく、また、パスコースを限定しやすくなります。

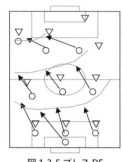

図1-3-5 プレスDF

　空きスペースを作らないように、全体のバランスを考えた追い込み方が必要になってくるので、それぞれのポジションでの動き方をしっかりと話し合っておくことが重要です。

(3) オフェンス（OF）の戦術練習

①オーバーラップ

　数的優位を作り出すためサイドバックが駆け上がり空いているスペースを突く攻撃です。FWのスペースを空ける動きや、ボールキープで時間を稼いでサイドバックのオーバーラップを引き出します。駆け上がったサイドバックは、センターリングを上げたり、シュートを打ったりします。

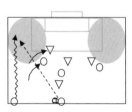

図1-3-6　オーバーラップ

②アーリークロス

　早い段階でゴール前スペース（GKとDFの間）へパスを送り込み、FWはそのボールに走り込みます。相手DFラインが高い位置にあるときなどに有効な攻撃方法です。クロスボールキッカーには技術の高い子どもを置き、さらにマークをあまくするという約束を設けるようにします。

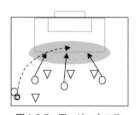

図1-3-7　アーリークロス

③ポストプレイ

　ボールを受けにきたポストプレイヤーにパスを入れます。ポストプレイヤーは

(a) キープ、(b) リターンパス、(c) 他プレイヤーへはたく、(d) ターンしてドリブルを行います。ポストに入る位置を高い位置、低い位置と変えて練習を行うようにします。

図1-3-8　ポストプレイ

　DFは2人のポストプレイヤーにマンツーマンDFでつくようにします。初めは、プレッシャーを弱くするように指示し、(a)～(d) のプレイを確認するようにします。

(4) フォーメーション学習

　単元のまとめでは、DF戦術・OF戦術の組み合わせによるチーム戦術を考えてゲームを行うようにします。

　単元を通して、試合の勝ち負けだけではなく、どのような戦術を考え、実行し、その結果はどうだったのか、という観点で、チームやグループや個人のプレイを振り返り、評価できるようにします。

5. バレーボール指導の実際

(1) 学習のねらい

　中学校のバレーボール指導において、その到達目標をはじめに示しておきます。ただし、以下にあげたのはあくまで技術的な目安です。生徒の話合いによってルールや戦術を変えていくことで、おもしろいゲームを創っていくことも大事な学習です。

①用具やコートに関して

・コートの大きさはバドミントンコート。ネットの高さは2m
・ボールは軽量4号球。または4号球。
・中学3年生でチーム人数は5人対5人

②ルールに関して

・フォアヒットを反則にしない。
・安全のため、タッチネットは厳格にとる。
・ラリーポイント制で15点または11点。

③個人戦術

・6m間隔の対人オーバーハンドパスで50回連続する。
・6m間隔の対人アンダーハンドパスで30回連続する。
・3人の三角形パスでアンダーハンドパスとオーバーハンドパスの両方を適切に

　　　使い分けながら 20 回連続する。
　・サイドハンドサービスが打てる。
　・ブロックがとべる。
　・ブロックの後、反転してトスがあげられる。
　・ボールを持たない時にカバーリングの体勢が整えられる。
④チーム戦術
　・相手の守っていないところをねらってボールを落とすことができる。
　・レセプション（サーブレシーブ）とディグ（アタックレシーブ）のフォーメー
　　ションをチームで相談してつくることができる。
　・カバーリングを意図した守備フォーメーションが組める。
　・攻撃のコンビネーションに関しては、左右どちらから攻撃するか意図的にゲー
　　ムコントロールができる。
⑤審判、ゲーム運営
　・ラリーポイント制で主審ができる。
　・リーグ戦を運営することができる。

（2）ルールを変えるということを学ぶバレーボール

　バレーボールの学習内容で重要なことのひとつはルールに関することです。子ど
もたちは、スポーツのルールは既存のものであって、変えるとしてもそれは技能の
未熟な者が簡易的に行うためであると思いがちです。そうではなくて、スポーツの
ルールというものは、今、ここでこのメンバーでもっとも楽しめるルールを相談し
て決めることに大事な意味があることを教えたいと考えます。バレーボールは、ルー
ルを考えて作り替えることを教えるのに最適な教材です。
　ルールを考えさせる時にセットにして考えさせなければならないことがありま
す。それは、「どのようなバレーボールをしたいと思うか」ということです。「○○
○○というバレーボールがしたい」のならば「□□□□というルールが必要だ」と
いう議論が大事です。技能が変わればルールも変わるでしょう。ですから、いつで
も議論し続けることになります。学年があがって、精神的に発達をとげたり、スポー
ツや友達や社会に対する見方が変わればどのようなバレーボールをしたいかという
ことも変わってきます。一方、個人やチームの技能が高まったり、ルールを議論す
ることで、スポーツや友達や社会の見方を深めます。
　ルールに関する論点を以下に示します。
①ボールタッチ数
　・チームで何回までタッチしてよいか

②サービスについて
  ・どこから打ってよいか
  ・どのようなサービスの入れ方をするか
  ・ネットインを認めるかどうか
  ・サービスのブロックを認めるかどうか
③得点について
  ・ラリーポイント制かサイドアウト制か
④ローテーションについて
  ・ローテーションを入れるか入れないか
⑤その他
  ・キャッチについて（つかむのを許容するかどうか）

（3）技術指導の系統（4人対4人はあえて行いません）

表1-3-1　バレーボールの技術指導の系統

1人対1人	小　コート　●	・オーバーハンドのみでゲーム。 ・「楽しいラリー」を切った側が点数を取られるスポーツであることが分かる。 ・特にネット際とライン際に「穴」があることの確認。
2人対2人	小　コート　○　●	・オーバーハンドのみでゲーム。 ・人と人の間にも「穴」があることの確認。 ・前衛は頭の上をボールが越えたら反転する。後衛は常にカバーリングの動き。守備コンビネーション。
3人対3人	小　コート　↓　○　○　●	・アンダーハンドの使用も可。 ・前衛2人のうち、相手コートから来るボールに近い選手がネットに近づいてセッターの役割を担う。もう1人の前衛はネットから離れてレシーバーになる。
5人対5人	↓　○　○　●　●　●	・3人対3人の動きにレシーバー2人を加えたフォーメーション。 ・前衛のどちらかがブロックにとぶ。跳んだブロッカーが反転してセッターを担う。3人でレシーブ。最も奥の1人はカバーリング専門。

（4）中学 3 年間の指導の全体計画

表 1-3-2　中学 3 年間の指導の全体計画

★ 1 年・2 年（様々なボール操作を身に付け、ラリーを楽しむ 1：1、2：2、3：3）

バレーボールの技能の前提となる身体操作	①ボール操作：ボールをつかむ　ボールを投げる ②頭上でのボール操作：頭上でつかむ　頭上で片手で打つ ③空中でのボール操作：ジャンプして空中でつかむ　ジャンプして空中で片手で打つ

ゲーム	審判・運営	ルール	攻撃戦術	守備戦術	オーバーハンドの技術	アンダーハンドの技術	サービス・アタック
1：1	得点様式ジャッジ	・オーバーハンドのみ ・一発返しのみ ・バドミントンコートの半分	・ライン際ねらい ・ネット際ねらい ・前後のゆさぶり ・左右のゆさぶり	・守備の構え方 ・フットワーク	・ねらったところへのオーバーハンドパス ・落とさないオーバーハンドパス		・オーバーハンドパスのサービス
2：2	得点様式ジャッジ	・フォアヒットの許容 ・後衛からのオーバーハンドサービス	・人と人の間ねらい ・片手オーバーハンドによるプッシュ	・前衛の動き：ボールが頭の上を越えたら反転 ・後衛の動き：前衛がタッチした時のカバーの体勢	・バックパス ・片手でのオーバーハンドパス		・オーバーハンドパスのサービス ・ネット際での片手でのプッシュ
3：3	得点様式ジャッジ	・ローテーション有り ・アンダーハンドパスの許容	・トスの技術 ・（スパイク）	・攻撃と守備の切替の動き ・二等辺三角形のフォーメーション	・二等辺三角形パス ・直角三角形パス ・トスの技術	・低いボールの対応としてのアンダーハンドパス ・第 1 レシーブとしてのアンダーハンドパス	・サイドハンドサービス ・スパイク

★中学3年生（ラリーの質の追求としての5：5）

ゲーム	審判・運営	ルール	攻撃戦術	守備戦術	オーバーハンドの技術	アンダーハンドの技術	サービス・アタック
5：5	吹笛とハンドシグナル 対抗戦の運営	・サービスのネットイン、ブロックワンタッチは？ ・ブロックワンタッチは？ ・ラリーポイント制かサイドアウト制か ・トーナメントか総当たりか	★個人技 ①軟攻・フェイント ②ストレート・クロス ・インナー ★コンビネーション ①横の空間差（ライトかレフトか） ②縦の空間差（前か後ろか）	・さいころの5フォーメーション ①フロアバランスブロックなし ②ラリーの中での前後の動き ③フロアバランスブロックあり ・ブロックカバー ・フェイントカバー	・二段トス ・オープントス ・直上トス 人と人の間の処理 ・横の間→交差しながらの連携 ・縦の間→コミュニケーション	・二段トス ・正面からはずれたボールの処理	・二段攻撃 ・軟攻、フェイント ・打ち分けストレート・クロス・インナー ・バックアタック ・フローターサービス

第4章
高校の球技の指導

1. 球技の指導の目標と内容

(1) 青年の実態把握から

　高校において球技の指導を行うにあたり、まず念頭に置かなければならないことは高校生の実態をしっかりと把握することだと思います。激しい受験競争と商業主義的消費文化の中で、彼らが身に着けてきた固定的な能力観（できる・うまい観）や人間観（自己肯定観や仲間観）、そして、その結果として現れる「しらけ」や「荒れ」といった現象や行動をくみ取らなければなりません。また、16歳から18歳という多感な青年期独特の精神状態や義務教育ではない教育環境なども重要です。

　また、高校段階では、社会認識が深まるとともに批判力も旺盛になり、人類が営々と築き上げてきたスポーツ文化を学ぶことで自分を鍛え、社会観や人生観をしっかりと耕していく時期でもあると思います。

(2) 球技の指導の目標
①ともにうまくなる

　高校段階では、まず第1に「ともにうまくなる」ことを獲得してほしいと思います。それは彼らが社会人となって運動文化を享受するときの土台として、「だれもができる」や「だれでもうまくなる」という能力観を獲得しなければならないと考えるからです。そのためには、まずこれまでに身につけてきた固定的な能力観をこわし・つくりなおす作業から始める必要があります。

②ともに楽しみ競い合う

　高校段階では、「ともに楽しみ競い合う」ことの質を高めていくことが重要です。その質の第1は、集団の深まりです。個人の楽しみや記録への挑戦を集団の楽しみに高めていくには、球技教材はうってつけだと思います。第2は、技術の高度化と戦術・戦略の高度化です。技術や能力の個人差が固定化される高校段階では、誰もができる技術と方法を駆使しながらより高度な戦術や戦略を追求させる学習展開が求められます。

③ともにの意味を問い直す

　スポーツ文化に対して変革の視点を持つといった点で、スポーツ実践の「意味を問い直す」ということは、とりわけ社会認識が深まるとともに批判力が旺盛になる高校段階では重要な課題です。

　スポーツの歴史的・社会的認識、あるいは用具の発達と技術やルールの変遷、男女共修によるジェンダー・フリーの学習などを球技の教材で取り上げることができます。

（3）球技指導で何を学ばせるか

①技術性に関わる内容

　今の高校生たちは、資質・能力観に基づく「個性」や「興味・関心」の重視で、「できないことも個性」とすり替えられ、「下手にさせられてきた」という事実があります。したがって、高校段階で「スポーツの継承発展」や「スポーツの主体者形成」を追求するには、「下手にさせられてきた」歴史を紐解きつつ、まずはうまくなることから出発するべきです。

　そして、その中心にあるのが「技術指導の系統性」だと思います。

　科学的に検証された指導技術の系統性にそって「うまくなっていく」ことには2つの意味があります。1つは、「できる」ことを意図的につみとられた高校生に「できる」ことの喜びや感動を与えるとともに、「できる」道筋と変革の可能性に確信をもたせることです。

　2つ目には、近代スポーツが「発展過程の文化」であることから、一人ひとりがうまくなっていく過程と近代スポーツの発展史を重ねながら「つくりかえ」の思想を学ぶことになるからです。

　特に球技の学習では「道具」操作の能力が重要になります。テニスにおけるラケットやバスケットとサッカーにおけるボールなど、道具を自由に操ることのできる方法を学ばせたいと思います。

　また、球技の学習では、プレイ場面における空間認識や時間認識を育成したいと考えます。たとえば高校生はボールゲームの授業で、意味のないパスや無責任なパスを出すことが多くあります。ボールを受け取るためにどこに身を置くべきか、ボールをパスした後どんな動きが必要か、そんな必然性や意味のあるプレイや場の支配ができる力を育成することが重要です。

　そして、その「場や時空間」を我がものにするためには、他者の存在が重要なポイントとなります。そして、パスの先に行われるであろう「次のプレイ」を描くことによって、他者との関係が築かれるのです。

②組織性に関わる内容

a　グループづくり

　私たちは、高校生の発達課題として「他者との折り合いのつけ方」を重視しますが、それを学ぶ場としてグループ学習は重要であると考えます。しかし、現実には、グループミーティングやリーダー会議などで、彼らに積極的な話し合いをさせるのは難しいことです。球技における作戦は、「グループ学習が成立するための場づくり」となります。フラッグフットボールにおけるハドルは、次のプレイの確認を数十秒でしなければその後の攻撃は成り立ちません。この必然性こそがグループミーティングの出発点となるのです。

b　戦術・ルール・ゲームづくり

「組織性」に関わる力を育てるときの学習内容としては、戦術・ルールづくりを重視したいと思います。戦術は他者を必要とし関係を育てます。高校生たちは戦術を介して、他者を的確に認識しながら次におこるべきプレイを描いていきます。こうした関係が深まっていくことが「組織性」を育む出発点となるのです。また、ルールを考えつくるということは、スポーツを通して「法の下の平等」の思想を学ぶことであり、他者との人間関係やその密度の出発点となります。ゲームづくりは、仲間との共同や運営、進行、審判などの役割を分担し、戦術学習やルールづくりの「総まとめ」と位置づけられると思います。

c　競技会や大会の企画と運営

　特に高校段階では、「組織性」をスポーツ権への自覚と認識までに高めることを意図して、球技大会や体育大会などの企画・運営に取り組ませる必要があると思います。高校生は、卒業後社会人として地域と関わっていく時期でもあります。スポーツを介して地域社会とつながるためにも、さらに視野を広げ、校外での実施や地域住民・他団体との共同に挑戦させることも重要です。

2. 教材体系と重点教材と指導計画の要点

　高校段階では、これまで身につけてきた固定的な能力観をこわし・つくりかえる作業から始める必要があります。その「新たな価値観」を育てるには、①科学的に検証された質の高い教材、②みんなでできる集団的な教材、③これまで持ち続けた価値観を壊すような"衝撃性"のある教材であることが大切です。

　私たちが長い年月をかけて作り上げてきた2人のコンビネーションから始めるバスケットボール、Aクイックからコンビネーション攻撃を学ぶバレーボール、作戦を仲間同士の接着剤にするフラッグフットボール、プロの高度な戦術を学ぶスポ

ンジテニスなどの教材は、これに値するものだと考えています。また、サッカーやソフトボールなど生徒たちの要求に応えながら特質の異なる球技を用意することも重要だと思います。

①計画の作成

年間計画の作成にあたっては、社会への出口として「18歳の青年像」をそこに重ね合わせ、高校3年間を縦横にリンクした計画を立てる必要があります。特に、深く学習をさせるために大単元で構成し、一つの教材を集中的に実施し、十分な学習時間を保証することで集団的で探究的な授業が実施できるようにすることが大切です。

②選択制について

現状の選択制の授業は、「できる」「わかる」「ともにうまくなる」ことを軽視する「息抜き的」なものとなっています。選択制については、1・2年生ではすべての生徒に共通必修の教材を用意し、3年生で興味・関心のあるスポーツ種目を選択させることが大切だと思います。

③体育行事との関係

年間計画づくりで、授業と体育的行事を「ひとかたまり」として捉え、行事における「自治」や「集団づくり」への発展を見通して授業の教科内容を取り上げていく必要があります。具体的には球技大会と球技の授業を連携させ、生徒たちの手で作り上げさせることが重要です。

④男女共修

私たちは球技の授業は、男女共修を基本として実施することをすすめています。運動能力や性差を乗り超えて、共通の学習内容を媒介として「ともに学びあう」関係を作りだし、スポーツにおけるジェンダーの学習を深めることも構想しているからです。

3. フラッグフットボールの指導

フラッグフットボールの特質はプレイとプレイの間に「ハドル」という作戦を打ち合わせる時間が確保されています。その作戦づくりが子どもたちをつなぐグループ学習の核になり、作戦づくりを「接着剤」にしてみんなで戦術の学習ができます。

また、サッカーやバスケットボールのように、ドリブルやパス、シュートの技術が
それほど必要ではなく、基本的にはボールを持って走るプレイが中心で、フラッグ
フットボールを未経験の生徒も多く、運動能力や技術差を作戦によってカバーして
いくという教材価値も併せ持っています。

(1) 授業計画（全20時間）

表1-4-1　フラッグフットボールの授業計画

次	時	内容	学習内容
1	1 2	オリエンテーション 王様インベーダーゲーム	二つの法則の発見
2	3 4	2対1のランプレイ	時間、空間のズレをつくる
	5 6	2対1のコンビネーションプレイ	二つの法則を使って、時間、空間のズレをつくる
	7	2対2のゲーム（ランプレイ）	パスかフェイクかで相手をだます
	8 9	2対2のゲーム（ディフェンス学習）	三つのディフェンスを学ぶ
	10 12	2対2のゲーム（パスプレイを加えて）	三回の作戦を組み立ててだます
3	13 14 15	3対3の基本フォーメーション 3対3のゲーム	二人の動きにもう一人の動きをプラスする
4	16	4対4の作戦づくり	二つの法則を使って作戦をつくる
	17 18 19	4対4のゲーム	作戦づくりをとおして、計画―実践―総括をさせる
5	20	授業のまとめ	授業の振り返り

(2) 王様インベーダーゲーム

　フラッグフットボールをプレイするにあたって必要な
ものは、二本のフラッグ（日本手ぬぐいを使っています）
で、それを膝までの長さにして両腰に付けます。ボール
は子供用のフラッグフットボールが妥当でしょう。

　王様インベーダーゲームの導入として、まず1対1
のしっぽ取りゲームをして、ゲームの基本的なルールや
様式について理解をさせます。その後、攻撃側全員がボー
ルを持ってインベーダーゲーム（10人対10人）（しっ
ぽ取りゲーム）を行います。攻守ともに図1-4-1のエン

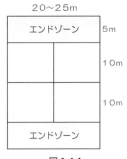

図1-4-1

ドゾーンからスタートし、フラッグを取られないように相手方エンドゾーンに侵入すると得点（タッチダウン）とし、何人タッチダウンできたかを競います。

　次にボールを3個にして行います。

　このゲーム形式から、ボール保持者と非保持者の関係が生まれてきます。さらにボールを1個にした王様インベーダーゲームで特に作戦の指示もせず、取り組むと初め作戦らしいものは出てきませんが、次第に法則①の「ボールを隠す」プレイ（図1-4-2）が出はじめ、それに続いて「ボール保持者をガードする」法則②（図1-4-3）と複合するような作戦が出てきました。

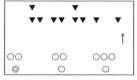

図 1-4-2　ボールを隠す法則

　それぞれのチームが行った具体的な作戦を発表させて、共通の法則があることに気づかせ、法則①、②として整理します。図1-4-2は法則①の典型的な作戦図です。攻撃側は全員が手を後ろに回し、ボールを持っ

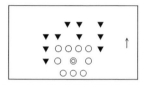

図 1-4-3　ボール保持者をガードする法則

たふりをしてボール保持者◎の発見を遅らせます。図1-4-3は法則②の典型的な作戦図です。ボール保持者◎の周りを全員で囲みながら進みガードします。

（3）2対1のランプレイ

①2対1のランプレイ（法則②を使って）

　ボール保持者と非保持者の関係を理解させます。はじめは連携が難しいですが、徐々に右か左かと、どっちのゾーンに行くかを話し合わせます。ボール保持者に対してもう一人の者がどんな働きをするのかをわかるようにします。

②2対1のランプレイ（法則①と②を使って）

a　2人のコンビネーションの構築

　図1-4-4ではガードが破られることが多く、時間のずれと空間をつくる2人のコンビネーションについて学ばせます。図1-4-5では右に行くと見せかけるフェイントによって、時間差と空間を広げることがわかります。みんなで図1-4-5の動きを確認し、フェイントの意味と効果は時間差と空間を広げることができることであると確認します。

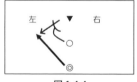

図 1-4-4

b　2対1のコンビネーションプレイ

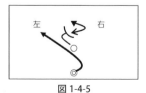

図 1-4-5

この段階からボールの手渡しパスが必要となってきます。そのために 1 次の 3 時間目から基本練習としてボールの手渡しパス（ハンドオフ）とフォワードパスの練習を授業のはじめに取り入れておきます。

図 1-4-6 と図 1-4-7 のプレイでは、ボールの受け渡しをする瞬間、ディフェンスはどちらがボールを持っているか解らなくなります。法則①「ボールを隠す」を活用したプレイで、発見を遅らせて時間差を作ります。また守備は騙されて攻撃の空間を広げてしまうことになります。図 1-4-6 の太い実線の動きは図 1-4-5 と同じ左の空間を攻撃する動きです。このことを生徒たちとも議論しながら導き出していきます。

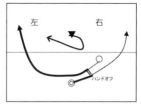

図 1-4-6　ハンドオフ

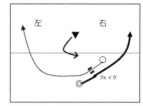

図 1-4-7　フェイク

（4）2 対 2 のゲーム（ランプレイのみ）

2 対 1 で行ったハンドオフとフェイクプレイを使って攻撃回数を 3 回にし、進んだところから攻撃できるようにします。3 回目に進んだところで攻守交代制も取り入れます。ここでは、ディフェンスの方法も学習します。

a プレスディフェンス

積極的にオフェンスの選手に寄って行き、プレッシャー（圧力）をかけ、オフェンスの選手を相手の陣地へ押込む（プレスする）ようにしてボールを奪います。

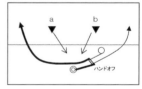

図 1-4-8　プレスディフェンス

b マンディフェンス

常に特定の相手選手に対して 1 対 1 でマークしてディフェンスします。

c ゾーンディフェンス

特定の相手選手をマークせず、自陣の守備エリアを各ゾーン（空間）に分けて、それぞれディフェンスの選手が各ゾーンを受け持ち、自分の受け持つゾーンに侵入してきた相手選手に対して守備を行います。

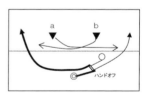

図 1-4-9　マンディフェンス

（5）2 対 2 のゲーム（パスプレイを加えて）

ディフェンス学習を経て、ディフェンス力が高まったことで、2 つのランプレイだけでは攻撃が立ち行か

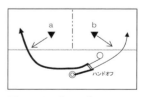

図 1-4-10　ゾーンディフェンス

なくなります。そこで前に投げるパス（フォワードパ
ス）を取り入れた作戦も導入します。

　図 1-4-6、1-4-7、1-4-11、1-4-12 の作戦を使い、
ランとパスを織り交ぜた 3 回の攻撃の組み立ても考
えさせます。

　ディフェンスはプレス、マン、ゾーンを複合させ、
相手の出方を予測して自分たちの守り方を工夫させま
す。

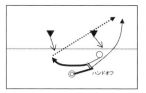

図 1-4-11　ハンドオフ〜パス

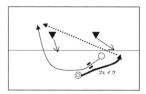

図 1-4-12　フェイク〜パス

（6）3 対 3 の基本フォーメーション

　2 人の作戦に©（センター）を加え 3 人の攻撃を考
えさせます。（図 1-4-13）

a 2 つの法則を具体的プレイで理解させる。

　攻撃空間での数的優位をつくり出し、法則②（ガー
ドする）役割を果たす©（センター）の動きを考えさ
せます。

　ハンドオフですれ違う瞬間、法則①（ボールを隠す）
を活用したプレイが成立します。

　図 1-4-13 〜 1-4-16 に示すハンドオフ、フェイク、
パスを使って、3 人のコンビネーションによる時間差
と空間を広げることを理解させます。

　図 1-4-15 では、右へ行くと見せかけ左にハンドオ
フ。そのまま走ると見せかけディフェンスの後方に
パスします。図 1-4-16 は、右に進み、左にハンドオ
フのフェイクを入れ、そのまま走ると見せかけてディ
フェンスの後方にパスしています。

b 基本フォーメーションを使ったゲーム

　3 回の攻撃権（3 ダウン制）を採用します。攻撃は
作戦の組み合わせで敵をだまします。守備は作戦を予
測したディフェンスの工夫が必要です。

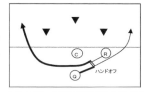

図 1-4-13　生徒に提示するときの図

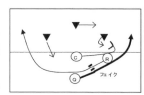

図 1-4-14　フェイク

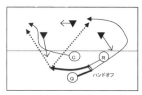

図 1-4-15　ハンドオフ〜パス

（7）4 対 4 の作戦づくり、チームづくりとゲーム

a ハンドオフ、フェイク、パスを使った攻撃の作戦づ
　くりのポイント

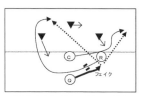

図 1-4-16　フェイク〜パス

- ・2つの法則の活用と作戦相互の関連性
- ・ディフェンスを想定した作戦
- ・ゲーム状況（陣地、得点差、残り時間など）に対応した作戦

b ディフェンスの作戦づくり

- ・プレス、マン、ゾーンを複合させる
- ・陣地、得点差、残り時間などに応じて変化させる

c チームづくり

　チームづくりでは、攻撃やディフェンスの作戦を考え、作戦におけるコンビネーションを成立させるために、お互いの認識を共有・交流することが大切です。作戦づくりがチームのメンバーをつなぎ合わせることになるのです。その際、メンバーがお互いの考えや要望を出し合い、チームとしての考えにまとめ、それぞれの役割を自覚していくことが必要です。こうしたチームの話し合い（ミーティング）がチームづくりには欠かせません。

4. テニスの指導　―スポンジボールで学ぶテニスの戦術―

(1) 高校生とテニスの授業

　硬式テニスを選択授業の一つの種目として取り入れている学校も多いと思います。しかし、硬式ボールを使用したテニスとなると広いテニスコートが必要で学習効率が悪い上に、ハードヒットしたがる男子と初心者の女子が一緒に学習するとなると危険が伴います。それに硬式ボールを正確に打ちストロークラリーを続けるようになるには高度な技術が必要で時間をかけて技術の習熟学習をしなければなりません。

　これから紹介するスポンジテニスは、バドミントンコートでスポンジボールを使用するため、初心者でも短時間でストロークラリーができるようになり、プロテニスプレイヤーが用いる戦術学習まで仕込める"魔法の教材"だと思います。

(2) スポンジボールテニスの魅力

　スポンジボールは、幼児や児童のテニスレッスン向けにヨーロッパで開発されたもので、日本のスポーツメーカーからも販売されています。最終スピードが、初速に比べて極端に落ちるため初心者でも十分に対応できます。また、「ドイツ製のVOLLEY」というスポンジボールは、ソフトボール大で一定の重さがあるため打球感が硬式のテニスボールに極めて近い感じがします。

　スポンジボールを使ってバドミントンコートでのワンストロークに要する時間を

測定してみると、低く速いボールで 1.2 秒、ややゆるめのボールで 1.5 秒から 1.8 秒程、山鳴りのロビングボールでは 2 秒ほどかかります。したがって、運動の苦手な生徒でも 1.5 秒から 2 秒ほどの時間があると、ある程度習熟することによって十分ストロークラリーを楽しむことができるのです。授業中の生徒たちのストロークラリーの様子を観察すると相手が打ったボールがネット越えた頃から準備を始め打っていることが分かります。つまり、運動の苦手な生徒たちも相手のボールがネット越えてから、0.8 秒から 1 秒の時間があると十分準備をして相手に打ち返すことができるわけです。また、スポンジボールでは、ラケット使ってボールに回転をかけることが容易であるため、ストロークにおけるトップスピンやスライスといった高度な技術が簡単に習得できることも魅力としてあげられます。

(3) 戦術を学ぶテニスのおもしろさ

テニスの楽しみには、次にあげるいくつかの段階があるように思います。①ラケットでボールを打ちストロークラリーを続ける楽しみ、②いろんなショットを使ってポイントやゲームを取る楽しみ、③いろんな戦術を使って計画的にポイントやゲームを取る楽しみ、などです。

特に、上級者になると「相手の苦手なバックを攻める」「相手を左右に振り回しオープンコートを作ってパスを打つ」「サーブ＆ボレーでしとめる」あるいは、「ロブやドロップショットで相手を前後に動かしポイントをとる」など、レベルの高いテニスの技術や戦術があります。それがテニスという文化が持つ醍醐味であり、その楽しみに触れさせることが、テニスの学習では重要なポイントだと考えます。

そして、高校生に学ばせる「テニスの教科内容」は、ストローク技術を基礎とした① 3 つの連続したショットによる戦術学習と、②ダブルスによる 2 人のコンビネーション学習にあると考え教材づくりを進めました。

(4) 全体の指導計画案（表 1-4-2）

指導計画では、スポンジボールで一通りのショットが打てるようになった段階で、シングルスのバックコートやネットポジションでの戦い方について学ばせます。そして次の段階で、自分の得意なショットを使いながら 3 つのショットで攻撃する「秘策パターンづくり」の学習を行わせます。さらに最終段階では、シングルスのゲームを行いながら相手の特徴と自分の攻撃パターンを考慮した戦術を考え実践することを学ばせていきます。

また、「他者との折り合いの付け方」や「ジェンダー」を学習テーマに据えたダブルスの授業も興味深いと考えています。

表 1-4-2　戦術を学ぶショートテニスの全体計画案（20 時間程度）

学習段階	スポンジテニスの教科内容			学習活動と留意点
	①技術性に関わる内容	②組織性に関わる内容	③社会性に関わる内容	
第Ⅰ段階（4〜6時間）	●身体操作能力 ・ボールと身体の位置 ・ボールをよく見る ●ラケット操作能力 ・スウィートスポットでボールを打つ ・目標に向かってボールをコントロールする ・ラケット面を意識する ●場と空間を意識する ・相手の位置とネットを意識して打つ ・ネットとボールの軌道の関係 ●相手より先にミスをしないストローク技術 ・相手コートの真ん中に山なりのボールを返す ・短いボールはネット際に返す ・相手がネットに近づいたらロブで後ろに打つ	●仲間同士で協力し合う ・ペアやグループで学習 ・フォームの観察や分析 ●仲間と一緒に楽しむ ・ラリーを続けて楽しむ ・相手の打ちやすいボール ※どのペアが一番ラリーを続けられるか勝負する ・相手と一緒にうまくなる ・相手の打ちやすいボールを打つ ・相手を一歩動かすボールを打つ ・相手の左右に優しくボールを打つ ●相手をかわす ・相手のベースラインに深いボールを打つ ・相手を前に出す短いショットを打つ ・相手の頭上を抜くロブを打つ	●テニスの歴史 ・エスキモーのラグビー ・ジュー・ド・ポーム ・ローンテニス ●用具の歴史 ・ラケットの変化 ・ボールの開発 ●ネットとコートの歴史 ・ネットの中央が低いのはなぜ？ ・テニスコートは最初「砂時計」型だったのは本当？ ●ショートテニスのルール ・ショートテニスの概要 ・ヨーロッパでの様子 ・みんなが楽しむためにルールづくり	●オリエンティーション ・ペア，グループづくり ・テニスの歴史と特徴 ・授業のねらいと進め方 ●手のひらゲーム ・ボールキャッチとヒット ・二人でラリーを続ける ●ラケットやネットに慣れる ・ラケットの握りと構え ・基本グリップとリフティング ・短い距離でのラリー ・目標物をおいてラリー ・段々と距離を長くしていく ・ネットを挟んでラリー ・ベースラインに長いボールを打つ ・クロスラリーとストレートラリーの習熟（2：1） ※ラケットの面とボールの飛ぶ方向を意識させる ●正確なストロークやラリーを続ける学習 ※ネットの1mくらい上を目標にボールを打つ
第Ⅱ段階（4〜6時間）	●相手にミスをさせるストローク技術 ・コートの左右に打ち分ける ・ラケット面やスピードを調節して4すみに打つ ・相手のバックを攻める ●スピードボールで攻めて得点する技術 ・フォアのクロスラリーからダウンザライン ・逆クロスのラリーからダウンザライン ・スピードあるストロークで左右に振る	●相手を動かす ・左右に動かす ・前に走らせる ・相手の苦手なバックを攻める	●テニス技術の進化 ・用具の発達で変わるテニスの技術 →トップスピン打法 ・両手打ちバックハンド	●ストローク学習 ・ストレート打ち ・クロス打ち ・スピードがあり長いストローク ●総合的なストローク学習 ・1対1のストローク ・2対1のストローク ・ストロークゲーム ●トップスピン打法の学習 ●フットワーク ・スプリットステップ ・サイドステップ ・ファアハンドの回り込み ※準備動作として相手が打つとき必ずステップを踏む

第Ⅲ段階（4～6時間）	●ネットポジションで得点する技術 ・ボレーやスマッシュの技術 ・サーブの技術 ・ネットへ詰めるフットワークとタイミング ●オープンコートをつくる ・ショートクロスにボールを打つ ・サービスをワイドに打つ	●相手のいない場所を抜く ●相手のいない場所を作る ※相手の打つボールの角度と自分の打つボールの角度の関係を理解（角度のあるボールは角度をつけやすい）	●テニス技術の進化の歴史 ・サービスが攻撃技術となったのはなぜ？ ・サーブ＆ボレーはいつ頃生み出された技術か？	●ボールをノーバンドで打つ学習 ・ボレー ・スマッシュ ・サーブ ●深いストロークを打つ技術 ・フラットドライブ打法 ・スライス打法 ●サーブ＆ボレーの学習 ・サーブからのチャンピオンゲーム
第Ⅳ段階（4～8時間）	●自分の得意な攻撃パターンをつくる（秘策づくり） ・得意なショットを発見 ・3つのショットを使った攻撃パターン ●計画的な得点がとれる ・自分の得意な攻撃 ・相手の嫌がる攻撃 ・1ゲームを取る方法 ・相手の分析 ●ダブルス ・協力する攻撃 ・2人で1人を攻める ・相手チームの分析	●ペアで協力する ・戦術づくり ・観察と分析 ●相手の攻撃に対する守りの戦術 ●団体戦で勝つための作戦 ・チームで協力する	●試合の進め方 ・トスの仕方 ・ポイントの数え方 ・セルフジャッジとマナー ※2ポイント連取されなければテニスでは負けない ●ルールの進化の歴史 ・ポイント0を「ラブ」と呼ぶのはなぜ？ ・ポイントが15ずつ進むのはなぜ？ ●地域での楽しみ方 ・施設の利用や大会参加 ・サークルへの参加	●秘策づくりと習熟学習 ・作戦表に秘策を考えて記入 ・秘策の習熟練習 ・秘策の再構成 ●チャンピオンゲーム ●ゲームの進め方 ・シングルス ・団体戦 ・みんなが楽しむルールづくり ●ダブルスの試合方法 ・ポジショニング ・ミックスダブルス ・ハンディキャップゲーム

①秘策づくり（3つのショットを使った攻撃パターン）

　戦術学習の最終段階では、自分の得意なショットを見つけそれを使った3つのショットでの攻撃パターーンづくりを行います。テニスでは、自分の得意なショット1本で決めようとしてミスする場合が非常に多いものです。その解決策として「1本のスーパーショットでなく3本の計画的ショットでしとめる」ということが大切だといわれています。

　私は、このことをこの戦術学習の一応の最終目標にしてきたので、生徒それぞれに自分の得意なショットを使った秘策づくりに取り組ませました。攻撃の基本として、①オープンコートをつくる、②相手の弱点を攻める、③ネットにつくの3つを示し秘策づくりの参考にさせました。作った秘策のドリル学習としてはチャンピオンゲーム（1ポイントを取り合うゲームで挑戦者は1ポイントごとに入れ替わり、2ポイント連取した者がチャンピオンになるゲーム）を取り入れ、作戦の修正も行いながら「秘策」の習熟を深めていくとよいと思います。

②ダブルスのコンビネーション学習

「他者との折り合いのつけ方」を苦手とする最近の高校生にとってダブルスによるコンビネーションの学習は有効だと感じています。2人で協力して攻撃を考えポイントを上げていくことで関係が深まるからです。相手ペアの特徴を2人で分析し弱点をどう攻めるか考えることも、おもしろい戦術学習になると思います。

　ダブルスのコンビネーションでは、①陣形を知り自分たちにあったものでゲームする（ベースラインの平行陣、雁行陣、平行陣）、②2人で1人を責める（三角形）、③甘い球をポーチで決めるの3つを教えながら、主にゲームにおいて習熟させていきました。

　勝つことを目的にして作戦を練り、協力して攻撃することで仲間意識は更に深まっていきます。ダブルス3組による団体戦などは、対戦相手を考えてのダブルスの組み方、試合順の決定などの要素も含まれ、さらにおもしろさは増すことでしょう。

（5）実践の評価

　スポンジテニスの実践では、授業に参加したすべての生徒が「ミスをしない」とか「相手のミスを誘う」というレベルのテニス戦術までには到達します。そして、テニスの経験者や運動能力の高い生徒たちは、次のレベルの「自分から攻撃を仕掛ける」という第2段階の戦術が認識でき習熟を深めていきます。

　このスポンジテニスの実践では、正しいフォームづくりやストロークラリーを続けることを習熟する初歩の段階から、戦術学習をとりいれることによって、特定の場所にボールを打つ目的や球種などが意識され、正確なストロークや技術習熟の大切さが理解されます。つまり、学習のあらゆる段階を通して戦術を学ぶことにより、技術習熟への認識が高まり技術の習熟も深まると思います。

　スポンジテニスでは、硬式テニスの醍醐味である高度な技術や戦術をすべての生徒が習熟することができます。そして、同時にコートや用具の発展とルールの改善などを学ぶことにより、テニス文化の本質に迫るような高校生にふさわしい総合的な学習も組織できると思います。

（6）実践上の留意点

①手のひらゲーム

　初めてテニスの授業を行うとき、12世紀のフランスの修道院で考案された「ジュー・ド・ポーム」（手のひらゲーム）をやるようにしています。ボールと打球面を視野に入れるため始めの1時間、掌をラケット代わりにボールリフティング

やゲームを行うのです。生徒たちはスポンジボールを掌で 10cm くらいの高さに連続して打つことならすぐできます。

　また、体育館側壁の前 2m 付近に立った壁打ちでは、ワンバウンドしたボールを掌で繰り返し打ち返すことができます。つまり、掌はラケットのスイートスポットで、ラケットを使用したときの打球面のコントロールの基礎技術になると考えています。

　次の段階では、手と目線がなるべく近づくように膝や腰を曲げる姿勢を指示すると良いと思います。またその時点では、壁に色テープなどで目標を付けてやると目標に向けて打つことができるようになります。そして、さらに次の段階では、壁に上下 2 つのマークを付けると、それに合わせ掌の打球面を変える身体操作も生まれてくるのです。

②大きなスイングへの挑戦

　運動の苦手な生徒の課題に、思うように横回転のスイングができず「はねつき」のようなフォームになることがあります。そのフォームを克服する段階的な方法として私は次のような学習を行ってきました。

　指導方法としては、「遠くへ打ちなさい」と指示するとよいと思います。運動の苦手の生徒でも左足を大きく前に踏み出して身体操作を自然に行い、からだ全体でスイングすることが私の実践で明らかになっています。

　また、腰の回転を使った大きなスイングを学ばせるのに次のような方法があります。まずは最初の段階として、①肩幅に足を開いた生徒の右手横にボールをゆるく投げ、②学習者はそのボールを左手でつかむ（この動作で上体は自然に右方向のねじられます）、③そして②でつかんだボールと左手を右手で下からスイングするようにさせます。これが、テニスの技術「フッラトドライブ打法」の基本的な動作となるのです。

　次の段階では、ネットの 2m 後ろに立たせ、ネット越しに出されるボールをノーバウンド（ドライビングボレー）で打たせると効果的です。

　また、ラケットを使ったストロークが続けられるようになった段階では、逆 L 字型のコートで 2 対 1 で前方からきたボールを左に打ち、左から返されたボールはバックハンドの両手打ちで前の相手に返えさせます。私の実践では、これらの学習が体全体を使った「大きなスイング」の習熟に効果を発揮しました。

③集団的な学習にするために

　テニスは、個人スポーツであるため集団的な学習の場をうまく設定していかない

と、「テニスができた」とか「テニスを楽しめた」の個人レベルの学習に終わってしまう危険性があります。

　したがって、①学ばせる内容の精選と系統性、②わからせたいテニスの理論とその方法、③テニスの歴史や用具の進化と技術の発展など、トータルとして教えたい内容を精選した上で、「教えあい学びあう」ためグループ毎の学習を組織しなければなりません。また、授業中の試合や球技大会の運営に取り組ませ、生涯に渡りテニスを楽しむための力もつけてやる必要があると考えています。

【参考文献】
（財）日本プロテニス協会『テニス教本Ⅰ』、大修館書店、2015年.
稲垣正浩編著『ネット型競技　０のことをなぜラブと呼ぶの？』、大修館書店、1991年.
神埼博光『テニス　秘密の打法』、青春出版社、1980年.
ショートテニス振興会、佐藤雅幸訳・著『SHORT TENNIS』、（有）オーク・エンタープライズ.
学校体育研究同志会編『体育実践に新しい風を』大修館書店、1993年.
日本文化出版（株）『月刊テニスクラシック』、1996年8月5日発行.
学習研究社『T. Tennis』、1997年10月1日発行.
スキージャーナル（株）『テニスジャーナル』、1993年10月1日発行.

5.　バレーボールの指導 ―Ａ クイックからはじめるバレーボールの指導―

(1) 高校生とバレーボールの現状

　現在ではバレーボール人口は減少の一途をたどり、選択授業の一種目として体育の授業の中だけでしか触れることのないスポーツになってきているように思います。一方で観るスポーツとしてはテレビ中継もあり、人気スポーツの地位をなんとか維持しているようです。

　バレーボールを好きか嫌いかと生徒に問うと大きく二分されます。運動能力の高い生徒には面白いスポーツですが、そうではない生徒にはテレビで見るのはいいが、やりたくないスポーツです。するスポーツか、見るスポーツか。まさにメディアに支配されルール変更を重ねてきたバレーボールの現状を表しているかのようです。モーガンが120年以上前に考案したころのレクリエーションの精神はどこかに忘れ去られいるように感じます。

　よく見かけるバレーボールの授業風景では、バレーボール経験者がアタック、レシーブなどプレイの中心として活躍します。一方でバレーボールの苦手な生徒はお客さんのように突っ立ったままで、自分の周辺に来たボールにはアンダーハンドパスで対応しますが、ほとんどボールを追いかける事はありません。ミスしたときに「ごめんね！」と謝り、チームメイトからは「気にしないで」と慰められる。強いサー

ブにはほとんど反応できず、人と人の間にいとも簡単に落ち、サーブで得点がどんどん重なっていき、しまいには経験者が三段攻撃をあきらめ、ダイレクトで相手コートに返してしまいます。

（2）みんながアタックを打つ

　バレーボールが苦手な生徒でも、テレビで観るバレーボールはおもしろいと感じています。ラリーの連続とそれを切ろうとするアタックがハラハラ、ドキドキさせるおもしろさの要素です。バレーボールの特質を「ラリーの連続とそれを切ろうとするアタック」と捉え、そのおもしろさを生徒たちにもできるようにすることがバレーボールの授業に求められていると思います。特に女子の場合、初めから「アタックなんて打てっこない」と言う固定観念を払拭することが重要です。みんながラリーの連続の中でアタックを打てるようになることを目指します。

（3）Aクイックから教える

　バレーボールの苦手な生徒はアタックを打つことのは「絶対無理！」と思っています。その原因は、①ネットが高すぎる、②オープンアタックのタイミングが合わない、からだと思います。

　授業では、単元の前半はバドミントンコートを利用し、バドミントンの支柱にソフトバレーボール用の補助支柱を継ぎ足して場の設定をします。女子の場合190cmのネットの高さで行います。この高さであれば身長の低い生徒でもネット上に手が出ます。

　アタックが打てない原因は打点の予測が難しいところにあります。打点とは時間と空間に規定されます。どこに〈場所〉、いつ〈時間〉入るのかを予測してジャンプし、腕を振りぬくことは初心者にとって大変難しい技術です。

　そこでAクイックから教えるのです。驚かれるかもしれませんが、Aクイックはジャンプした自分の打点にトスが上がってくるため、場所と時間が一致しやすいのです。実際の授業では生徒に次のような説明をします。

「人と待ち合わせする時、まず何を決める？」。生徒はすぐに「場所と時間」と答えます。

「そうです。どこに何時に集まるかを決めるはずです。例えば『スターバックスに7時』とかね。」

　オープンアタックは初心者にとっては、場所と時間があいまいで、例えば「駅周辺に夕方ごろ」の待ち合わせ方なのです。

（4）「『スタバ』に7時」を合言葉に

いつ（時間）どこで（空間）打つのかを、アタッカーとセッターが共通の目標を持って行います。時間と空間の一致をさせるためには、2人のコンビネーションが大切です。

①場所の確認とステップ練習

ネット際30～50cmの位置でバンザイした状態から、左足～右足と大きく2歩後ろに下がります。①は両足で踏み込みしゃがみ、両腕は後ろに下げます。②は両腕を前から上に引き上げ高くジャンプ。③はジャンプして両手を打点でパチンとたたく。この一連の動作を「せーの、1・2・3」の掛け声で行わせます。

②ジャンプキャッチ～Aクイック

いよいよボールを使って2人のコンビネーションの練習です。「せーの、1・2・3」のタイミングでパチンの代わりに、トスされたボールをキャッチさせます。

ネットに目印の紙を張り、ここが打点であることを確認します。セッターは目印のすぐ脇に立ち、ボールを両手で、下の方から投げるのではなく、顔の前から優しく打点に置くイメージでボールを投げます。

初めはなかなかタイミングが合いませんが、アタッカーの「せーの、1・2・3」のタイミングにセッターが合わせる事がポイントです。タイミングが合い始めたら打ってみます。

③トス～Aクイック

アタッカーがスタート地点から両手で下からセッターにふわりとしたボールをパスしてAクイックを打ちます。セッターは両手を上げて「こっちこっち」と合図を送り打点にトスをします。

この練習が始まると2人のコンビネーションは、手投げの時にできていた事がパス、トス、時間、空間が絡み合って一気にできなくなります。

特に多いのはトスが高すぎる失敗です。トスが高すぎると、それに合わせようとしてアタッカーも遅れて入ってしまいます。

「いつも遅刻する人と待ち合わせしたら、どうせ遅れてくるのなら、こっちも最初から遅れて行くようになるでしょ？」と問いかけ、再度「『スタバ』に7時」を確認します。空振りして良いから時間・場所のとおりに打つように指示します。

④3段攻撃からのAクイック

　相手コートから両手下投げでボールを投げ入れサーブ、レシーブ、トス、Aクイックを行わせます。

　サーブは大きくやわらかい軌道でボールを投げます。

　レシーブはオーバーハンドパスでセッターの構える目印を目標にやわらかく返します。

　セッターは両手を上げて「こっちこっち」と合図を送り、目印にトスを上げます。

　アタッカーはボールから目を離さず、レシーブのボールと一緒に目印に入ってAクイックを打ちます。

　この練習においても4人の役割と動きやボール操作のコンビネーションが要求されます。4人は常にボールの高さと場所、アタックのタイミングについて、共通の目標を土台に話し合いを持つようにします。（図 1-4-17）

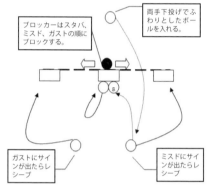

図1-4-17　アタックのコンビネーションとブロックレシーブ

⑤ゲームの指導

　ゲームはバドミントンのコートサイズで4人対4人で行います。前衛2人、後衛2人、前衛右側がローテーションでセッターをします。全員がセッターを経験することで、打ちやすいトスや時間、空間が共通に学べます。

　Aクイックの練習がある程度進んでくると、オーバーハンドパスだけを使ったゲーム形式の練習を取り入れます。

　何も指示しないで初心者がゲームをすると、ほとんどのパスを安易にアンダーハンドパスで行ってしまいます。しかし、初心者にとってアンダーハンドパスはコントロールが難しく、ミスするボールの行方も色々です。

　一方、オーバーハンドパスは苦手な生徒が多く、ほとんど使いませんが、習熟が進むと、狙った方向に確実なパスができ、ミスする方向もほぼ後ろか前に限定されてきます。初心者の場合はホールディングでのパスを推奨する場合もあります。また、ボールを頭上で裁くことにより、アタックやブロック、トスの技術にも有効です。

　以上が単元前半の概略です。後半ではブロックを学習させたあと、オールコートでの6人対6人のゲームに発展させ、最終的にはみんながゲームの中でアタック

が打てるようにしていきます。

（5）バレーボールの教材価値

　現在の高校生の実態は、他者と深く関わることを避けながら、波風を立てず、より無難な人間関係を求めています。

　このバレーボールの授業では、時間と空間の認識を共通の学習課題とし、2人のコンビネーションから3人、4人と広がり、共通の課題で結ばれたチームとしての活動が要求されます。お互いにプレイや、戦術についての議論を通じ、他者との折り合いをつけることを学ばせる事ができる教材であると考えています。

表 1-4-3　単元計画（10 時間）

1	2	3	4	5	6	7	8	9	10
オーバーハンドパスを中心とした、パス、トス、レシーブの基礎技術の習得										
Aクイックの練習（2人組み）	Aクイックの練習（3人組み）	Aクイックの練習（4人組み）	Aクイックの練習（4人組み）	（4人組み）ブロックを付けたAクイックの練習	Aクイック、オープン、ライトを組み合わせたコンビネーション練習		4対4のゲーム（セッター固定）		
2対2のゲーム		3対3のゲーム（セッター固定）								

　＜ゲームを実施する際の工夫＞
　※ サーブは両手下からの投げ入れ
　※ セッターはビブスを着ける
　※ うまくAクイックが決まったらポイントを3倍にするなど

第5章
文化的内容を教える球技の指導の試み

1. ルールに込められた思想にせまるサッカー

　サッカーのゲームは相手サイドへのキックオフから始まります。何気なくルールに従って行うこのプレーですが、子どもたちが行う時に違和感を感じていることがわかります。どうしても一蹴り目から自分のサイドに戻したくなるのです。かつては「ボールの外周の長さ（71〜68cm）だけ移動した時にインプレーとなる」とさえ規定されていました。キックオフは、ボールを保持するチームに制限をかけるルールであることがわかります。オフサイドルールに関しても同じことが言えます。ゴールに向かってボールを蹴ることが、場合によっては反則になるわけですから慣れていない子どもたちには違和感のあるルールでしょう。

　このようにして、サッカーのルールは得点が入りづらいようになっています。ゴールにボールを入れることで得点になるバスケットボールと比較すれば違いは明らかです。サッカーは点数が入らないようにルールが形作られ、時間をかけて得る1点をどちらがとるのかを楽しむスポーツといえます。一方、バスケットボールはより多くの点数を取ることを楽しむスポーツであるといえます。このような行われ方の違いはそのスポーツを生み出し支えてきた人々の思いや考え方が形になってあらわれたものです。ですから、子どもたちがスポーツを行う時、行うスポーツによって違った違和感や共感をもつことになります。このスポーツに対する違和感や共感を掘り下げることで、子どもたちが成長を遂げた実践があります。「『どついたろか』のサッカーから『おら、ようきばったの』のサッカーへ」というテーマで澤豊治によって報告された中学3年生の実践です。

　澤が報告した実践は、当時教育困難校と言われ、校内暴力が吹き荒れた中学校で行われたものです。サッカーのチームを作ると、暴力的に威圧するメンバーが集まった1チームと、仲良し仲間のグループが集まったチームが2つと、いじめられっ子の多い寄せ集めグループの1チームに分かれます。仲良し仲間のチーム同士でゲームをすると、お互いに楽しそうにプレーをします。いじめられっ子の多い寄せ集めのチームは自陣のゴール前に集まって動こうとしません。暴力的に威圧するチームがゲームをすると、相手チームは怖がってドリブルやシュートのコースを空けてしまいます。ついには「なんで本気で取りにこんのじゃー。わしらをなめと

んのか！」と爆発してしまいます。

　ここで、澤は「待ってました」と教室での授業を2回行います。それぞれの思いを本音で語らせるとともに、サッカーの起源、ルールのできた過程やその歴史を題材に、次のような問いかけをします。①サッカーがなぜ紳士のスポーツと呼ばれるようになったのか、②最初はレフェリーがいなかったこと、なぜアンパイア制度ができレフェリーのいる今の制度に変わっていったのか、③サッカーのルールが17条しかない理由とサッカーで非紳士的行為が反則になる理由、④オフサイドはなぜ反則なのか、⑤幻の18条とその意味をどう考えるか。幻の18条を澤は「同じサッカーを楽しむ仲間としての優しさであり、お互いを尊重する精神である。」と語ります。

　この教室での授業をさかいに暴力的に威圧するチームの生徒たちが変わり始めます。そのチームの中心人物は卒業記念球技大会の実行委員長となり、「ナンボ熱うなっても相手を尊重してやってな。相手があるでサッカーおもろいんやで。審判はいるけどルールは自分らの常識な。」と演説するまでになっていきました。

　ところで、封建的な国王に対して市民革命を起こしたのも、産業革命を通して資本主義を確立していったのもイギリスです。市民としての自由と土地や財産所有の自由、そして経済活動の自由はそのような歴史の中で生まれてきたものです。市民生活の自由にしても経済活動の自由にしても、平等・公正・公平であることを基盤にしないと成り立ちません。平等・公正・公平を基盤とする考え方は産業革命の円熟期の時代に生まれたスポーツにも受け継がれています。

　一方でサッカーやラグビーは中世より街をフィールドに「祭り」として行われてきたゲームを起源としています。「祭り」のフットボールは長い時間をかけて大勢で「1点」をめぐって熱狂するからこそ「祭り」であることができます。ボールを制約なしに手で扱い粗野で粗暴な「祭り」のフットボールが、近代に入ってルールや技術そしてモラルが洗練されて、サッカーやラグビーに変化してきましたが、それでも「1点」の重みを大事にして「1点」に熱狂する精神は受け継がれています。「相手があるからおもろいんやで」と言わせた澤の実践は、サッカーの技術だけではなく、サッカーにまつわるルールや様々な考え方や行われ方をよりどころに学び、子どもたちが成長した姿であると考えられます。

2.　役割分業を考えるフラッグフットボール

　フラッグフットボールは、アメリカンフットボールをもとに開発された教材です。身体接触をなくしてより安全にプレーができるようフラッグといわれる帯状の

ものを腰にはさんでプレーし、フラッグを取ることをタックルの代わりにして行います。ボール保持者がフラッグを抜かれることでボールがデッドとなります。その度にチームは、次にどのような攻撃を仕組むか、あるいはどのように守備をするか相談します。この特徴が「戦術学習」に適している教材であるとされてきました。

　ボールがデッドになって次の戦術を相談する作戦会議をハドルと言います。このハドル以前にフラッグフットボールではポジションを決めておくことになります。だれがセンターをするか、クォーターバックはだれでランニングバックはだれかということです。ガードに回る子どもが出てくることもあります。おとりとして動くだけの子どもも出てきます。その上で作戦をより成功させようとした時、アメリカンフットボール系の教材では、走るのが速い子はランニングバックを分担し、走るのが遅い子はガードに配置することが正しい戦術的選択になります。この作戦成功のためのポジショニングに疑問を投げかける子どもがいたとすれば、それはフラッグフットボールという教材の文化的背景に対する疑問であるということが言えます。

　これはフラッグフットボールのルーツであるアメリカンフットボールに由来する問題です。アメリカンフットボールは世界の覇権を握っていたイギリスをアメリカが凌駕しようとし始めた時期に誕生します。西部開拓は西海岸に達し海を越えてアジアを視野に入れていました。そのために合理的に役割分業し、軍事的にも経済的にも戦略的に拡大を進めなければなりませんでした。そのような時代背景と思想がアメリカンフットボールというスポーツには刻み込まれています。アメリカンフットボールをルーツとするフラッグフットボールを教材に子どもたちが学ぶ時、フラッグフットボールの技術や戦術と同時に、役割分業、適材適所という考え方に、ルールや戦術あるいは行い方を通して直面することになります。

　子どもが文化的背景に関わる疑問、例えば「僕は、ガードばかりでつまらない」とか「おとりで動くばかりじゃなくて僕もパスプレーでタッチダウンしたい」と声を上げた時、「あなたも作戦成功のために大事な役割を担っているのだから、そんなこと言わないで、作戦成功をみんなと一緒に喜ぼうよ」といって片付けてしまってはせっかくの文化的内容への扉を閉ざしてしまうことになります。

　フラッグフットボールの技術的内容の追求とともに文化的内容に関わって議論を深めた実践に制野俊弘の中学3年生「フラッグフットボールは何を教える教材か」という報告があります。

　制野は、実践のはじめに、前年度の作文を紹介します。作戦遂行に際してボールにからまなかった生徒の作文です。「ボールに1回も触っていなかった。自分がパスを受け取れば点が入ったと思うことが1、2回あった。前のフランカーにもパスぐらいほしかった。」というこの作文を読むことから議論を始め、「戦術の学習」と「能

力観」に関わる課題を切り離すことなく、同時に解決していく方法を探ろうとしました。子どもたちと議論を重ねる過程でポジションをローテーションしながら行う班と、固定して行う班に分かれていきます。ローテーション制を導入した班は「みんながあらゆるポジションをこなす」ことで、一旦は勝てなくなってもチーム力は上がると考えました。固定制の班は、固定しつつも「あまり強くない人」と表現される生徒をなんとか作戦の中に位置付けて、タッチダウンを奪ったり自らパスを決めるなどさせていきました。実践の終盤のリーグ戦では、ローテーション制を採用した班は全く勝てませんでした。「あまり強くない人」を戦術の中で生かした班が勝つことになります。

「あまり強くない人」はどこの学級のどの班にも必ずいます。そのような生徒も運動の得意な生徒も、どのようにみんなで学習を深めることができるかを考え議論し、技術や戦術に関わる認識を深めるとともに、役割固定制、あるいは分業制について考えを深め、子どもたちなりの解決方法を追求することができることを、この実践は示唆しています。

　フラッグフットボールを教材に学ぶ時、この実践のように、技術や戦術という技術的な側面だけではなく、アメリカンフットボール型のスポーツの歴史や思想、そしてルールや観戦のされ方までを含み込んだ文化的内容を含む教材として学ばせることは重要なことです。

3.　夢と希望を技術・ルールに刻み込むバレー

　文化的内容を教えるということは、球技の授業を技術的な内容だけで終わらせないということです。体育の授業では、技術的にうまくなることと、うまくなることを通した教育効果を期待します。しかし、それだけでは、スポーツという文化からから疎外されず、スポーツという文化をより人間的なものに創り変えていく力をつけることはできないと考えます。スポーツをすることによって、人間的な喜びを感じたり成長をもたらしたりする半面、勝敗を重視するあまりドーピング問題を筆頭に人間性を損ねている面がたくさんあります。あるいは技の高度化が極度に進み、例えば器械体操のように驚異的な技をただ見るだけになってしまっていることもあります。そのようなスポーツを、より自分たちの生活に根ざしたものに創り変えていく取り組みのなかで、スポーツも、自分たちの生活も、より人間的に豊かになっていくのだと思います。ここまでに紹介した澤によるサッカーの実践も制野によるフラッグフットボールの実践も、技術的にうまくなること以上の意図をもって技術的内容だけではない、文化的内容に切り込んだ実践です。

　文化的内容といいましたが、分かりづらい言葉です。体育における教科内容の技術以外の内容といってもよいものです。例えばスポーツの歴史、ルールについて、大会運営の方法、スポーツの用具について、スポーツに関する法律について、スポーツとメディアの関係について、スポーツとお金について等、スポーツを文化として成り立たせているあらゆるテーマが文化的内容として成立します。そのテーマに関することを子どもたちが学ぶ時、疑問や違和感そして共感があるはずです。

　例えば制野のフラッグフットボールであれば、スポーツの中で人間が適材適所で配置されることへの素朴な違和感が探究の原動力になっています。そしてフラッグフットボールの行い方をみんなが人間的に行えるよう生徒達は果敢にチャレンジしています。澤のサッカー実践ではサッカーがもつ平等・公平・公正の思想に触れて、自分たちの人間関係が平等でも公平・公正でもなかったことに気づき、対等平等な人間関係への組み替えにチャレンジしていきます。文化的内容の学習は子どもたちによる探究の可能性を大きく広げているのです。

　次に、バレーボールの授業で技術以外のテーマに子どもたちが挑んだ実践を紹介しましょう。「『生きづらさ』を『夢や希望』に　『夢や希望』を『技術・ルール・制度』に　～中学校3年間のバレーボール実践～」というテーマで矢部英寿によって報告された中学3年生の実践です。

　バレーボールという文化が抱える様々な矛盾については本書の第2部第4章「バレーボールの指導」にありますのでそちらを参照してください。

　このバレーボール実践は、3年間の技術的な学習をベースに意図的に文化的な学習を仕組んでいます。1年生ではサービスに関する歴史を学びルールを議論します。2年生ではローテーションに関する歴史を学びルールを議論します。ここまでの過程でバレーボールのおもしろさの中心はラリーであると子どもたちは考えつつありました。そして3年生で「どのようなバレーボールをしたいか」を話し合っている時に、その後の議論のきっかけとなる発言が出てきます。

　多くの生徒が「楽しいバレーがしたい」とか「ラリーの続くバレーがしたい」と言っている時にひとりの生徒が「スパイクがうまく決まるのがいい」と発言します。周りの生徒たちの「えっ」という空気を察して、すかさずその生徒は「何か自己中？」とつぶやきます。ここから、バレーボールはラリーがおもしろいのか、スパイクで点を決めるのがおもしろいのかという論争になります。論争の結果、自分たちが目指すバレーボールの面白さは「きれいなラリー」であると結論づけます。子どもたちのいう「きれいなラリー」というのは「みんなが関わって、練習したパターンで、ゆるくてもいいからスパイクで返すラリー」のことです。子どもたちは「きれいなラリー」を目指して「ゆるスパイク」という技術を生み出し、ダブルコンダクトや

フォアヒットを許容するルールを生み出します。これらの議論と技術やルールの創造過程を通して、子どもたちは中学校生活で起きた「いじめ」に決着をつけ、受験という競争制度に個々に巻き込まれていくことに抗う勇気を得るなど、同志的なつながりを深めていきました。

　矢部はこの実践を振り返って「バレーボールという文化に自分たちの夢や希望を織り込んでいくと同時に、自分たちの生活をよりよくしていく（幸せにしていく）作法を学ぶということだったのだと思うのです。」と述べています。文化的内容を教えるということは、体育の学びを生き方の学びにつなげる鍵となるということです。

【参考文献】
(1) 澤豊治「『どついたろか』のサッカーから『おら、ようきばったの』のサッカーへ」、学校体育研究同志会教育課程自主編成プロジェクト編『教師と子どもが創る体育・健康教育の教育課程試案2』、創文企画、2004.
(2) 制野俊弘「フラッグフットボールは何を教える教材か」、学校体育研究同志会研究年報『運動文化研究』Vol.18、2000.
(3) 矢部英寿「『生きづらさ』を『夢や希望』に　『夢や希望』を『技術・ルール・制度』に　～中学校3年間のバレーボール実践～」、学校体育研究同志会研究年報『運動文化研究』Vol.27、2010.

第6章
ボールゲームの学習指導方法と学習集団

　教師が技術や戦術の内容を子どもたちに示したとしても、それだけで授業を効果的に進めていくことは難しいでしょう。その理由としては、書かれている技術・戦術をどのように目の前の具体的な子どもたちに提示するのかという問題や、単元における配列の問題があります。またとりわけボールゲームは技術・戦術の指導とならんで、ルールの扱い方（ルール指導）や子どもたちの人間関係的な組織も視野に入れた指導が必要になるからです。なぜならばクラスには様々な能力を持つ子どもが混在しているからです。

　私たちは、体育の授業であっても子どもたちが自主的、自治的に授業を進めていけるようにしたいと考えています。でも、子どもたちだけでは乗り越えられないポイントも出てくることも事実です。

　ここでは、ボールゲームの技術や戦術の指導を効果的に行うために、押さえておくといいと思われるポイントを示したいと思います。

1. ボールゲームにおけるグループ学習

(1) ボールゲームにおけるグループ学習とは

　子どもたちが自主的、自治的な学習を進めていくための基本的な考え方として、私たちはグループ学習を採用したいと考えます。ここでいう「グループ」というのは、単なる教師の指示を聞いて活動を行うまとまりとしてのグループや班という考え方ではありません。学校階梯や学年によって、あるいは教師の考え方によって違いはあるものの、基本的には、班長やリーダーを中心に、目標や計画を立てて、実行し、総括をして次の計画を立てる、そしてそのために必要な役割分担をグループ内で行うという組織（学習集団）です。役割の中には、ボールやビブス（ゼッケン）を用意する人や、準備運動をする人、ゲームコーチをする人、記録をつける人などがあります。それを固定化してやる場合と、毎時間交代でやる場合もあります。役割は必要に応じて作っていけばいいのです。大切なのは、みんなに役割があってみんなでグループを成り立たせているということなのです。また、ボールゲームはチームで行われるため、チームと学習集団が同一であるところに特徴を持ちます。

　1953年の学習指導要領では、今のグループ学習の元になる考え方が示されました。その後、学習形態の違いによる成果の違いの研究が精力的に行われるようになりました。特にそこでは、一斉指導とグループ学習を比較して、グループ学習の方が社会性の発達に資するところが大きいことや、異質グループ（グループ内に技能差のあるグループ）の方が、等質グループ（グループ内に技能差がない。習熟度別もこの考え方に近い）よりも技能の伸びが大きいことや協力関係が得られやすいこと、また、好き嫌いで見れば「好き」になる子どもが多いなどが示されていました。しかしながら、その後、系統学習が台頭するとともに、グループ学習への関心は薄れていきました。

　私たちは、異質のグループ学習で技術・戦術を系統的に指導するという立場を取ります。ボールゲームでは異質集団を作って指導することは一般的に行われていることです。それはチームの戦力の均衡を図るためです。私たちは、それだけではなくて、うまい子も苦手な子も一緒のチームで、同じ戦術行動をする中で一緒に高まっていくことを期待するのです。もちろん、座して期待するのではなくて、後に述べるように、目標−内容−方法においていくつかの働きかけが必要になることは言うまでもありません。というのも、先に学習集団としてのグループとチームが同じであると述べました。ボールゲームでは、チームのなかの技能差がグループ学習に影響を及ぼすことがあります。悪影響といってもいいのですが、そこを乗り越えない限り、チームとしても学習集団としても成長できないのです。

　いずれにせよ、子どもたちの自治的、自主的な学習を重視しつつ、技術・戦術的能力（わかる、できる）の発達、社会性の発達などを促そうと考えています。このことは、授業という実践の場で培った力を、社会で行われるスポーツの参加時にも応用できるようにしたいと考えるからです。

　ところで、グループ学習といっても、小学校の先生なかでも中学年と高学年ではイメージが違いますし、高校生のグループ学習の場合もまたずいぶんと違ったイメージになります。教師の介在の多寡があるにせよ、グループ学習という場合、一つのグループの成員が能力的に様々であること、そして、授業の計画−実行−総括をグループで行うという基本的な原則があります。もちろん、それだけではうまくいきません。以下には、グループ学習をどのように成立させるのかについて述べていきたいと思います。

(2) オリエンテーションの意味と方法

　オリエンテーションは、主として単元の最初に行われます。8時間とか12時間の授業のまとまりである単元の全体像を教師が示し、そこから計画づくりへと進ん

でいくための時間です。そして、その目的は、授業の全体像の提示とともに、教師と子どもたちの間で一定の合意の形成を図ることです。

　子どもたちは、過去の授業やスポーツの経験から、その種目に対して様々な思いや要求をもっています。スポーツ経験の豊富な子は、「いっぱい活躍したい」、「たくさん得点を決めたい」と思うでしょう。それに対して、苦手な子や経験の少ない子は、迷惑をかけやしないか不安に思ったり、うまい子ばかりでゲームが進むので面白くないという思いを持つこともあります。その思いは様々だと思われます。そのために、事前に子どもたちにその種目に関わったアンケートなど意識調査を行って、期待することや不安に思うことなどを出させます。その結果をオリエンテーションの時間に共有し、そこから子どもたちの願いを授業に織り込んでいくように仕組むのです。

　授業では、うまい子も苦手な子もともにうまくなり、楽しみ競い合えるようにしたいのですが、そのためには、「何をうまくなるのか」、「何をこそ競い合うのか」、「なぜともに楽しめないのか」が子どもたちのなかで問い直されなければなりません。それを確認する最初の場がオリエンテーションになります。

　子どもたちは、本音のところでは、みんなうまくなりたいと思っています。でも、学年が上がるにつれ苦手な子どもほどそのことが言い出しにくいのです。そこで、オリエンテーションのときに、子どもたちの調査結果から、みんなの意見を汲み取るようにして、例えば「全員が楽しめて、うまくなること」といった目標を立てていきます。しかし、苦手な子どもは、学年が上がるにつれ、今までと同じようにやったとしても「全員が楽しめて、うまくなること」が絵空事に過ぎないことも、過去の経験から知っています。そのため、「全員が楽しめて、うまくなる」ために、さらに一歩進めてどんなルールを採用するのか、どんな授業の進め方をするのか、などを子どもたちに示しながら決めていきます。それによって、目標へ到達するまでのイメージを持つようにするのです。授業で採用するルールやゲームの形式の提案は、学年が下がれば、教師が行うこともできますし、学年が上がれば、子どもたちに作らせていくこともできます。合意形成を目的としたオリエンテーションにおいて大切なのは、子どもたちの本音が出されること、つまり、意見表明権の保証であって、ただ単に教師が立てた計画を子どもに与える時間ではないということです。

　ただし、子どもの本音を大切にするという場合、次のようなことが往々にして起こります。それまでのスポーツの経験の違いから、一方で個人技の発揮や上手な子たちでやりたいと考える子どもがいて、他方で、みんなで攻撃して勝ちたいと考える子どもいます。つまり、子どもの願いが2つあるいはそれ以上に分かれることがあります。そのときに、オリエンテーションにおいて、「どんなゲームをみんな

で作っていくのか」という投げかけをすることもできます。その場合は、うまくなっていくと同時に、みんなで目指すゲームを最終的に作り上げるという目的も挿入されることになります。

　このことも含めて大切なのは、計画がうまくいかない場合に、途中で中間オリエンテーションの時間を取って、目標の修正やルールの調整などを行うことです。そのために、教師は授業でのグループ活動のみならず、子どもの感想文やスコアなどを含めたグループノートなどをたよりに、グループの様子をモニタリングしておく必要があります。班長会議でグループの様子をチェックすることも有効に作用します。

(3) グループ編成と授業のねらい

　次に、グループ編成について述べていきます。グループ編成には、生活班をそのまま用いる場合や、教師が決めるやり方、子どもたちでよく話し合って均等になるように分けるやり方などがあります。

　一般的に、男女共修の場合は男女数、平均身長、それまでの運動経験や競技成績を中心に編成を行います。バスケットボールの場合は、シュート調査を行って、その合計数も考慮に入れることもあります。他にも、片手の遠投能力を見たりすることもあります。

　小学校や中学校の場合は、それらに加えて、子どもたちの性格や人間関係にも配慮する必要があるでしょう。特に担任が授業を行う小学校の場合は、すでに何らかの配慮がなされていると思います。おとなしい子どもや、やや性格にむらがある子ども。運動が苦手な子どもや、運動嫌いの子ども。得意な子のなかにも、独りよがりの子や、逆に周りを見渡せる子などがいます。体育以外でも、障害を持つ子どもや、発達障害が疑われたり、家庭環境が不安定などで教師が気になる子どもなどもいます。そして、それらの子どもと周りの子どもとの関係というのも、グループを考える上で重要な要素になります。こういうデリケートな部分は充分考慮に入れる必要があるでしょう。

　とはいえ、戦力を均衡にすることに関していえば、必ずしも事前のグループ編成で神経を遣いすぎる必要はありません。ある先生は、先生が作ったグループでやらせてみて、その後、子どもたちに均等になるように再編成をさせたといいます。それを通じて、どのように編成しても全く均等になるということはないということを子どもたちにわからせていきました。

　均等を目指して行うグループ編成について、ここで強調しておきたいのは次のことです。グループの中に上手な子もいれば苦手な子もいるし、グループ間にもやや

差はあるのはやむを得ないことです。したがって、その事実から学習は出発すべきであり、個々の子どもの能力の差を嘆くのではなく、その子どもたちの能力の総合としてできる戦術行動に目を向けさせる方向に持っていきたいということです。さらにいえば、学習が始まる前の個々の能力を云々するのではなくて、学習が進んでいくにつれて学習集団としてのグループがどう変化していくのか、こちらの方こそが重要だと思うのです。途中でもめることもあります。もめごとはできるだけ回避したいと思うのはやまやまですが、ある先生はオリエンテーションの資料に「もめごと大歓迎」と書いていました。もめるからそれをバネにして学習が深まる可能性があるからです。プレーの中で起こるもめ事を、技術・戦術学習を通して解決していくなかで成長を図っていくのだと考えるわけです。ボールゲームを教えるということは、戦術行動のみならず、以上のような集団観を身につけるということも含めて考えたいものです。

（4）グループ学習で行うボール運動

　グループが決まって、オリエンテーションで授業の計画が定まってくると、次は実際にグループごとの学習が始まります。発達階梯の差はあれ、グループ学習では、単元全体の計画から一時間ごとの計画を立てて、実践し、総括を行います。小学校でも、高学年ぐらいであれば、準備運動や必要とされるボール操作の練習や、作戦などは子どもたちで考えさせ、さらにデータを取って総括することができます。作戦については、なるべく教師の側からモデルとなる動きを示したいものです。それをもとにしてチームのメンバーに応じて作戦を作らせるのです。そうでないと、学習すべき中味とは関係のない作戦が出てくることが往々にしてあります。

　教師は、この計画―実践―総括を子どもたちが上手く行えるように指導をします。総括のためには、後に述べるように記録をつけることが必要になります。また、先にも述べたように、単元の途中では中間オリエンテーションを実施することで、グループごとの軌道修正や目標の確認や再設定などが行われます。また、班長会議を行うことで、グループ間の情報交流を行うこともあります。学習が停滞しているグループには教師の指導のみならず、他のグループでの実施状況を交流することで乗り越えていけるきっかけになったりもします。

　そして、単元の最後にはリーグ戦を行うことなどによって、学習の成果を確認します。

（5）不均等発展

　教師が教えたら、すべての子どもができるようになり、すべてのグループが同じ

ように力をつけていくというのが理想なのでしょうが、なかなかそううまくはいきません。むしろ、その反対に発展は不均等に起こることの方が多いのです。このことを筆者の経験をもとに書いてみます。

　大学でバスケットボールの授業を行いました。15時間の単元のはじめに、3対3のゲームをやったときのことです。最初に個々のメンバーの技能が高く結果として強かったのがA班でした。この班は、あまり上手ではない子を中心とした作戦を立てるのですが、うまくいかない場合には、上手な子が個人技で攻めて得点を取ります。そのため作戦もやや大雑把で、練習時間は苦手な子の特訓というような練習をしていました。ある日、2番目に強かったB班は、連戦連敗のD班と対戦して勝ちました。B班も個人プレーを中心にして勝ったのです。そのときに、B班のキャプテンは次のようなことを感想文に書いてきました。「勝ってもちっともうれしくないのに、負けてもうれしそうにしている班がある」。すると、B班のキャプテンは全員がシュートが決められるような作戦を作って、その練習をしていきます。コンビネーションがうまくいかないのを苦手な子のせいにせずに、二人の関係として捉えていきます。そう、D班のキャプテンがやっていたことです。D班のメンバーが負けてもうれしそうにしていたのは、目標とする全員がシュートを打つことができたこと、そして、うまくいった作戦をみんながほめあっていたからです。そうして、5対5のゲームになったときに、まずB班がA班に勝ちます。そして、ついにD班もA班に勝ってしまうのです。とはいえ、もともと力のあったA班は、最後のリーグ戦では立て直していきました。

　できすぎたような話ですが、「チームの技術・戦術的、組織的発展は、時間差を経て不均等に起こる」、これが不均等発展です。不均等発展が起こるためにも、数時間の単元ではなく、大単元を組みたいものです。

2. ボールゲームにおけるゲームの記録と分析

(1) ボールゲームが「うまくなる」ことの二つの意味

　ボールゲームが「うまくなる」ということには、二つの意味があります。一つは、個々の技能を学び身につける、あるいはゲームで発揮できるようにすることです。もう一つは、チームとしてやりたい戦術行動を身につけ、ゲームで活かすことができることです。この後者の方が授業のねらいとしては大切になります。ただし、サッカーのように足でボールを操作するという難しさのゆえに、集団でのねらいが達成できないという場合には、ボール操作能力を高めることの比重を高める必要があります。また、シュートやバレーボールのスパイクなど得点に関わった個人技能につ

いても、取り出して練習する必要もあるでしょう。

　この個人技能とチーム戦術にかかわって起こる問題としては、個人技能をどこまで向上させたらチーム戦術に移ればいいのかというものがあります。バレーボールの例でいえば、三段攻撃（レシーブ、トス、スパイク）を目標にした場合に、スパイクの技術練習もですが、スパイクを打たせるにはいいトスを上げなければならない。いいトスを上げるためにはいいレシーブをしなければならない…。と考えるとやはり、基礎練習としてのアンダーハンドパスの練習をみっちりやるということになります。だとすれば、10時間程度のバレーボールの授業ではアンダーハンドパスばかりやった（けど、うまくならなかった）ということが起こりかねません。

　これまでに示してきたように、私たちが提案する体育授業では、この順番を採用しません。そうではなくて、みんなが得点の場面（スパイク、シュート、タッチダウン）で活躍できるように、必要と思われるコンビネーションの基礎や戦術行動の基礎を学んで、それをゲームで活かせるようにするのです。

　しかも、相手がいるゲームという状況において、戦術行動が成功して得点する、それによってチーム力が向上したということができます（図1-6-1）

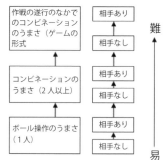

図 1-6-1 ボール運動のうまさの階層例
（石田、2007 より）

（2）うまくなることをどう取り出すのか
①勝つこととうまくなること

　上で述べたように、ボールゲームがうまくなることにはいくつかの階層があります。最終的には、ゲームのなかで立てた作戦や目標とする戦術行動が行われたのかどうかの判断をすることになります。

　走運動や水泳がタイムや着順を競い、器械運動やダンスは表現を競うように、ボールゲームは勝敗を競うことになります。普通、相手よりもより多くの得点を入れることで勝敗が決まります。そのため、一般に、ボールゲームの授業のチーム評価としては、授業の最後にゲームを行ったり、リーグ戦を行って勝敗の数で競うことになります。

　しかし、チームが勝つということと、うまくなるということは必ずしも一致しないのです。例えば、ある中学校で見たバレーボールの授業では、最後に行われた15点先取のゲームを行ったところ、15対7でAチームが勝ちました。そのゲー

ムでは、筆者は簡単なスコアをつけてみました。すると、勝ったAチームの全触球数（サービス以外でプレーヤーがボールに触った数）が7でした。それに対して、負けたBチームの全触球数は15でした。これは何を意味しているのでしょうか。単純化していえば、サービスで得点が決まってしまうゲームだったということです。勝ったAチームの方がサービスの回数が多い＝負けたBチームの方がレシーブの回数が多いため、Bチームのレシーブが攻撃につながらないままゲームが終わったということです。しかも、勝ったチームには一度もボールに触らなかった子どももいました。このことは勝ったチームがうまかったとは言えないことを示す適例でしょう。

　この授業（公開授業）の資料では、単元の目標は「三段攻撃で得点して勝とう」でした。実際に三段攻撃は一度も出ませんでした。したがって、目標と現実が乖離しすぎているということです。そのため、手だてとしては、①何らかのルール変更を行う、②目標を変更する、③指導の中味を見直す、などを行う必要があるわけです。これも、スコアをつけることで見えてきたわけです。

　また、ある先生は中学校のバレーボールの授業で、同僚の先生の授業を見る機会を得ました。その授業は男女共修で行われていましたが、そこにはバレー部のエースのB君がいました。B君は試合の時になるとバレーの苦手な同じチームの女子には全くパスを送らず、相手コートへ返していたので、その先生は「あれは差別だよね」といったそうです。勝ちにこだわったB君のプレーに対して、なぜ差別と行ったのでしょうか？　パスを回さないで一人でやっているからでしょうか？　授業にはお情けパスが必要だといっているのでしょうか？　そうではなくて、練習で苦手な女子にもパスを送っていたにもかかわらず、試合になると送らなかったからです。練習の時にチームとしての返球コースを決めて、そこへパスを送る練習をしていれば、試合でも彼女はパスを送ってくれると思って待っています。それを無視して勝手なプレーをやっているから「差別」だといったわけです。ここには、技術・戦術的な学習すべき内容よりも、勝敗が優先されてしまうという問題も内在しているわけです。こういう問題に対しては、スコアをつけて、勝敗と併せてゲームの質を問う（競う）ことが解決策の一つになると思われます。

②スコアのつけ方

　他にもスコアをつけることで見えてくるものはあります。

　スコアは、大きく二つの意味があります。一つは、現状の認識と分析、すなわち実態調査のために行われるものです。もう一つは、前者を含みつつ、学習課題を明確化するために行われます。先のバレーボールのスコアは前者です。そこから、ゲー

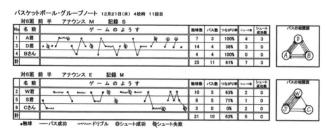

図1-6-2　心電図型ゲーム分析表（大貫，1995）

ムの様相が取り出されます。

　バスケットボールのスコアを例にとって説明します。スコアをつけるときには、大きく2つの形式があります。一つは、「心電図」といわれる形式のスコア表です（図1-6-2）。この心電図は、スコアを整理して、触球数、シュート数（ゴール数）、ドリブルの数などの集計はしやすいというメリットがあります。また、心電図の形から、行われたプレーの読み取りもある程度は可能になります。例えば、ある子どもがドリブルばかりしているワンマンドリブルは、一目でわかります。また、非常に具体的な作戦を立てた場合、5－2－5－6という形がスコアに出てきたら、そのスコアの形に○を打つことで、何回作戦が出てきたのかを見ることが容易になります。心電図は、プレー人数が3人ぐらいの場合はいいのですが、人数が増えてくると記入が難しくなります。その場合、集計はやや煩雑になりますが、ビブスの数字とプレイの種類（ドリブル、パス、シュート、シュート成功など）を左から右に書いていくことも可能です。いずれにせよ、スコアをつけることは、グループの計画－実行－総括のサイクルのなかで、総括から次の計画へつなげていくためには必要不可欠です。

　バスケットボールやサッカーなどでは、スコアをつけるだけではなく、ボールの軌跡図（図1-6-3）を書かせることによって、縦型の攻撃から、サイドを使った厚みのある攻撃へと変化することでうまくなることを取り出すこともできます。ボールの軌跡図は、体育館ならキャットウォークから、運動場なら3階の教室など高さのあるところからつけることが効果的です。

　スコアは、どの教材においても、基本的には2人で行います。一人はアナウンサーで、もう一人は記入者になります。このペアは、対戦する片方のチームのスコアをつけることになります。したがって、

図1-6-3 ボールの軌跡図（大貫,1995）

もう片方のチームのスコアをつけるペアもいることになります。

　スコアやボールの軌跡図をつけるためには、「きょうだいチーム」を作っておいて、片方がゲームをしているときには、もう片方がスコア（触球数調査、ボールの軌跡図、うまくいっていたプレー）をつけて評価をさせたり、コーチ役をやるとよいでしょう。とはいえ、評価を行うためには、あらかじめ作戦やねらいなど見るポイントを共有しておく必要があります。

(3) 作戦作りと話し合いの指導

　2008 年改訂の学習指導要領には、作戦に関しての文言はないのですが、『解説』において「チームの作戦に基づいた位置どりやボール操作によって得点できるようにする」いう記載が出て来て、現行の学習指導要領でも作戦についての記述が出て来ます。これと対応したわけではないと思いますが、2009 年のいわゆる「学力テスト」の小学校 6 年生国語 B 問題は、図 1-6-4 のように作戦を読み解く問題が出ました。

　この問題が解けないということは、「作戦を立てたり、生かしたりしたゲーム」ができないということになります。ボール運動で子どもがつまずくのは、ボール操作等の問題と並んで、「いつ、どこで、何を」するのかがわからない場合が多いからです。もちろん、作戦板上でわかることと、実際にできることは違います。ただ、少なくとも作戦板上でわからないのに、チームで目指すプレーができるとは考えにくいでしょう。

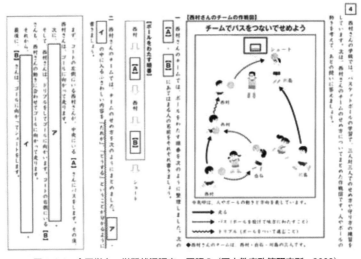

図 1-6-4　全国学力・学習状況調査　国語 B（国立教育政策研究所，2009）

　体育では、作戦が遂行できることが求められますが、少なくともまず、紙の上に書かれた作戦や戦術を読み解く力が必要になります。この図1-6-4の問題は、体育で扱う言語活動の必要条件を示していますが、「作戦が遂行できる」ための十分条件を示しているわけではありません。

　この場合の十分条件は、「いつ、どこで、どのように」など、作戦をうまく遂行するために語られる言葉の交流とそれによる問題の解決なのです。ところが、この活動を組織するのは意外に難しいのです。技術・戦術的な指導と同時に、話し合いや問題解決のための活動の仕方も指導しなければならないからです。例えば、作戦についての話し合いをさせてみるとグループで中心になってしゃべっている子は、作戦の理解があるといえます。しかし、聞いている子は話されている意味がわかっていないことが多々あります。作戦がみんなの共通項になり得ていないということでもあります。体育では、実際に動いてみなければ立ち上がって来ない意味があるため、動きながら考えることの指導をしなければならないのです。このときに、運動の時間を充実させるなかで、いかに話し合いを焦点化するのかが課題となります。

(4) 自治的な学習を進めるために

　ボール運動の単元の最後には、リーグ戦など試合を中心とした時間を持ちたいものです。このリーグ戦のねらいは、もちろんこれまでの授業で学んできた技術・戦術的な内容をゲーム形式で確認する場となります。それだけではなく、子どもたちが対戦相手やコートの場所を決めたり、保護者への招待状を書いたり、審判をしたり、スコアをつけたりと、子どもたちに実際のリーグ戦の運営を任せるのです。

　以上のように、大切なのは自治的な学習を行うために、計画─実施─総括のサイクルを作ることであり、総括から次の計画に向かわせるために、スコアを中心としたゲームの事実を取り出せるようにすることです。そして、チームがうまくなったかどうかを捉える指標を用意することです。ある先生は、クッキーなどの四角形の缶を使って、マグネットで作戦板を作っています。それで、作戦を確認するとともに、総括の際にどんなプレーが出てきたのかを再現させています。それにより、作戦が成功したのか、作戦が使えなかったのだとすればなぜ使えなかったのかを総括・反省させていきます。

【参考文献】
石田智巳「ボール運動の授業の新しさと私たちの指導」『たのしい体育・スポーツ』2007年8月号、p.31.
大貫耕一「ゲーム分析の方法」、阪田尚彦ほか編『学校体育授業事典』、大修館書店、1995、pp.738-743.

補章
教室でする体育—ボールの授業—

1. 授業のねらいと構成

　この授業はスポーツを技術（技能）の習得にとどめず、子ども達の身近にあるボールなどの具体物を通して、スポーツ文化の様々な側面をトータルに教えることをねらいとして、小学校6年生で実践したものです。小学校での実践であるため、スポーツ文化の基礎的な知識をわかりやすく教えることに力点を置いています。2時間構成の学習内容は以下の通りです。

表 1-7-1　ボールの授業の指導計画案

一時間目	・ボールの名前当てや分類を通して、ボールやそれを使ったスポーツには様々なものがあることを知る。また、競技形式によって、スポーツを分類できることを理解する。 ・球形でないボールも「ボールの役割」をしていることを理解し、ボールの特徴（性質）が、そのスポーツ独自の面白さを生み出していることを理解する。
二時間目	・ボールをボールの作り方（膨らませ球・詰め球・編み球・巻き球・切り出し球）を分類し整理する。 ・現在主流を占めている「膨らませ球」（例：サッカーボール）を取り上げ、それがどのように改良されてきたのかを知る。（ゴムチューブの発明とそれ以前のボール） ・「膀胱カバーボール」の特性を考え、そのボールを使ったサッカーと現在のサッカーとのゲームの違いを比較して考える。 ・完全な球形になり、よく弾むようになったことが、技術や戦術に変化を生み出し、新しいスポーツを生み出したことを理解する。

　また、授業前には、次のようなアンケートを取ってみましたが、

①ボールを知らない人に「ボールってなあに」って聞かれたら？
②ボールを使ったスポーツを知ってるだけ書きましょう。

　①については、「球で、空気を入れて遊ぶもの。地面に落とすとはねる」「丸くて手で抱えられるぐらいの大きさ、ボールの中は空っぽで軽い」など、ボールは「丸く、空気が入っている（軽い）、弾む」と考えている意見が多く、②については、学級全体で36種類のスポーツがあげられました（ボール投げやジグザグドリブルをあげている子もいました）。

2. 一時間目の授業

(1) ボールの仲間わけ

ボールの名前当てクイズをしながら提示した「バスケットボール」「サッカーボール」「バレーボール」「硬式野球ボール」「ソフトテニスボール」「ピンポン」「ラグビーボール」「アメリカンフットボール」の８種類のボールを使い、はじめは例として教師がボールを「大・中・小」で仲間分けして「分類基準」考えさせました。その後、班ごとにプリントを与え、自分たちの仲間わけの仕方を発表し合い、その「分類基準」を考えさせました。子ども達が考えたボールの仲間分け（分類基準）は次の通りです。

形（球形かどうか）、ボールの硬さ、足で蹴るものと蹴らないもの、空気が入っているかどうか（空気を入れる穴の有無）、道具を使うかどうか、ボールをゴールに入れるかどうか、ボールの表面を縫っているかどうか。

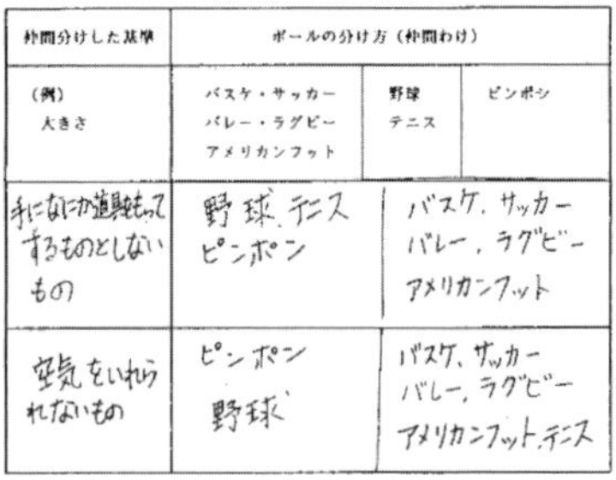

仲間分けした基準	ボールの分け方（仲間わけ）		
（例）大きさ	バスケ・サッカー・バレー・ラグビー・アメリカンフット	野球・テニス	ピンポン
手になにか道具をもってするものとしないもの	野球、テニス、ピンポン	バスケ、サッカー、バレー、ラグビー、アメリカンフット	
空気をいれられないもの	ピンポン、野球	バスケ、サッカー、バレー、ラグビー、アメリカンフット、テニス	

図 1-7-1　ボールの分類基準

(2) ボールと競技形式

次にもう一度、8 種類のボールを『ネット型』（テニス、ピンポン）『ゴール型』（バスケット、サッカー、ラグビー、アメリカンフットボール）『ベースボール型』（野球）に分けて提示して、その基準を考えさせました。はじめは分かりにくいようでしたが「ボールを使ってゲームをするところを思い浮かべてごらん」というヒントに、「打ってベースを回るもの。コートの真ん中にネットがあって分かれてするもの。サッカーみたいにゴールがあるもの」という答えが返ってきました。また、三つの競技形式について図を使って説明した後、「ソフトボール」「ハンドボール」「テニスボール」「ソフトバレーボール」「ビーチバレーボール」「玉入れの玉」「タクローのボール」「ペタンクのボール」を示して、どの競技形式に当てはまるかを考えさせました（ペタンクは三つの型には当てはまらないため、『ボーリング型』であることを説明しました）。

(3)「球形」でないボール

「球形でないボールもあるよ。知っているかい。」と問いかけながら、ここでは「バ

ドミントンシャトルコック」「アイスホッケーパック」「インディアカの羽根付きボール」を提示しました。「球形でなく、なぜこんな形をしているのだろう」と問いかけ、それぞれのスポーツの「ボールの特徴とゲームとの関係」について考える予定でしたが、時間がなかったので「球形ではありません、ゲームの中ではボールの役割を果たしているんだね」と子ども達と確認をしました。

3. 二時間目の授業

(1) ボールの作り方による分類

前時の子ども達の「空気を入れる穴の有無」の分類を手掛かりにしながら、ボールの作り方には次のようなものがあることを知らせました。また、実際にサッカーボールや硬式野球ボール、玉入れの玉を切って中の様子を見せたり、こうしたボールがなかった頃はヤシの実などの木の実（天然の素材）もボールとして活用されていたことも話しました。

膨らませ球…サッカー
詰め球…玉入れの玉
編み球…タクロー
巻き球…野球
切り出し球…バドミントン

図 1-7-2　ボールの種類

(2) ボールの改良が技術・戦略の変化と新しいスポーツを生み出した

その中で、現在主流になっている「膨らませ球」（サッカーボール）を取り上げ、膀胱を膨らましている子どもの挿絵を示しながら「現在のボールは中にゴムチューブが入っているけど、昔は豚や牛などの膀胱を使った膀胱ボールや膀胱カバーボールを使っていた」ことを話しました。

また、「ラグビーボールがその当時のボールに、形が一番よく似ていますが、もし、ラグビーボールの空気を少し抜いて、サッカーをしてみたらどうなるか想像してみよう」と問いかけてみると、子ども達からは「どこに転がっていくかわからない」「途中で止まって遠くまで転がらない」「ヘディングがうまくできない（痛そう）」などの声が返ってきて、ボールの質が変わることによってゲームの様相も変わることを感じ取ってくれているようでした。

その後、11 〜 12 世紀頃からイギリスで行われていた昔のフットボールからサッカーとラグビーが分かれていったこと（1863 年）、ゴムチューブが発明（1888 年）され「ボールがよく弾み、完全な球形になったこと」で、現在のサッカーがパス中心の戦術に変化・発展していったたこと、バスケットボール（1891 年）やバレーボール（1895 年）などの新しいスポーツを生み出したことを年表を使いながら説明を加えました（子ども達から、そのボールでサッカーをしてみたいという声が上がっ

図1-7-3　ボールの素材の発展史

たので、休み時間にラグビーボールを使ってサッカーを楽しみました)。

4. 授業を終えて（成果・課題）

・子ども達が抱いていたボールに対するイメージをくずし、ボールやボールを使ったスポーツの多様な世界を知らせることができた。

・ボールの仲間分けを通して「ボールと競技形式」の関係は理解できたと思うが、感想文に書く子が少なく、実際のコート（ゴール）の模型やVTR（特に知らないスポーツ）を準備するなどの工夫が必要だった。

・ラグビーボールを使ったサッカーをすることで、ボールの質が変わるとゲームの様相が変わることが体感できた。また、今回はルールの変化・発展に触れることができなかったが、用具（改良）やスポーツ（競技形式、ゲームの様相、戦術等）にも歴史があり、それらが関わり合いながら変化・発展してきたことを知ることができた。

こうしたスポーツ文化の様々な側面を知ることが、自分たちが行っているスポーツを変革する力になってくれればと思っています。

第2部

ボールゲームの指導内容と系統

第1章
サッカーの指導

1. サッカーの特質と教材価値

(1) サッカーの特質
①歴史・文化的特質

　近代サッカーに繋がるフットボールのルーツは、中世イギリスの農村で行われていたマス・フットボールと言われています。冬から春にかけて、年に一度の宗教行事の祭りが、地主（郷紳など）の保護のもと村人（男性）総出で行われていました。当時は「無礼講」の荒々しいボールゲームでした。それがいつの頃からか、農民たちが農閑期の農地（空き地）でもフットボールを行うようになっていきました。

　しかし、17世紀ごろからはじまるイギリス商業革命は、①自営農民や中小地主の没落、②大地主による土地の独占、③農民の都市労働者化を引き起こし、郷紳を頂点とした農村共同体を解体させました。中世より続いた「マス・フットボール」「空き地のフットボール」は農村人口の減少を主な要因として徐々に廃れていきました。

　その後はフットボールのプレイ主体はパブリック・スクールの生徒やジェントリー階層に移っていきました。彼らはジェントリーの考え方や生き方としての「紳士道（ジェントリー道）」を、「アマチュアリズム」と「フェアプレイ精神」としてフットボールに反映させていきました。ジェントリーの言う「アマチュア」とは、金銭のためにスポーツをする人でないだけではなく、スポーツを楽しむ中・上流のジェントルマンを意味しました。また「フェアプレイ精神」とは、ルールを守るだけではなく、どんな場合も相手と対等の立場でゲームをすることであり、明らかに有利な立場に立って相手を出し抜く行為を戒めるものでした。

　1863年に設立されたフットボール協会（Football Association）は、中・上流階級が余暇を楽しむための組織であり、最初の統一ルールの6条に記された「オフサイド」ルールは、彼らの「フェアプレイ」観を反映させたものでした。

　しかし、フットボール協会設立直後から、フットボールは民衆である工場労働者や教会信者にも広がっていきました。そして1885年にはジェントリーが中枢を占める協会幹部たちに「サッカーのプロ化」を認めさせるまでとなり、フットボールは「民衆のもと」に取り戻されていきました。

　また、ジェントリーの「フェアプレイ」観がもたらした「オフサイド」ルールは、

数度のルール改正をへて、現代サッカーの重要な技術的・戦術的特質を生み出しています。「なぜ、サッカーはゴール前で待ち伏せしてボールを受けたらいけないのか?」。こんな素朴な疑問が、フットボールの大切な文化的な学習の扉を開ける鍵になるでしょう。

②技術的な特質

　サッカーは基本的に「足でボールを扱う」ために、身体の大小、身長の高低、体重の軽重等の身体的差異にかかわりなく、誰もが自分の身体の特長を生かしたやり方でプレイできます。人種や民族の身体的差異があまり問題にならない世界中で最も愛される人気のあるスポーツです。また、ボール 1 個とある程度の空間（広場）があれば大人子ども（男女）関係なくゲームを楽しむことができます。

「足でボールを扱う」ためにボール操作とボールキープにおける不確定要素が大きく、攻めと守りが激しく入れかわり「攻防の切り替え」が頻繁に起こります。さらに前述のように「オフサイド」という特徴的なルールが設けられており、攻撃がシュートまでつながったり、ゴール（得点）がきまる場面は限られています。

　こうしたことから、シュートが決まった得点プレイのみならず、ボールをキープしながら前線のシュート可能なエリアまで運ぶプレイ、さらにはシュートチャンスをつくりだすためのプレイもまた、ゲームの面白さや魅力をつくり出します。また、攻める（守る）ゴールとの位置関係で「攻防の切り替え」がどこで起こるのかが、戦術的にとても重要になります。

　以上のようなゲームの技術的な特質から体育授業での指導においても次のようなことを考慮する必要があります。

　普段経験することがない「足でボールを扱う」ために、ボール操作はこれからサッカー学習をしていこうとする初心者にとっては難しい課題となります。さらに、味方との連携や相手への対応となると、状況認知と判断能力が要求され、技術的課題がいっそう複雑になります。それだけに、授業では、スポーツクラブで習っている経験者や運動が得意な者とそうでない者のゲームでの動きに差が生まれ、ワンマンプレイや特定の子どもだけでゲームを楽しむことが起こりやすいゲームです。ですから、技術的特質と子どもの実態をふまえた教材づくりの工夫と、技術の系統的な学習の組み立てが大切になります。さらにオフサイドや得点以外のゲームのプロセスを楽しむサッカーに固有の文化的な特質にも触れられるような学習を仕組みたいものです。

2. 技術の体系と指導系統

(1) 感覚づくり・「自分とボールとの関係づくり」

　足によるボール操作に慣れるのは難しいのですが、ある程度ボールを扱えないとゲームが成り立ちません。けれども、ドリブルするだけ、パスしあうだけの単調な練習では面白くありません。そこで、仲間と一緒に遊びながら、普段あまり経験することがない足によるボール操作とボディバランスの感覚や、空間認知、状況判断の力を養っていくことがとても大切になります。

　ここでは、「自分とボールとの関係づくり」について、なおかつ味方や相手との関係把握とともに、その人と人との間にできる空間を捉え、状況判断の力も耕されるよう、遊びながら楽しく取り組むことのできる教材を紹介しましょう。

① 「ボールタッチ（あんたがたどこさ）」

「あんたがたどこさ」の童歌のリズムに合わせて、インサイド（足の内側）でボールを往復させ、童歌の「○○さ」の時には足の裏でボールを止める。

> 『♪あんたがたどこさ　肥後さ　肥後どこさ　熊本さ　熊本どこさ　船場さ　♪船場山には狸がおってさ　それを漁師が鉄砲でうってさ　煮て

【発展】
・ 左右に跳びはねるようにして足の裏でボールにタッチし、童歌の「○○さ」で止まる。
・ ペアで5mほど間をあけ、童歌の「○○さ」でパスする。（ボールはペアでひとつ）

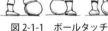

図 2-1-1　ボールタッチ

② 「サッカーずもう」

　直径3m程の円を土俵に見立てて、ひとつのボールを奪い合う遊び。

【やり方】
1. 直径3メートル程の円を描き、じゃんけんでボールを先に持つ方を決める。
2. 先生の合図で開始。

図 2-1-2　サッカーずもう

【子どもたちの見つけたポイント】
・ ボールをとられないように、体でガードする。
・ 足の間からボールをとる。

③「へびドリブル」

ひとり一球ボールをもってチームでなら
び、先頭の人の動きと同じようにドリブルし
ながら校庭を動き回る。30秒くらいで交代
の合図をし、先頭の人は「へびのしっぽ」へ

図2-1-3　へびドリブル

回る。全員が先頭を経験できるようにする。毎時間の授業の最初にウォーミングアッ
プとして取り上げるとよい。

【指導のポイント】

へびがちぎれてしまわないように、前の人は後ろの人の速さに気をつ
ける。鉄棒の下をうねるようにいったりと、体勢を変えるようないろい
ろなところへ動き回るのもおもしろい。

④「わっかをめざせ」

「まっすぐ進む、止める」動作をリレーとして扱う中で、ボールに触れ
る時と止める時だけに意識を集中させた学習をすることができる。

　準備物：ボール（ひとり一球またはチームで一球）、フラフープ（5m
ほど先に設置）

【子どもたちが見つけたポイント】

・足首の力をぬく

・自分のタイミングにボールのはやさを合わせる

図2-1-4
わっかをめざせ

⑤「コーンをめざせ」

フラフープをコーンに変えることで、「方向を変えなが
ら進む」動作が加わり、方向を変える時に注意集中と動き
の意識を学習することができる。

　準備物：ボール（ひとり一球またはチームで一球）、コー
ン（5mほど先に設置）

【子どもたちが見つけたポイント】

・右足と左足のインサイドやアウトサイドをつかう。

・足のうらをつかう。

・体を先まわりさせる。

図2-1-5
コーンをめざせ

図2-1-6
8の字ドリブル

⑥「8の字ドリブル」

コーンを二つ設置することで「方向を8の字に変えながら進む」動作に発展する。

ボールを四方八方へ動かすためのスムーズなボール操作を学習する。

準備物：ボール（ひとり一球またはチームで一球）、コーン（5m 間隔で設置）

⑦「だるまさんがころんだ」

「鬼とのかけひきで、ボールを止めたり転がしたりする」動作の中で、ボールを操作しながら顔を上げて鬼（相手）の様子を見る（ルックアップ、状況判断）。

準備物：ボール（ひとり一球）、柱（ゴールポストなど。チーム分なければコーンで代用）

図 2-1-7　だるまさんがころんだ

【やり方】

1. じゃんけんで最初の鬼を決める。
2. 「ダルマさんがこーろんだ！」の間は、ドリブルで鬼に近づく。
3. 鬼が振り向いた時に、ボールや体が動いたらアウト。
4. 誰かが鬼にタッチしたらドリブルで逃げる。鬼の「1・2・3・ストップ！」のかけ声でボールとともに止まれない人と、鬼に 3 歩ジャンプ以内にタッチされた人はアウト。
5. アウトの人で次の鬼を決める。

⑧「くやしい」

「ボールを出し合う」ゲームの中で、自分のボールを操作しながらまわりを見て状況判断をし、相手のボールを蹴りだしたり、蹴り出されないように守ることができるようになる。

準備物：ボール（ひとり一球）、半径 3m 程のコート（四角のコートだと、「隅に追い詰める」作戦や「隅に隠れておく」作戦も出てくる）

図 2-1-8　くやしい

【発展】

チーム対抗戦にすると、敵味方の状況判断も加えることができる。（3 人対 3 人くらいがよい。）

【子どもたちの見つけたポイント】

・ よそ見しているすきにボールをけり出す。（状況判断）
・ 見つからないように、すみっこにいてる。（空間認識）

⑨「うさぎさんとかめさん」

「じゃまをするかめさんをかわしてゴールする」
ゲームの中で、すきまを探すことができるようにな
る。(時空間認識)

　準備物:ボール(ひとり一球)、10m(横)× 9m(縦・
3m ずつ区切る)のコート、ゴール用コーン 2 つ

【子どもたちが見つけたポイント】

図 2-1-9　うさぎさんとかめさん

・すきまができたらゴールへ行ける。(時空間認識)

　※時空間:守りの存在によってできたりなくなったりするすきま(空間)のこと。

(2)「自分と相手(守り)との関係づくり」(主に空間認識、状況判断)

「自分とボールとの関係」がスムーズになってきたら、ゲーム性のある学習へ入っ
ていくこととなる。ゲーム性とは『決め手(ゴール)』と『かけひき(守りとのや
りとり)』にある。特に『かけひき』が、球技らしさであり、ボール操作もままな
らない初心者にとっては球技を難しくしている大きな要因である。とはいえ、先に
紹介した教材の中でも、⑦「だるまさんがころんだ」~⑨「うさぎさんとかめさん」
には、守りの認識と状況判断が含まれている。特に⑨「うさぎさんとかめさん」では、

すきま(空間)が守りと守りの間
やコートのはしっこにできること
を子どもたちは学習している。

　そこで、低・中学年の子どもた
ちの興味に合うようなゲームとし
て、⑨「うさぎさんとかめさん」
を発展させた「じゃまじゃまサッ
カー(ドリブルバージョン)」を
紹介する。高学年でも初めてサッ

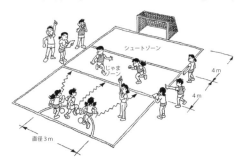

図 2-1-10　じゃまじゃまサッカー(ドリブルバージョン)

カー学習をする子どもが多いときにはおすすめの教材である。

「じゃまじゃまサッカー」

　ボール操作ができるようになってきた、あるいは、ボール操作のうまくなる方法
が分かってきた子どもたちへのサッカー指導の入口として、守りとのかけひきも含
めたこの教材の特徴を以下にまとめる。

コート面	通常の半分だけを使い、その中間に【じゃまゾーン】を設けている。
ルール面	野球のように「イニング制(攻撃と守備を交互に行う方法)」を採用している。

　コート面では、守りのゾーンを区切ることで、攻めの子どもにとっては守りを突破することへの課題の焦点化が可能となり、守る子どもにとっても守る位置が明確となる。

　ルール面では、「イニング制」によって、攻守の切り替えがなくなり、「今自分は攻めるのか守るのか」が明確になる。つまり、自分の動き方がよく分かる。そのために、子ども同士の教え合いや学び合いも扱いやすい教材であると言えるのである。

　ボール操作が不十分な子どもにとっても、このじゃまじゃまサッカーを通して習熟が可能であり、また、自分とボールとの関係が相手とのかけ引きを含みながら発展していくという「ゲームに生きるボール操作」を学ぶこともできるのである。

　コートの広さについては、学年や子どもたちの様子にもよるが、目安としては、ボール操作の苦手な子がいる場合は、横を広くしたり、じゃまゾーンを1mにするなどして、コートを調整して対応することもできる。

　また、たての各ゾーンを取り払って、どこもじゃまゾーンというルールにすると、通常のルールと同じになるのである。

　このゲームは、守りがじゃまじゃまゾーンで文字通り

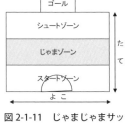

図 2-1-11　じゃまじゃまサッカーのコート

表 2-1-1　コートの広さ

		低学年	中学年・高学年
よこ		15m	20m
たて	シュートゾーン	3m	4m
	じゃまゾーン	3m	4m
	スタートゾーン	3m	4m

表 2-1-2　コートの広さによるプレイの違い

		長く	短く
よこ		○「すきま」ができやすくなる。	△「すきま」ができにくくなる。
たて	シュートゾーン	○けり出すようなドリブルやパスがラインを超えにくくなる。	△ドリブルやパスがラインを超えやすくなる。（ボール操作上級編）
	じゃまゾーン	△じゃまゾーンを超えにくくなる。	○じゃまゾーンを超えやすくなる。
	スタートゾーン	あまり影響はない。	あまり影響はない。

じゃまをしているところを、攻めが突破するとシュートゾーンからシュートできる、というものである。攻めを3人、守りを2人と、攻めに「数的優位」な人数で始めると、苦手な子もすきまを見つけやすくなり、どの子も一緒に取り組みやすくなる。時間（1分30秒）がある限り、シュートが決まっても守りにボールを蹴り出されてもスタートゾーンから攻めることができ、制限時間となれば攻守交代のルールである。次に示すルール⑤のうき玉については、初心者の子が顔にボールが当たってサッカー自体が嫌になってしまうのを避けるためである。

　出番を事前に教室などで決めておかなければいけないが（「じゃまじゃまサッカー

記録表」参照)、自分の攻める時守
る時が分かりやすいので必死になっ
て攻めたり守ろうとする子どもたち
の姿が見られる。

【ルール】

①時間は1分。(短いようだと1分
　30秒)

②足だけ使える。

③守りは【じゃまゾーン】だけ。

④シュートは【シュートゾーン】から。

⑤うき玉はなし。

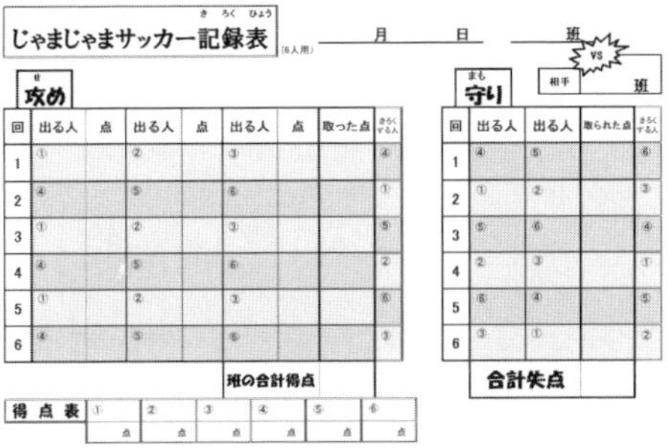

図2-1-12　じゃまじゃまサッカー記録表

⑥ゴールが決まったり、守りにボールをけり出された時は、足だけ使ってスタート
　ゾーンへもどって時間の限り攻めることができる。

　じゃまじゃまサッカーには、①一番最初の攻め全員がボールを持ってゴールを目
指す段階から、②攻め3人でボールを二つや一つにして作戦を立てながら攻める
段階、③守りがボールを取ってスタートゾーン上の半円に入れると守りに一点とい
う「攻防の入れ替え」が加わる段階があり、このような段階を経て高学年への本格
的な「作戦・戦術」の学習へと入っていくことになる。以下の表に、各段階で子ど
もに教えたい中身(「わかる」ことの内容)をまとめた。

表2-1-3　じゃまじゃまサッカーの段階と教えたい中身

じゃまじゃまサッカーの段階	段階の特徴	教えたい中身
①「じゃまじゃまサッカードリブルバージョン」	攻めの全員がボールを1球持って、ドリブルでゴールを目指す。	(攻)「すきま」があれば、突破できる。 (守)「すきま」ができないように、攻めてくる人の前に立つ。
②「じゃまじゃまサッカーコンビネーションバージョン」	攻めはボール2球や1球とし、簡単なコンビネーションでゴールを目指す。	(攻)攻めチームで協力して「すきま」をパスやドリブルで突破できる。 (守)守りチームで協力(二人の役割分担)して、パスやドリブルで「すきま」を突破されないように防ぐ。
③「じゃまじゃまサッカー逆襲」	②とルールは同じ。守りがボールを奪い、逆襲してスタートゾーンの円までボールを運ぶと1点。	(攻)守りにボールを取られると、失点する可能性があることがわかる。 (守)攻めのボールを奪ったら、得点できる可能性があることがわかる。

　低学年・中学年ですべての子どもが「相手とのかけひきをしながらのボール操作」
と「攻防の入れ替え」、「すきまがあれば守りを突破できる」ことについて「わかっ
てできる」ようになることが、高学年の「意図的にすきまをつくって攻める(作戦・
戦術)」学習へつながる道筋となる。

　小学校低・中学年でのじゃまじゃまサッカーでの学習を通して、「一斉に攻める」「うまい人におとりになってもらう」「待ち伏せしてパスをもらう」などの初期の時空間認識をともなった連続性の弱い「作戦」が出てきます。また、ボール軌跡図などの分析により、「ゴールから遠い端っこ（サイド）にはすきまができやすい」（構造的な空間認識）ということも学習できます。

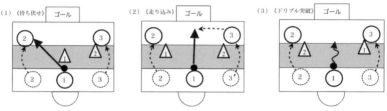

図2-1-13　コンビネーションバージョンでよく見られる動き

　一方で、守備戦術としては、「ボールを持った人に守りの一人が（片方のすきまをなくすように）じゃましにいき、もう一人は後ろの方で待ち構える」というカバーリング戦術について学習することができます。

(3)「自分と味方や相手（守り）との複数の関係づくり─作戦づくりから戦略・戦術づくりへ─」（時空間認識、状況判断）

　基本的な「空間と攻防の関係」が理解できたら、いよいよ作戦学習、そして戦略・戦術学習へと進んでいきます。その初期は、「守りにじゃまされるということは他の場所にすきま（空間）ができる」ことを構造的に理解

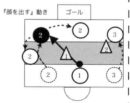

※❷は⚠に阻まれていて、①から見ると「顔を出せていない」。パスをもらうためには、「顔を出す」ように動き直す必要がある。
※※一方①は、②の動き直しでパスができたり、もし⚠が②の動くに注意をひかれていたらドリブル突破の成功率が高くなる。

図2-1-14　パスの出し手ともらい手の関係

（時空間認識）し、その空間をチームで意図的に作り出す作戦学習となります。その際、野球やアメフトと違い、サッカーは攻防の連続性が特徴的な球技なので、一つひとつの関連のない作戦では体制が整わないときにはゲームにいかしにくいことを理解して、「戦略・戦術」の学習へと発展させていくことが重要になります。

①基礎技術（局面学習）

　私たちは、教育現場での初心者も含めたサッカー学習の技術的・文化的指導法を研究しており、球技の最小単位として基礎技術を「2人のコンビネーションによるパス─シュート（トラッピングやドリブルを含む）ならびにその防御」と捉えてき

ました。ここには、守りとの空間のかけひきという重要な意味が含まれており、試合でいきるような指導系統を追及してきました。ですから、常にゲーム性（決めてとかけひき）を含むサッカーらしい技術学習が不可欠です。この考え方は現代のプロサッカー選手のトレーニングでも重視されています。

　先述のじゃまじゃまサッカーでの学習を通して、コンビネーションの精度（素早さ、正確さ）が必要となった時は、以下の基礎技術バージョンでそれらの技術を抜き出して学習し、動き方を理解し習熟を図ることがその後の高度な戦術理解には重要となります。

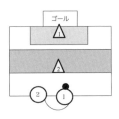

図 2-1-15　基礎技術バージョン
「2：1＋キーパー」

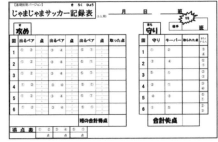

図 2-1-16　基礎技術バージョンの記録表

　ここでは、1 分 30 秒以内に攻めチームが 2 人ペアでゴールを目指し、1 ペアにつき 10 秒以内にシュートしなければ次のペアに変わるという時間制限を設けます。そのことにより、ボール保持者（図中①）はパスかドリブルの判断の速さと正確性、ボール非保持者（図中②）はスペースへ走りこむタイミングや次の動きを予測した体の向きなどの判断とその正確性が、そして二人のタイミングを合わせた動きが学習課題となります。

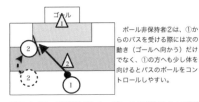

図 2-1-17　基礎技術バージョンで教えたい動き
A（体の向き）

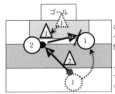

図 2-1-18　基礎技術バージョンで教えたい動き
B（ワンツーパス）

　このボール保持者とボール非保持者それぞれの連続的なコンビネーション成立に欠かせない技術（空間に入るタイミング、次のコンビネーションプレイの予測・判断、体の向き、ボール操作）は、連続性が特徴であるサッカーでは絶えず必要とされる基礎技術となります。この基礎技術を状況に合わせて調整（方向の調整、タイミングの調整、スピードの調整）することの連続によって全ての戦術は成立してい

ます。そのため、ここでの学びはその後の学習の基本となるのです。基礎技術バージョンでは連続性がまだ初期段階であり、一時的な学習状況が中心なので、その場に限定的な「作戦」学習となりますが、「コンビネーションによる空間のかけひき」という基本的な技術構造はその後のあらゆる戦術へ発展していきます。指導者は、「いつでもこの場（学習）に立ち戻りうる」基本の学習となることに留意しておきたいものです。

②基礎戦術の指導

「パスの選択肢も二つ以上確保できない環境では戦術学習へつながりにくい」との考え方から、基礎戦術の最小単位を3対3と位置付けています。しかし、初心者も含めた学習ですので、学習のねらいを「コンビネーションによる守りとのかけひき」としつつも、学習の方法としては常に3対3や2対2ではなく、子どもたちの実態に合わせて2対1や2対0を採用することもあり、常に子どもたちとの対話が不可欠となります。

　以下では、基礎戦術Ⅰ～Ⅱ～Ⅲの学習内容について説明していきます。（ボールゲームの指導における基礎戦術の考え方については、第3部第3章を参照してください。）

a. 基礎戦術Ⅰ～ボール付近での攻防～（小学校高学年）

「ボール付近での攻防」では、ボール保持者と味方による2人の空間認識の一致が重要となります。攻めの場合は、ボール保持者にスルーパスやオーバーラップ、守りを引き付けてのパス、パスフェイントによるドリブル突破が攻めの学習内容（作戦）となります。一方で、守りの場合はボール保持者への寄せとともに、守りがみなボール保持者へ寄ってしまうとパスで突破されることを想定した二人目の守りが重要な学習内容となります。

　抽象的理解力が高まる小学校高学年では、これまでの学習での攻防の基本原理をゲームの中で使い分ける際の共通理解（＝戦術理解）のレベルまで深め、連続性を少し強めた環境設定（オフサイドの導入による待ち伏せ攻撃の禁止）によって、戦術習得のための基礎技術レベルを高める学習を目指します。また、攻めあぐねたらスタートゾーンにバックパスをして攻撃をやり直す（局面をつくり直す）学習は、攻防の連続性が特徴であるサッカー学習の今後の展開を考えると非常に重要な学習内容となります。

【じゃまじゃまサッカー　オフサイドバージョン】

　じゃまじゃまサッカーのチームでボール1球バージョンをしていると、待ち伏

せ攻撃が主流となり、特に守りの観点から「待ち伏せはおもしろくない！」という声が子どもたちから上がり始めます。シュートゾーンでの「待ち伏せ禁止」（ゴール側のじゃまゾーンラインをオフサイドラインとする）は、「オフサイドルール」というフットボールらしいルール導入になります。

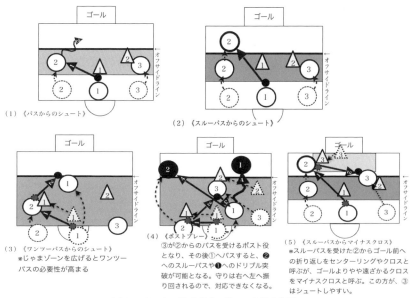

（1）《パスからのシュート》

（2）《スルーパスからのシュート》

（3）《ワンツーパスからのシュート》
※じゃまゾーンを広げるとワンツーパスの必要性が高まる

（4）《ポストプレー》
③が②からのパスを受けるポスト役となり、その後①へパスすると、❷へのスルーパスや❶へのドリブル突破が可能となる。守りは右へ左へ振り回されるので、対応できなくなる。

（5）《スルーパスからマイナスクロス》
※スルーパスを受けた②からゴール前への折り返しをセンタリングやクロスと呼ぶが、ゴールよりやや遠ざかるクロスをマイナスクロスと呼ぶ。この方が、③はシュートしやすい。

図2-1-19　オフサイドバージョン有効な作戦

　この「オフサイドルール」によって、攻め側はゆっくりと攻めることができなくなります。そこで、有効な作戦として「スルーパス」が見られるようになります。また、じゃまゾーンを広げると、守りを引きつけての「ワンツーパス」や「ポストプレイ（ブロックプレイ）」といったコンビネーションプレイの必要性がさらに高まることになります。さらに、子どもたちに守りとかけひきしながらの基本的なボール操作が十分高まっているようならば、ゴール前にキーパーを設置します。このことによって「スルーパスからのマイナスクロス」の有効性が発見されることになります。

　このような攻撃方法（戦術）をチーム内でコンビネーションにまで高めるために、以下の学習方法が一例として考えられます。特にここでは、連続性のゲームで常に問われることとなる動きの基本を学ぶことができる「スルーパス」に絞って、その学習内容を提示します。

【スルーパス】の学習内容
【ボール保持者】…①パスの強さ②出すタイミング（走りこむ人の速さ）③ドリブ

ルによる守りの引き付け

【ボール非保持者】…①走りこむ方向・場所②走りこむタイミング③ボールを受ける時の体の向き

【守り】…①ボール保持者へ（片方のすきまをなくすように）つめよる②二人ともつめよると背後が手薄になるので、二人目の守りは後方で空間をカバーする

b. 基礎戦術Ⅱ（中学校１・２年）

「背後を含めたボール付近での攻防」の学習では、攻防の入り乱れが課題の中心となってきます。攻撃側にとってはボールを奪われた場合のことも想定しながら、あるいは攻めのやり直し（後方へのパス）を活用するといった、連続性の強くなる状況での学習です。先の学習の攻防の原則をいかしながら、戦術理解を深めていくこととなります。攻めに余裕がでてきた場合は、有効な三大守備戦術（後述）も発展

させると攻防理解がさらに深まります。実践によっては、三大守備戦術をまず扱って、その守備をいかに突破するかという課題で攻撃戦術の学習を深めていくという指導系統も考えられますが、以下では先に紹介した小学校低・中・高学年での学習の方法と内容の発展を引き継いだ、攻防の切り替えを含んだ指導を紹介します。

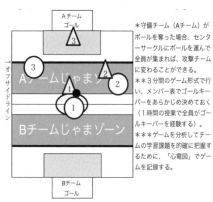

図 2-1-20　攻防切り替えバージョン「3：2＋キーパー」

　図のように、まず３人の攻撃チームと、２人＋キーパーの守備チームのゲームを行います。ここでは、守備のチームがボールを奪った場合、センターサークルにボールを運んで全員が集まれば、攻撃チームに切り替わるというルールでゲームを行います。３人の攻防バージョンのゲームで攻防の切り替えがスムーズにできるようになると、４人の攻防バージョン（守備は３人＋キーパー）に進みます。このバージョンでは、ボールをセン

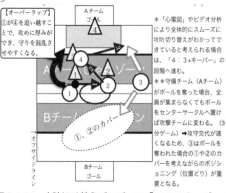

図 2-1-21　攻防切り替えバージョン「4：3＋キーパー」

ターサークルに運ぶことができれば、全員が集まらなくても守備チームが攻撃チームに切り替わるルールでゲームをします。この4人の攻撃チームの段階では、ボール保持者の背後に回り込んで「オーバーラップ」のような動き方をしたり（機動力）、ボールを守備チームに奪われた時の「カバーリング」のような動きが（厚み）が大切になります。

c. 基礎戦術Ⅲ〜コート全体の学習（中学校3年〜高校）

　いよいよ、「コート全体の学習」となります。これまでの学習で子どもたちは「おとり作戦」や「スルーパス」、「オーバーラップ」など様々な作戦・戦術を発見してきました。それをプレイが連続する「コート全体の学習」で、組み合わせたり、修正したりやり直したり、相手にボールが渡ったら守備に移行したりと、その場その場で状況を判断し実行するという最終段階の学習となります。

　サッカーというゲームでは、「世界のトッププロでもシュート10本で2本しかゴールできない」ことや、「世界のトップチームでもボールを60%保持できるとかなり有利なゲーム展開になる」ことが特徴です。個々のパスやシュートの失敗を個人の技術ミスだけに求めるのではなく、「サッカーとは必ずしも思ったようにプレイできるものではない」、「だからこそ、意図した連携が成功した時や、ゴールが決まった時の喜びが大きい」というサッカー観を共有しておくことも、サッカーの協同学習を楽しく進めていくためには重要になります。

　現代サッカーでは戦術は相手との関係で大まかに二分されます。一つは、「対戦相手よりも攻めで優位に立つ」ことを想定した攻撃戦術。もう一つは「対戦相手がボールを保持するであろうから、守りで優位に立つ」ことを想定した守備戦術です。

　実際には、連続性がサッカーの特徴ですので、この攻撃戦術と守備戦術を一試合を通じてどちらかに固定する場合や、前半後半といった時間帯や得点差で使い分ける場合（ボールポゼッション、あるいは自陣ゴール前を固めることによる時間稼ぎや体力の回復など）、あるいは、攻撃戦術へ移るために守備戦術から入る（例えば、①相手陣地から積極的なプレスディフェンスによるボール奪取からのショートカウンターや、②自陣ゴール前を固めてボールを奪ってからのロングカウンター攻撃など）といった連続的な場合があります。また、ボール保持（ボールポゼッション）戦術自体がボールを相手に奪わせないゆえに最大の守りと考え、そこからの素早いパス回しによって相手ディフェンスを混乱させる攻撃とセットにしたような戦術といった具合に、攻防一体の戦術が現代サッカーの特徴となっています。

　攻撃戦術と守備戦術の割合や度合いもチーム状況（チームメイトの個性、チームの総合力の上下、監督やサポーターやクラブからの要望など）や大会方式（トーナ

メントか総当たりリーグか）やグラウンド状況（ホームまたはアウェー、芝の長さ、水のまき具合＝パスのスピード具合）や天候（気温・湿度）などによって変わってきます。

　ここでは、あくまで学校教育の中での「スポーツの主体者育成」のための学習という目的で、攻撃戦術では①カウンター攻撃②サイド攻撃③ポゼッションによる多彩な攻撃というサッカーの戦術史的にも大きな特徴を備えた三種類を、守備戦術では①プレスディフェンス②マンツーマンディフェンス③ゾーンディフェンスの三種類を学習内容とし、子どもたちの実態に合わせた指導法の一例を紹介します。

【攻撃戦術①「サイド攻撃」】

　ゴールがゴールライン中央にあるために、守りはコートの中央を最終的には守ることとなり、コートの外側（サイド）は必然的に空間ができやすくなります。この空間を利用した攻撃が『サイド攻撃』です。主に、コートのサイドから中央へのパス（センタリング）による方法でゴールを目指します。

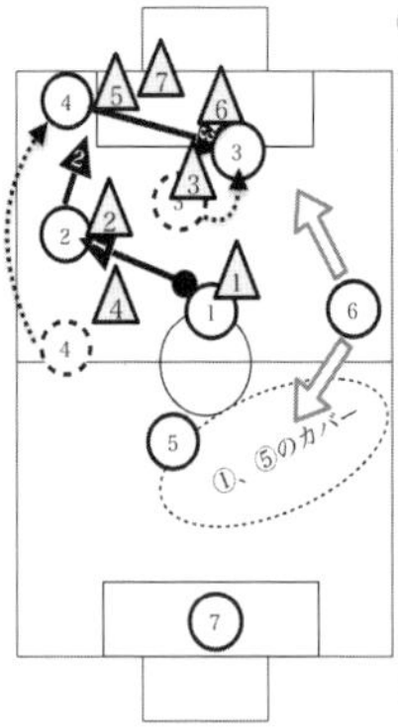

　小学校低学年での「じゃまじゃまサッカー・ドリブルバージョン」でも

＊『サイド攻撃』により、守備は②や④とボールの展開を無視できず、ゴール前に入ってくる③や⑥の動きまで捉えづらい（空間ができやすい）状況を作る。
【A】④がさらにドリブルでペナルティエリアの中へ侵入するほど、守備側は③や⑥の動きを捉えづらくなる。
【B】守備態勢が整う前に②から③へクロスパスも効果的（アーリークロス）
【C】ボール付近から遠くなる⑤や⑥は④や③のカバーによって全体の攻守のバランスをとることが重要。
【D】図では、③がスルー（シュートのふりをしてわざと空振り）すれば⑥がゴールの大チャンスに。

図 2-1-22　攻撃戦術①「サイド攻撃」

わかるように、「ゴールから遠い端っこ（サイド）にはすきまができやすい」（構造的な空間認識）のです。授業ではこの認識をベースに、上図を一例として示し、「②が④の動きをおとりにしてドリブルでペナルティエリアへ攻め入る」など、３次以上の展開（図の番号付き矢印参照）を様々なバリエーションで３種類程度（図の【A】～【D】）考えさせます。

　サイド攻撃を中心とした３分程度のゲームとゲーム分析を２セット行い、授業終盤でポイントとなる連携やバリエーションを確認し、次時へ向けたチーム練習などの時間を確保すると発展的な学習が可能となります。

【攻撃戦術②「カウンター攻撃」】

　相手の方がポゼッション（ボール保持）に長けている場合は、あえて相手に攻め込ませておいて、ボールを奪っ

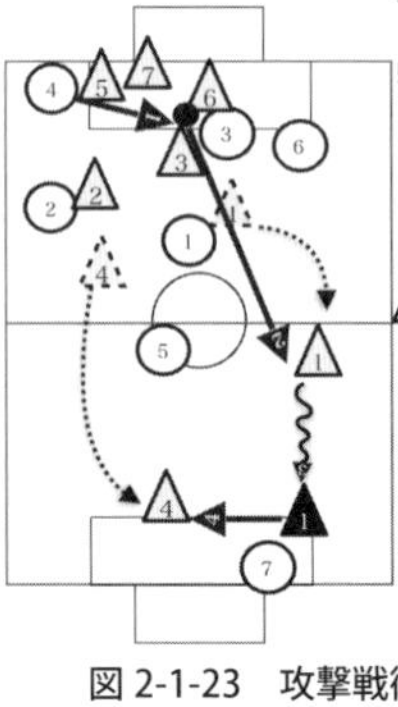

＊相手の攻撃により、相手の守備意識の低下と相手陣地の空間を利用した攻撃。
【A】▲は▲が④のパスを奪取しそうな状況で、▲に声をかけてパスを出すように指示。▲がボールを奪取した時には▲がどこへ蹴り出せばよいかが分かるようなタイミングでの▲による▲への声かけも重要となる。
【B】▲がパスを奪取した時には▲の姿が見えやすいであろうから、▲の動きをおとりにして▲の方からカウンターを仕掛けるバリエーションもある。
【C】▲のゴール前への走り込みがあれば、▲はキーパーを感わってシュートとパスの二つのゴール確率の高い選択が可能となる。

図 2-1-23　攻撃戦術②「カウンター攻撃」

た瞬間に相手側守備の背後にできた空間を利用してロングパスで一気に相手ゴールに迫っていく攻撃です。

　近年では、相手側の陣地でのプレスディフェンスによってボールを奪い、素早く相手ゴール前にパスを出す『ショートカウンター』という攻撃戦術も発明されていますが、それについては守備戦術の方で紹介します。

　実際の授業展開は前時に学習した『サイド攻撃』を相手チームにさせて、ボールを奪った瞬間に速攻を仕掛けるという設定が発展的でよいでしょう。ボールを奪った瞬間、相手の陣形のどこに隙間があるのか、特に、ボールを奪った選手と前線でボールを受ける選手の判断が一致することが重要ポイントです。

【攻撃戦術③「ポゼッション（ボール保持）」】

　「相手チームにボールを与えないことが最大の防御」として、守備戦術との一体で考案されたのが『ポゼッション（ボール保持）』による攻撃です。目まぐるしくポジション

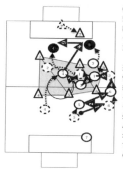

＊常に相手3人の三角形（図中灰色）の空間に立ち続け、なおかつ味方との距離感を確認し続けることでボールをチーム全体で保持し続ける。キーパーも重要なプレイヤーとなる。

【A】ゆっくりのパス回しから、急に速いパス回しにすることで守備の視覚情報処理を混乱させ、相手の間をすり抜けるようなパスでゴール前に攻め入る。⑤と⑥のわずかな変化のパス交換も、守備にとっては①や④の動きを見失いやすいという重要な意味を持ったパス交換となる。5回目のパスくらいからスピードが上がると守備は混乱して、わずかな隙間でもパスを受けるために有効な空間となる。

【B】中央のライン付近でパスを回し、バックパスで守備の注意を引きつけておいて、スルーパスで相手の背後へ攻め入る。

　図中では6回目のパスの後、①から②へバックパスし、守備が③へ不注意となったところへ④からのスルーパスといった展開。

【C】あえて自陣でパス回しをしておいて相手を引き出し、相手陣地にカウンター攻撃のための空間を作っておく。

　図中では、⑤が⑦の位置くらいまで下がり、⑤を起点として全体的に自陣へ下がってのポゼッションとなる。

図 2-1-24　攻撃戦術「ポゼッション A・B・C」

を変えて空いたところに常に味方がいる状態をチーム全体で繰り返し、素早く細かいパスの連続でボールをつなぎます。そうして相手の守りを混乱させ、スルーパスやドリブル突破の確立を高めるという攻撃戦術です。

　サッカーらしさである「中盤の構成」からサイド攻撃につなげたり、自陣でゆっくりポゼッションしておいて相手を引き出し素早いロングパスなどで相手の背後を攻めるカウンター攻撃の布石に転用したりと、攻撃の幅を広げてその過程を大いに楽しむことができる戦術であるということができます。

「空間を見つける」「空間がない場合はつくる」という攻撃原則をコート全体とボール付近と関連付けながら繰り返し続ける、攻撃学習の最終形態に当たると考えています。

　次は、守備戦術についてです。

　ただし、体育の授業に限っては守備戦術が習熟されすぎるとボール操作に難しさを抱えるサッカー学習では攻撃が高まり切らず、時数との兼ね合いで不完全燃焼となる可能性もあります。子どもたちのサッカー学習の経験にもよりますが、ここで

は、三種類の守備の特徴を理解する程度にとどめ、それぞれの守備に有効な攻撃戦術の学習を重視したいと思います。

　攻防の数的関係は学年によりますが、全体のバランスを含めた学習なので、複雑な7：7より4：4がよいでしょう。1時間の授業で一つの守備戦術ゲーム（1分）を三回行い、守りがボールを奪った回数を競い合うようにします。一回ごとに攻撃・守備それぞれで気づいたことを話し合い、まとめるようにしましょう。

　実際のゲームでは、以下の守備戦術①～③の組み合わせでゲームが展開する場合が多いことも理解しておく必要があります。

【守備戦術①「プレスディフェンス」】

　思い切ってボールに詰め寄っていく守り戦術を「プレスディフェンス」と呼んでいます。とにかくボールに詰め寄っていくのでわかりやすく、小学生高学年でも取り組みやすい守備戦術です。攻め

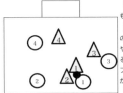

【A】△はできるだけ①のボールを奪ううつもりで詰め寄ることがポイントとなる。
【B】①が③にパスする場合、コートの端の方が逃げ場をなくすためにプレスをしやすいことが分かることもポイントとなる。その際、パスが出る瞬間に△が③へプレスするとボールへかなり詰め寄ることができる。タイミングも重要となる。
【C】ボール保持者の「プレスされると焦ってしまう」というプレスディフェンスの心理的影響の発見も重要である。

図2-1-25　守備戦術①「プレスディフェンス」

ている方としては守りのプレッシャーが強くなり、またパスコースも狭められます。そのため、ボール保持者の焦りを誘発させてボールを奪いやすくなります。

　一方では、後方が手薄になるためカウンターを受けやすくなるというデメリットもあります。

　近年では、相手陣地のゴール付近からポゼッション戦術を適用するチームに対して積極的にプレスディフェンスを仕掛け（「ハイプレス」戦術）、焦らせてパスミスを誘発したり、精度の低いロングキックを相手に蹴らせて自チームの攻めに転じるという攻防一体の戦術が採用されていますが、体力消耗の激しさがデメリットになっています。

【守備戦術②「マンツーマンディフェンス」】

　一人ひとりがそれぞれ相手につきっきりで張り付く守り方です。自分の担当を決める守り方なので理解しやすいというメリットがあります。

　しかし実際、相手のボールを見ながら自分の担当に張り付くことは難しく、「空間」を埋めることはできても「意図的な空間」を作られやすいというデメリットがありま

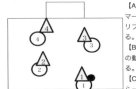

【A】一人ひとりが担当を決めた攻め手をマークすることとなるため、△が①にドリブルで抜き去られると大ピンチとなる。
【B】一人ひとりが攻め手とボールの両方の動きを把握することがポイントとなる。
【C】攻め手が動いてポジションを変えたら一人ひとりが決めた相手についていくことが重要である。

図2-1-26　守備戦術②「マンツーマンディフェンス」

す。実際には相手チームの中心選手だけに適用することが多くなっています。

【守備戦術③「ゾーンディフェンス」】

　守りの担当ゾーンをあらかじめ割り振る守り方です。移動距離が短く、体力温存という点で、そして全体的なバランスを保ちやすいという点で優れています。しかし、お互いのゾーンの境目の空間を利

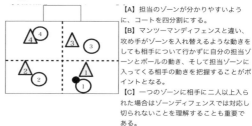

【A】担当のゾーンが分かりやすいように、コートを四分割にする。
【B】マンツーマンディフェンスと違い、攻め手がゾーンを入れ替えるような動きをしても相手について行かずに自分の担当ゾーンとボールの動き、そして担当ゾーンに入ってくる相手の動きを把握することがポイントとなる。
【C】一つのゾーンに相手に二人以上入られた場合はゾーンディフェンスでは対応し切られないことを理解することも重要である。

図2-1-27　守備戦術③「ゾーンディフェンス」

用されるとどちらの担当が詰め寄るかの判断が鈍り、全体のバランスが崩されるというデメリットもあります。

③試合戦略の指導

〈1点差で勝っている状況で、残り5分をどのように展開していくか〉

「リーグ戦の最終試合の場合」、しかも「優勝を争っている相手も別会場で同時刻の試合の場合」、「試合前では得失点差で自チームが不利だった場合」。このような状況では1点でも多く攻めに行くことになるでしょう。しかし、「トーナメント戦」では、他会場での試合の影響は少なくなり、残り5分は時間稼ぎと次の試合への温存に費やされるでしょう。状況が変われば戦術も変わるのです。

　先のリーグ戦とよく似た状況でも、「試合前では得失点差で自チームが有利だった場合」の展開はどうでしょうか。しかもメディアが発達した現代ではリアルタイムで他会場の試合展開を把握することができます。ロシアW杯での日本対ポーランド戦での、負けている状況での日本チームの戦略的な「時間稼ぎ戦術」は世界中で論議を引き起こしました。

　このように考えると、「状況が戦略を決定」させることが分かります。その戦略によって、目の前の試合の戦術が決まり、その戦術を成功させるために作戦が練られるのです。上記のような、他会場やリアルタイムといった試合戦略の際たるものは義務教育段階での実技では必要ないと考えますが、「試合は何のためにあるのか」といった体育理論としては重要な学習内容となります。

　以下では、戦略に大きく影響を与える「状況」を発展的に学習していく指導の系統を提示します。

（a）局面戦略（小学校高学年）

　抽象的思考の入り口と言われるこの学齢期では、ゴール可能なエリア及びそこへのパスを供給するエリアに絞り込んだ局面学習の中での初期の戦略指導となりま

す。学習単元最後にまとめとしてリーグ大会を予定した場合、自分たちのチームで中心とする攻め方（戦術）をその大会までにどのようにして練習で高めていくかといった「戦略的練習計画」を学習することができます。また、リーグ大会では数試合経過した時点での「戦略的試合展開」について学習することができます。

　しかし、戦略学習まで発展させようとする場合は、低学年からのサッカー学習の積み重ねによるボール操作力や基礎技術、基礎戦術をある程度子どもたちが身につけている必要があります。

【ベンチ指示】

　発達段階として、リアルタイムでの分析には難しさがあります。「戦略的練習」と「戦略的試合展開」といった、考えたり話し合う時間が保障された学習内容がここでは中心となります。試合中は、「どこが空いているか」や「戦術が予定通り進んでいるか」といった内容をプレイしているチームメイトへ声掛けをします。

(b) 半面戦略（中学校1・2年）

　抽象的思考がかなり高まり、思考と行動がかなり一致しやすい発達にあるこの段階では、すべての子どもが守りとのかけひきを含むボール操作が十分に高まっていることを想定して、じゃまゾーンを限りなく広くした、あるいはじゃまゾーンをなくしたバージョンの環境設定によって、連続性のある戦術学習を深めていきます。攻めの人数を4人に増やすことで、「ポストプレイ」と「バックパス」と「スルーパス」や「バックパスによる攻め直し」を組み合わせたような連続性のある戦術へとコンビネーションを高めていきます。

　また、守りは「プレスディフェンス」「マンツーマンディフェンス」「ゾーンディフェンス」について扱うことにより、一層効果的な攻撃戦術が浮き彫りとなる学習も可能となります。

　このような段階では、前述の「戦略的練習計画」の充実とともに、リアルタイムでの修正が求められる「戦略的試合展開」の学習が重要となってきます。対戦相手との力関係を分析してこの相手にはどういう攻防戦術を採用するか、1試合目のゲーム展開と最終試合のゲーム展開は変えるか変えないか、など自チームの特徴や試合結果の分析によってどういう戦術が有効かを大局的な視点で学びます。

【ベンチ指示】

　試合前の戦術と実際の展開が一致しているか、食い違っているかを心電図や集計表と比較して分析し、選手へ伝えます。

　大会の進行状況も同時分析し、以後の試合展開をどう進めるかを考えるデータを用意します。

(c) 全面戦略（中学校3年・高校）

　幅広い学習の総合・統合を通して、また14歳の壁を乗り越え「科学的（概念的）思考」を獲得し始めるこの段階では、全面コートによるコートバランスを意識した連続性と不確定性が入り混じる中での戦術（攻めと守りの融合）の学習が中心となります。クラス対抗や異学年対抗のリーグ戦やトーナメント戦、あるいは他校交流試合が設定できるようであれば、相手チームの分析による自チームの特徴把握と戦術選択、一試合を通した戦術の共通理解、リーグ戦ならば長期的展望での戦術の練り直しといった、長期的な戦略も学習の対象として挙げられます。どのような戦術をとるにしても、チーム内での分析総合による話し合いを得た戦術イメージの共有が重要となります。

　結果がいずれになろうとも、サッカー学習で自分たちのチームにとってはどのような学びが得られたのかという観点を重視し、コート全体での試合展開の理解と進捗状況による戦術選択のおもしろさを生徒が学び取るような指導展開にします。

（d）ゲームプラン

　一試合目の試合の入り方と試合の中盤をどう進めるかについて、事前にチーム内で共通理解しておきます。特に相手との力関係が現れ始める試合の中盤に差し掛かったときに、攻撃的（あるいは守備的）な戦術はどれを採用するのかを想定しておくことが重要となります。終盤については、ハーフタイムでの心電図などのゲーム分析によってどのような試合展開の想定が有効かをあらかじめ考えておく必要があります。勝っている（負けている）場合の試合の締めくくり方は、先述の通り大会進行状況とも関わってきます。

（e）ベンチワーク

【ゲーム分析・ゲームプランの修正】

　試合前の戦術と実際の展開が一致しているか、食い違っているかを心電図や集計表と比較して分析し、選手へ伝えます。

　大会の進行状況も同時分析し、以後の試合展開をどう進めるかを考えるデータを用意します。

【選手交代の構想】

　学習の前提に「みんながみんなでわかってうまくなる」という目標があるので、全ての選手に出番を用意することが大切だという考え方を共有することが重要になります。その際、チーム内での体力差や技能差と自分たちのチームの戦略・戦術をどう捉えるのか、個々の目指したいサッカー像はどのようなものなのかを十分に論議しておく必要があります。また、バスケットボールやアメリカンフットボールと違ってサッカーは選手交代の数が少ないことにも触れ、体育理論として選手交代について考えることも必要でしょう。

第2章
バスケットボールの指導

1. バスケットボールの特質と教材価値

(1) アメリカスポーツの特徴

　バスケットボールはアメリカで生まれ発展してきたスポーツですから、アメリカ的な特徴を有しているといえます。

　まずアメリカというキーワードを取り上げてみましょう。アメリカスポーツの特徴は、「攻撃と守備に明確に分かれて対峙し、誰がプレイしているか、その能力のわかりやすいゲームであり、ヒーローが出やすいこと」（多木浩二，1995，p.86）に求められます。バスケットボールの他にも、バレーボールや野球やアメリカンフットボールはまさにそれが当てはまります。このヒーローが出やすいことに加えて、機能分化が進んでいること、記録で表しやすいこと（とりわけ、選手の価値は数値化されて判断される）なども特徴としてあげられます。星野（2006）は、さらに、次の3つをアメリカスポーツの特徴としています。①意図的・計画的なゲームの進行・展開と機会均等の徹底。②集団としての総力を重視。③審判する人数も多く、ルールも「あいまいさ」を残さないように細かく規定。

　また、エンターテインメント性も特徴としてあげられます。選手紹介の派手さや、ハーフタイムなどのチアリーディング、審判のジャッジさえも派手なアクションがあり、目立っています。応援にもやり方があって、音楽が流れてスクリーンに「make noise」だとか「get loud」などの文字が映し出され、ホームランを打てば花火が上がるといったように、観客を飽きさせない工夫が至るところで見られます。会場は、地元チームを徹底的に応援します。星野（2006）はバスケットボールのエンターテインメント性について、バックボードを挙げて説明しています。バスケットボールが始まった頃は、バルコニーにカゴを打ち付けてゴールにしたのですが、観客が飛んでくるボールを弾いたり、入れてしまったりすることが起こっていたそうです。その結果として、観客とゴールの間にバックボードがつけられるようになりました。当初は金網だったのですが、木製に変わると、今度はゴールの後ろの観客は見ることができなくなり、それで透明のバックボードが誕生したといいます。そして、今でもフリースローの時は、バルーンスティックを振り回して、選手を攪乱させたりします。このように観客もまたゲームを構成する一員であり、エンターテインメン

ト性を担保する一つの要素となっているのです。

（2）バスケットボールの歴史と発展

　バスケットボールは、1891 年 12 月 21 日に、アメリカのマサチューセッツ州スプリングフィールドにあった国際 YMCA トレーニングスクールの体育館で、その最初のゲームが行われました。バスケットボールはバレーボールと同様に、机上で作られたスポーツです。それは、積雪のある冬期に室内でできるスポーツ要求があり、それを満たすためでした。J. ネイスミスは、桃を入れておくカゴを体育館の両脇のバルコニーに取り付けてコートとゴールを作りました。そのときから今のゴールの高さである 10 フィート（3m05cm）でした。頭上にゴールを置くことで、シュートは力一杯投げるのではなく、正確性が要求されます。それによって、怪我を防ぐことができます。そして、13 条からなるルールを考案し、バスケットボールの原型を考えました。最初、ドリブルルールはなく、ボールを持って移動もできなかったため、かなり動きが制限されたものでした。ただし、ボールがコートの外に出た場合は、そのボールを取ったチームからスタートするというルールだったため、休まることはありませんでした。1897 年にはコートの大きさや人数（5 人対 5 人）が現在のようになりました。バスケットボールは考案されるとすぐにアメリカ国内各地で行われるようになり、また世界各国へと広がっていきます。1904 年のセントルイスオリンピックで公開競技となったことが、この競技の普及の早さを物語っています。

　YMCA の体育教師であったネイスミスは、あくまでも体育としてバスケットボールを考案したのですが、1932 年には国際バスケットボール連盟ができ、1946 年にはアメリカにプロバスケットボールリーグができることによって（後に、NBA）、ネイスミスの意図とは別に華やかな競技へと発展していくことになります。

　また、NBA で行われているルールとオリンピックで行われているルールは若干違います。NBA では 3 ポイントラインが遠くに設定されていたり、ディフェンス 3 秒ルールがあったり、ゲーム時間が長いなどです。フリースローレーンが台形から長方形になるなど、NBA のルールは国際ルールに影響を与えています。ルールが目的に応じてそれぞれ違ってもよいというのは、子どもたちの実態や要求、特に教えたい内容に応じてルール変更が可能だということを表しているといえます。

　それでも、変わらないのはゴールの高さです。他の球技との一番の違いは、この高いところにあるゴールに力一杯ではなく、正確にシュートするというところに、バスケットボールの一番の特徴があるといえるでしょう（ダンクシュートは除く）。

（3）バスケットボールの教科内容

　ボール運動のみならず、体育の指導を考えるとき、その教科内容は技術・戦術的な内容と考えるのが一般的です。スポーツを中心とする運動文化の教科内容とは、それぞれのルールの独自性、競争の仕方の独自性、そしてそれらに規定された技術・戦術行動の独自性に見いだすことができます。これらはスポーツ種目の独自性をなすということもできます。ただし、学習指導要領などでは、これまで技術・戦術的な内容を学習することと、社会的な内容や知識に関わる内容を学ぶことがいわれてきました。当然、技術・戦術的な内容を離れては体育の教科内容は考えにくいともいえます。

　しかしながら、先述のようなアメリカスポーツの特徴やバスケットボールの文化的な特質や技術的な特質を念頭に置いて、体育理論のような授業を考えることもできます。また、ネイスミスの意図は、スポーツによる教育であり、あくまでも体育としてのスポーツでした。しかし、ネイスミスの手から離れると、先に述べたようなアメリカ的なスポーツ性に取り込まれていきます。そして、よりスピーディーに、よりスリリングなスポーツとして発展していくのは、ルール変更によって規定されていきます。こういったルール変更や発展過程もまた子どもたちが学習する内容として設定することが可能です。例えば、当初のルールでゲームを行わせて、ドリブルが登場するまでの過程を予想させるということを授業で行っている先生もいます。

2. 基礎技術・基礎戦術と技術・戦術指導の系統

（1）バスケットボールの基礎技術・基礎戦術

　体育同志会の場合、かつて運動文化の「基礎技術」を、「その運動文化のもつ本質（特質＝他のものでは代えられないもの）を含み、基礎技術の習得によって、その独自のスポーツ技術が次々と進歩（上達）していく核になるもの」と規定しました。そして、ボール運動の場合、「コンビネーションを含み、得点に直結する技術や戦術」が原則と考えます。いくらパスやドリブルがうまくなったとしても、ゲームで得点につながらないならば意味がないからです。バスケットボールの場合、「2人のコンビネーションからのパス・シュート」が攻撃の基礎技術・基礎戦術となります。2人のコンビネーションによるシュートというのは、チームの戦術の最小単位を2人と考えることで、2人の戦術的な工夫や状況判断を経て、相手ディフェンスを破り、最終的にゴール下のシュートが入りやすい場所にボールを運び込んでシュートを打つということを意味します。この2人のコンビネーションは、現象的には様々

な形態をとりますが、簡単な形態から複雑な形態へ発展していく姿をおさえておく必要があります。というのも、第3部第3章（p.216）の図にあるように、基礎戦術は①パスワークプレー、②フェイントプレー、③ブロックプレーの順に難しさを増すからです。バスケットボールの場合、より一般的にいえば、①パスワークプレー（あいている味方にパスをして攻撃するプレー）、②パス＆ランプレー（ボールを持っている人が味方にパスをして、素早く走り込んでリターンパスをもらうプレー）、③スクリーンプレー（味方のディフェンスの横や後ろに壁のように立って、その味方を自由にするプレー、ポストプレーを含む）の順に発展すると考えます。もちろん、自然発生的にうまくなるのではなく、意図的な練習が必要になります。

(2)「2：0」とその基本

　このような2人の技術・戦術行動を練習するときに、最も基本的なプレーの練習形態が用意される必要があります。それを、図のような縦型の2：0と捉えています。2：0とは、攻撃2人で防御0人のことを指します。まずは相手がいないゴール前において、フリースローレーン近く（の高い位置）にいるBが、ゴール付近（の低い位置）にいるAにパスをします。パスはBとAの間に相手がいることを想定して、山なりのパスを投げます。Aはジャンプして最高地点でキャッチすることを目

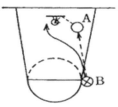

図 2-2-1　2人のコンビネーションからのパス・シュート（学校体育研究同志会 (1973)より）

指します。Aはボールを受け取ったら、その場でゴールに正対して、シュートをします。そして、Bはリバウンドを取りに行きます。これは最もシンプルな縦型のパスワークプレーとなります。この練習で学ぶことはたくさんあります。よくシュート練習だけを切り離してやることがありますが、この練習は、Aがボールを受けたときはBの方を向いているので、1、2と振り向いてシュートすることになります。最初はゆっくりでいいので、ゴールに向かって右側に立つ場合、右足−左足と動かして、キチンとゴールと正対する、そしてシュートすることが大切になります。また、ゴールに近すぎたり遠すぎたりしないように、自分にとってほどよい位置に立つことに慣れる意味もあります。そして、パスをしたBはパスをしたら終わりではなく、リバウンドに行く習慣をつけることで、シュートが外れてもそのボールを取ってシュートする役目を果たします。この練習は、必要に応じて、パスワークプレーのまま、位置を変えたり、走り込んでパスを受けたりすることもできます。また、パス＆ランプレーに発展させて、パス2本のプレーの練習もできますし、スクリーンプレーやポストプレーなどに発展させることもできます。さらには、2対1にし

たり、2対2に発展させることもできます。大切なのは、あれこれ練習を並べるのではなく、バスケットボールの授業（単元）を通して、どんなプレーをさせたいのかを見極めて、それに必要なプレークと練習を選択するということです。

(3) バスケットボールの全体像を描く

　先に、2：0を導入に用いることが有効であることを述べました。しかし、導入に用いるものであって、2：0をやっておけばすべてうまくいくと考えることはできません。そのため、教師に求められるのは、どんなゲームの内容を目指すのか、そのためにどんな技術・戦術を中心に指導するのか、さらには学んだことが適切にゲームで利用できるように、どのようなゲームの形式にするのかが問われるのです。

　この図 2-2-2 は、ボールゲームの全体像を捉えるときに有効となると考えられる略式の模式図です。この図では、ゲームが一番上の水準にきていますが、ゲームは攻撃と防御が分かれています。攻撃と防御の間は「対応関係」としていますが、これはある攻撃法に対応する防御法が選ばれるという意味です。もちろん、逆もあって得意とする防御法

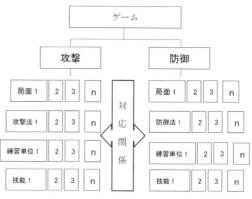

図 2-2-2　ボールゲームの全体構造

を相手の攻撃に優先させる場合もあります。いずれにしても、攻撃法やその練習法が多様にあれば、その防御法も多様にあることを示しています。当然、すべてを教えることはできません。大切なのは、時間的・空間的・条件的な制約があって全部を指導することができない以上、教師（場合によっては子ども）がこの図から何をうまくなるのかを選び取ることになります。そして、その選び取り方は、下の水準から選ぶのではなくて、上の局面や攻撃法から選ぶことになります。

　ここでいう局面というのは、バスケットボールで言えば、意図的な攻撃法である「速攻」「遅攻」「セットプレー」、あるいは「切り替え（コンバージョン）」などが考えられます。「速攻」にはドリブル突破、パスによる速攻があります。また、「遅攻」の場合、攻撃法としては、パスワーク、パス＆ラン、スクリーン、ポストなどの攻撃法があります。「スクリーン」には、「インサイド」や「アウトサイド」が区別されます（が、話が複雑になりすぎてもいけないので省略します）。練習単位という

のは、その攻撃法を具体的なゲーム場面を想定して、練習の形式に切り取ったもの
です。5人の攻撃のうちの右サイドでの3：3の攻撃練習だとか、ゴール前での2：
2の練習です。これらは先の2：0の延長として位置付きます。そして、一番下の
水準には、パス、キャッチ、シュート、ドリブルなどの技能が位置付きます（実際
の競技では、体力、メンタルなども位置付きます）。

　例えば、授業のねらいをパス＆ランを使ってたくさんシュートをすることに決め
れば、ハーフコートゲームにおいてⅠ層かⅡ層の「遅攻」が局面として選ばれます。
練習は2：0でのコンビネーションからのシュート、それを2：1でディフェンス
を破ってシュート、3：2のような形式でボールを持っていない2人のうちのどち
らのサイドを使うかなどが考えられます。

（4）ゲームと練習を対応させること
　これらはあくまでも全体像を示しているのですが、ここから授業で用いるゲーム
と練習を考えることになります。そうでないと、いつも2：0から始まってゴール
前での2人ないし3人の攻撃を行うことになりかねなく、発展が見通せないから
です。
　まずゲームですが、必ずしも正規の人数で行う必要はなく、多くの場合3：3や4：
4、あるいは3：2のオーバーナンバーで行われることもあります。さらには、3：
3で形式的には行うものの、パス専門のプレーヤーを配置することやプレーする場
所を制限するなど、ねらいを明確にするための工夫もできます。そのため、3：3
のハーフコートゲームという練習単位がそのまま授業で行われるゲームになること
もあります。この場合、局面は自ずと遅攻となり、速攻を練習する必要はありません。
あとは、そのなかで特にどんな攻撃法を使うのかを決めることになります。このハー
フコートゲームのメリットは、ゴール前での攻防の焦点化によってシュート数や得
点機会が増えることです。ただデメリットとして考えられるのは、形が決まりすぎ
ていて動きにくく感じる子どもが出てくることです。そのため、小学校のバスケッ
トボールなどで、あいている空間を相手よりも速く攻めるという内容を設定して、
オールコートゲームなど空間を広げたゲームも有効です。ただし、シュートの数は
減ることになります。重要なのは、授業のねらいや教えたい内容、ここでは局面と
攻撃法によってゲームの形式や人数が決まるということです。ゴール前の2：0の
練習をしていたのに、ゲームではオールコートの5：5という正規のルールでやる
と、練習がゲームに活きないという問題が起こります。そのため、オールコートで
やるならば、それに必要な局面、特にコンバージョンやそのための練習単位が選ば
れなければならないのです。ただし、いくつも選択できないので、子どもたちのそ

れまでの経験や教師の見立てにあわせて攻撃法が選択されます。あるいは、コンバージョンの際にディフェンスが素早く戻る「ハリーバック」を指導したり、それが難しい場合は、ディフェンスが下がって守るまで攻撃できないなどルールによって制限することで、選択された攻撃法が出現しやすい状況をつくることになります。こうやって、ゲームの水準から局面、攻撃法、練習単位が選択されて、最後にこれらのゲームに必要な技能が選択されることになります。小学校ではバスケットボールのレイアップシュートの練習をしても、なかなかゲームでは出現しません。それゆえ、子どもたちの実態に合うようなシュート練習、パス練習が選択されることになります。これが、上の水準から考えることの意味です。

　それと同時に、今回は教えたい内容を先の図から抽出しましたが、違う内容を選び取ることや、学級持ち上がりの場合にもこの図から発展型を考えることができます。

(5) 個人技術の指導

　体育同志会では、パス、キャッチ、ドリブルやシュートなどの個人技術はなるべく、コンビネーションの中に入れて指導したいと考えています。しかしながら、ドリブルなどのボール操作や基本的なパス・キャッチが難しい場合や、シュートが入らない場合は、取り出して練習することもあります。シュートはできるだけ多く入るように精度を高めたいものですが、その他の場合はあくまで必要に応じて練習するだとか、慣れるために行うという程度でいいと思います。

　シュートに関しては、ここでは30秒シュートを紹介します。各グループのメンバーのビブスの番号順に行います。各グループにボールが3つあるとやりやすいです。文字通り、1人が最も入りやすい場所から30秒間シュートをします。シュート練習は30秒間でより多く打つ方がよいので、ここではシュートを打つ役以外の人の役割が大切になります。ボールをシューターに渡す人を決めて、それたボールを拾ったらその人にボールを集めるようにします。さらに、シュートの回数と決定数を数える人も必要です。全員がシュートを打ったら、全員集めてチームの平均シュート数と平均決定数を出させます。これを毎回授業の最初にやることで、うまくなっていく様子が目に見えるようになります。この練習はチームの協力が必要になるので、やる度に凝集性の高まりが期待できます。

3. 指導の実際

　ここでは、バスケットボールの実際の指導の考え方について述べていきます。た

だし、これまでに述べてきたように、教師のねらいや子どもの実態（発達段階やそれによる技能や認識レベル）や要求は実際には様々であるので、必ずこれから述べるような順序で教える必要はありません。ただ、ここでは最初にⅠ層の学習を行って、次にⅡ層、Ⅲ層と空間を広げていく考えを採用します。

（1）オリエンテーション

　まずは教室でのオリエンテーションです。オリエンテーションについては、1部6章を参照してください。

　ここでは、教師と子どもがともに授業を作るという観点から述べたいと思います。ともに作るというのは、教師が計画を持ってすべて教えるということではなく、また、子どもたちにすべてを任せるというものでもありません。子どもたちがグループで自治的、自主的な学習を進めるために、教師がグループ学習そのものを指導し、子どもたちのサポートをすると考えるわけです。とはいえ、教師の方である程度の内容を絞り込んでおかないと、学習の方向性が見いだせなくなります。そこで、オリエンテーションの時間に、教師の授業の計画を子どもたちに示します。ただし、このときに、あるいはこの前に、子どもたちのバスケットボールの経験やその時思ったこと、感じたこと、思いや願いを提出させます。書かせておくとよいでしょう。そこで、あらかじめ子どもたちの中で対立が起こると思われる事柄を予想しておきます。例えば、よくある例としては「みんなが楽しめるようにしたい」、「みんながシュートが決められるとよい」という理想的なことを言っていても、実際に授業が始まると、上手な子たちがボールを回してシュートして、苦手な子どもたちは、サッカーのバックスのように、後ろで守っているということが起こります。上手な子どもたちは、上手な子どもたちで行いたいと思ったり、苦手な子どもたちは、上手な子どもたちの迷惑になると思ってやはり別々にやりたいと思ったりします。そこが授業づくりの難しさなのですが、一度、上手い子も苦手な子も一緒にやってよかったという経験をすると子どもたちは変わります。だから、上手な子どもも苦手な子どもも一緒にいるチームでみんなでバスケットボールを作っていくということが主題となります。「みんなが楽しめる」「みんながシュートを決める」という目標を立てたならば、そのためにどうするのかをチームの中で、あるいはクラスで決めていく必要があるわけです。そして、みんながシュートをすると決めたならば、苦手な子どもでもシュートを決めることができるような作戦づくりとその練習を行う必要が出て来ます。そしてこの場合、授業の目標はみんながシュートを決めて勝つことであり、それに集中させるために、普通のバスケットボールの勝敗の競い方に加えて、授業のねらいを加味した競い方を行うことも有効です。例えば、ゲームの

最初の得点は全員７点として、次からは２点とします。すると、１人で３本シュートを決めても11点ですが、２人で１本ずつ決めたら14点となります。あるいは、２人で６点取った場合と、３人で６点取った場合では、同じ得点ですが、２×６＝12点。３×６＝18点で３人のチームに勝ち点が入るということも可能になります。オリエンテーションでは、チーム決めやルールの確認も大切ですが、クラス全体の目標とそれに向かわせるようなルールや、勝敗の決め方などのレギュレーションの確認が必要になります。

（2）シュート調査

　バスケットボールの難しさは様々あるのですが、とりわけ背の低い子どもや苦手な子どもにとっては、高いところにあるゴールにシュートを決めるということに難しさを感じるようです。そして、全員がシュートを決めるという目標を立てたとしても、肝心のシュートが入らないようでは面白くないので、さらにはバスケットボールというスポーツは、ゴール下の最もシュートの入りやすい空間（最重要空間）にボールを運んでシュートを打つということを意識づけるために、シュート調査を行います。このシュート調査のやり方は、例えば図 2-2-3 のように、様々な場所からシュートを打っていって、入った場所には赤いテープを、外れた場所には黒いテープを貼っていき、最終的にどこからがよく入るのかを確認していきます。図 2-2-3 では、赤白の玉入れの球を置いています。あとで、ゴールの上から写真を撮っておいて、子どもたちと確認するといいでしょう。一般的には、最重要空間のうち、ゴールに向かって右が最も入りやすく、次が左で、正面は少し難しいという結果になるようです。正面は初めからゴールを向いていても難しいのに、振り向いてシュートという状況になるときには更に難しくなります。なお、右が入りやすいというのは、多くが右利きだからなのですが、中には左や正面の方がよく入る子どももいます。この調査は、当然、クラス全体で最重要空間にボールを運び込むことを意識づけるために行いますが、左が得意な子どもはポジションを左に置き、正面が得意な子は、正面から打つという戦術行動に生かすこともできます。一番上手な子どもが右下にいたら、一番苦手な子どもはシュートを打つチャンスが減ると考えることもできるわけ

図 2-2-3　シュート調査と最重要空間

です。全体の傾向として入りやすい位置を確認するとともに、個人の入りやすい位置を確認するということもいえます。それによって、苦手な子どもでも、ここからシュートを打てば入りやすい場がわかり、戦術行動でその子どもには最後にその地点でパスキャッチからのシュートへつなげることができます。

　なお、シュートは打てば入るわけではないので、膝を曲げて下半身から力を加えること、できるだけ高いところにボールをセットしてシュートすることは指導する必要があります。また、入射角と反射角という観点から、どこをねらうとよいのかを考えさせることもできます。そして、毎回授業の初めか、始まる前にシュート練習をしてディフェンスがいない状況でも 7 割以上入ることを目標にします。そうすれば、ゲームでディフェンスがいたとしても 3 回に一度は決まると考えるのです。

(3) 2：0 から 2：1 の指導

　すでに述べたように、私たちはパス、ドリブル、シュートなどの技術的な要素を練習してもすぐにゲームに活きるとは思っていません。その諸要素からいかに実際のゲームに必要な要素と要素の組み合わせである単位を作り出して指導するのかが大切だと思っています。そのため、ただ 1 人でシュートを決める練習をするだけでなく、まずは「ゴール下の最重要空間でパスをもらって、その場でゴールの方を向いてシュート」という練習を行います。これは、バスケットボールの目的でもあるシュートを決めるために、パスキャッチとシュートを組み合わせたものです。その最も単純な形が、図 2-2-1 で示した 2：0 の形です。

　これは、様々な形に応用が可能です。例を挙げると、①様々に角度を変えた 2：0 の練習（図 2-2-4）、②ボールのもらい手（A）が動いてパスキャッチして、シュート（図 2-2-5）、③リターンパスを含んで B がシュート（図 2-2-6）などです。②は、あいている味方にパスをしてシュートという意味では、パスワークプレーになり、③のリターンパスは、パス＆ランとなり、それぞれ質が変化します。さらに、ポスト形やスクリーンなども当然考えられるわけで、これによって難易度が変化します。

　ただし、この 2 人のシュート練習は、あくまでもまずは味方との予測や判断を一致させるために行うのであり、様々な 2：0 を練習することを目的としてはいけ

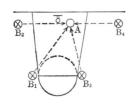
図 2-2-4 様々な角度からの 2:0

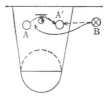
図 2-2-5 走り込んでの 2:0

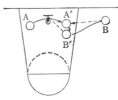
図 2-2-6 リターンパスを伴う 2:0 空間

ません。先述の通り、教師が目の前の子どもたちに教えたい内容があって、それにふさわしい形へと発展させるように考えるわけです。

　また、発展の方向性でいえば、例えばディフェンスを1人つけて、2：1の形にしていきます。2：1の形で、図でいうAが最重要空間でシュートを打つためには、ディフェンスをどう振り切るのかという問いを出します。あるいは、Aがシュートが打てない状況になったときに、Bの役割としての走り込みとリターンパスを考えさせることができます。

　この2：1では、小学校の場合はディフェンスの指導をキチンとやり過ぎると、シュートが打てなくなるので、ディフェンスの原則（相手とゴールの間に入る）ではなくてもよいと思います。あるいは原則通り指導しても、手は後ろで組んだままでディフェンスをすることもできます。

　そして、実際の練習の際には、ボールをもらいたいところに受け手は手を上げる（ターゲットハンド）、あるいは、手が出たところに味方はパスをすることも大切になります。さらに、単に動いてもらうだけではなくて、フェイントをかけて相手を振り切ってパスキャッチするなどの工夫が必要になります。最も大切なことは、この練習はあくまでもゴールに結びつけるための練習ですので、パスキャッチをしたらできるだけシュートを打ちに行くことを意識させることです。しばしば苦手な子どもは、最重要空間でボールをもらっても、シュートをためらうことがありますが、必ずシュートすることを意識させます。

（4）3：3や4：4への発展

　先に、ゲームはハーフコートでもオールコートでもよく、大切なのはねらいに応じたゲームを行うことだと書きました。ただし、ここでは、ゴール前のⅠ層かⅡ層を中心としたゲームについて考えてみたいと思います。

　このときに大切なことは、練習で2：0や、2：1を行ったので、その形を生かしたゲームにすることです。練習でゴール前のポストプレーを練習しても、ゲームがオールコートの5：5だと、ゴール前のプレーはあまり出現しません。そして、5人いたら誰と誰が2：0の形をどう応用するのかがわかりにくくなり、練習がゲームに活きないということが起こります。そこで、ここでは3：3と4：4のハーフコートのゲームフォーメーションを示してみます。

　3：3の場合は、Bが最初にボールを持って、A1とA2と2カ所で2：0の形を行うと考えます。このとき、A1とA2は、ディフェンスを振り切るような動きをして、Bはシュートのチャンスがある方にパスを出します。あるいは、A1かA2がBにリターンパスを出して、それをキャッチしてシュートが原則的な動きにな

ります。さらには、例えばA1が、Bをマークしているディフェンスにスクリーンをかけにいって、それを利用してドリブルで突破する（ピック＆ロール）こともできます。繰り返しますが、パスワークプレー、パス＆ランプレー、スクリーンやポストプレーと難易度は上がりますので、ねらいに応じた練習とゲームの組み合わせを考えることが大切です。

また、4：4の場合も基本的な考え方は同じで、ただA1とB1、A2とB2の2カ所で2：0を行うことを原則とします。右サイドで2：0をやってみて、上手く攻められなかった場合は、左サイドで同じように2：0を応用するわけです。もちろん、B1がA2にパスを出してもいいのです。ただし、初めから何でもありにすると、ねらいが見えにくくなるので、最初は原則通りにやるといいでしょう。

また、ディフェンスの置き方ですが、最後は3：3や4：4でゲームを行うにしても、次のように

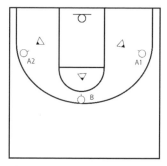

図 2-2-7　3：3における攻撃の形

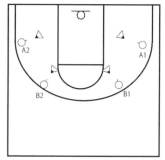

図 2-2-8　4：4における攻撃の形

考えることが可能です。3：3の場合、ディフェンスは2人、つまり3：2の形にして、ディフェンスの2人はA1とA2につく。つまり、2：1を2カ所で行うということです。4：4の場合も、最初はディフェンス2人でやる、次にB1とB2を守るディフェンスを1人加えて、4：3で行うこともできます。

(5) 5：5でのオールコートゲームへの発展

　小学校の場合、ハーフコートゲームにすると窮屈に感じる場合があり、その場合はオールコートゲームを行うこともできると書きました。このときのねらいは、あくまでも相手ディフェンスよりも誰かが速くゴール下に走りこんで、パスをもらってシュートという戦術行動が採用されます。それをもとにした作戦づくりを行わせて、実際にやってみるのです。ときには、居残り作戦もでてきます。小学生だけでなく、初心者はボールに目が行くことが多いので、オフェンス・ディフェンスと人を意識させるよりも、空間を意識させるのです。

　中学校以降の場合は、最初にハーフコートゲームで、人と空間の使い方を学んでから、オールコートゲームを行うとよいでしょう。ただし、オールコートゲームの

場合は、ハーフコートゲームで学んだ戦術行動をオールコートでもやるのですが、その際に、オフェンスは攻防の切り替え（コンバージョン）や意図的な速攻が、それに対してディフェンスはハリーバックを意識づける必要があります。図 2-2-2 からその練習を選択するということです。ただこれは、足の速い子どもやドリブルの上手い子どものみが活躍する場となることも懸念されます。そして、速攻を練習すると、遅攻は出てこずにひたすら走るばかりのゲームになる恐れがあります。そこで、最初はコンバージョンが起こったら、オフェンスはディフェンスが陣内に下がるのを待って攻撃を始めるとか、ボールを奪ったら 3 秒ボールを保持してから攻撃を始めるなどのルールを入れることも有効になります。

(6) まとめのゲームやリーグ戦

　普段の授業は、グループ学習で行い、できるだけ準備、準備運動、練習、ゲーム、総括と次の計画までのサイクルを、子どもたちに立てさせるようにしたいものです。こうして授業の最後の数時間は、ゲームを中心にした授業を行います。このねらいも、できるだけ子どもたちが自治的に行うようにすることです。対戦表の作成、時計、点数、スコア、審判、結果の集計などのオフィシャルの役割もさせます。

　そして、終わった後には、感想文（ふり返り）を書かせることも大切になります。最初の頃からチームや自分がどう変わったのか、何がよかったのか、何がよくなかったのか、バスケットボールや学習の仕方に変化があったかなどを書かせて、振り返らせるのです。それは教師の指導の側にも跳ね返ってくるものです。

【参考文献】
多木浩二『スポーツを考える』筑摩書房、1995、p.86.
星野実「バスケットボールの発展史とアメリカ」『たのしい体育・スポーツ』2006 年 12 月号、p.12-15.
学校体育研究同志会編『バスケットボールの指導』ベースボール・マガジン社、1973.

第3章
フラッグフットボールの指導

1. フラッグフットボールの教材価値

(1) フラッグフットボールの教材としての特質

　フラッグフットボールは、アメリカンフットボールを簡易化・安全化の視点から改変したスポーツです。教材として取り上げられるだけでなく、現在ではフラッグフットボール協会が存在し、キッズからシニアまで参加できるスポーツになっています。フラッグフットボールは具体的には激しいタックルのかわりに両腰につけたフラッグをとれるにようにしながらボールを運び、相手の陣地に進入することで得点を競うゲームです。このスポーツのおもしろさは、「タッチダウンをめぐる攻防を通して空間を奪い合う陣地合戦」にあると考えられています。フラッグフットボールは比較的ボール操作が容易なため、技能にあまり左右されることなくスペースを活用する面白さを味わうことができます。また、攻撃と防御が完全に分離しており、攻撃権が安定しているため、攻撃を計画・準備しやすくなります。アメリカでは野球以上の人気スポーツであるアメリカンフットボールが老若男女だれもが安全に遊べるようになっています。

　ボール運動は複雑な要素が絡み合うために、学校体育の授業では、よくわからないけれど夢中になってプレイを楽しみ満足するだけになりがちです。しかしそれだけではどのように作戦を立てたらよいか、また作戦の有効性などが検証できません。ボール運動はルールが規定する目的や条件のもとで戦術を工夫することによって勝敗が決まり、みんなが戦術的な原則をわかってプレイすることができるようになることが必要です。ボールを持った動き（ボール操作の技能）が比較的容易なことから、ボールをもっていない動きが重要になります。戦術の理解や戦術プレイの効果を検証しやすいフラッグフットボールでは、戦術が「わかる」ことによって進められ、「わかる」こと（戦術認識）によって「できる」（陣地の獲得や得点）教材です。

(2) アメリカンフットボールの歴史・文化特質

　フラッグフットボールはアメリカンフットボールをもと生まれたゲームです。アメリカンフットボールがどのようにしてできたのかは以下のように記載されています。

「アメリカンフットボールはラグビーをもとにして作られたともいわれている。…
自由や新しいものごと作ることを尊重していたこれらの人々は、格式や礼儀を重視
するイギリススポーツのからの脱却を計り、ルールはあまり難しく考えないで、自
分達にあったものを適当に工夫して行ったようである。…ラグビーのスクラムを必
ずどちらかのチームのボールになるスクリメージラインに変え、ダウンとヤードに
関するルールを創造して、今日のアメリカンフットボールに近い姿を生み出したの
は 1882 年のことである。」

　クォーターバックの作戦指示を中心に、なだれこんでくる敵をラインメンが防ぎ
ながら、隙をじりじり進んでいくこのゲームは、「このスポーツに内包されている
合理性、利実性、あるいはデモクラシーと個人主義との絶妙なる調和は、アメリカ
精神以外の何ものでもない」という特質を作り上げてきたのです。

　今でもアメリカで最も人気があるスポーツの代表であり、プロリーグの NFL 王
座決定戦の「スーパーボウル」はアメリカ最大のスポーツイベントです。世界のプ
ロスポーツの中でもっとも収益や資産価値が高い上に、全米でメディアの扱いが非
常に多いメジャースポーツです。

　フラッグフットボールの特質を考えるには、もとになるアメリカンフットボール
の文化的特質が参考になります。アメリカンフットボールはサッカー、ラグビーの
ルールをもとにしながら「ファイナルスポーツ（人類の歴史上最後のスポーツ）」
と呼ばれるまでアメリカの歴史・風土の中で改変してきたものです。

①開拓者精神を反映

　ヨーロッパからの移民であるアメリカ人は、イギリス生まれのサッカー・ラグビー
をもとにしながらも男らしさや力強さ、開拓者精神、合理化、平等性等の思想を背
景にゲームのルールを変更していきました。特に「ダウン・アンド・ディスタンス
制」には、前に進むことを評価する「フロンティアスピリッツ」と呼ばれるアメリ
カの開拓史の中から生まれた精神を見てとれます。この「ダウン・アンド・ディス
タンス制」により、これまでのラグビー・サッカーと違い、攻撃が交互に行われ双
方に得点が入る可能性が増えるとともに攻撃権が明確になり、戦術を用いて意図的
に成果を得られるようになりました。

②近代合理主義と攻守の分業と協同のシステム

　合理主義の精神がもっともよく分かるのはこれまでのラグビーにあったオフサイ
ドルールの廃止でした。オフサイドは合理的かつ計画的なプレイするためには余計
なルールでした。また選手の交代や復帰も自由になっています。このルールを生か

した「攻守分業制」も特徴的です。攻撃・守備共にそれぞれより高度な能力を身に付けさせ技術を高度化・専門化させることによってチームのプレイを緻密なフォーメーションプレイで構成しています。徹底した役割分担が敷かれ、ボール保持者を前進させるためにチーム全員に協調性が求められます。

　こうしたことから、フラッグフットボールもアメリカの思想性を反映しており、プレイのフォーメーションに近代の合理主義や情報収集・分析などの科学が内包されています。

（3）フラッグフットの教材価値

　フラッグフットボールの教材価値について以下のように考えます。

①意図的なプレイをするための作戦づくりが目的になる

　一つの作戦を成功させるためには各ポジション独自の役割が大切となります。よって、技能の高い子のワンマンプレイによるボールの独占ということが生まれにくく、ボールをもたない子の役割の重要性を認識させることがゲームにおける戦術的課題の解決に直接つながるので、誰もが役割をもってゲームに挑むことができます。また、プレイやポジションの役割が明確なので、自分と友だちの関係がポジション配置と全体（集団）との関係で分かりやすくなります。

　攻撃と防御が完全に分離しており攻撃権がより安定的に確保されるので、攻撃の準備の計画性が高くなります。また、プレイに入る前の作戦確認や作戦終了後の検証が行いやすくなります。練習とゲームの相関関係がわかりやすく、初心者や苦手な子どもも作戦の成功・失敗を分析することが可能です。「仮説―実験―検証」という課題解決学習のサイクルを繰り返しながら学習を進めることができます。

②ボール操作が容易でボール操作による能力差・技術差が問題になりにくい

　攻撃戦術の基本はボールを持って走るランプレイを中心にスペースを活用することにあり、技能によってプレイが左右されることが少なくなります。そのため、みんなで考えた作戦の実行では、個人の体力や技能よりもどう動くかという認識の共有がポイントになります。また、サッカーやバスケットのようにゲーム中の瞬間的な判断や全体の動きの理解をしなくてもよいので自分の動きかたがわかりやすい教材です。技能習熟に時間をかけずに戦術についての学習の時間を十分にとることができることで、みんなが動きかたをわかり、得点できる楽しみを味わえるようになります。

③安全にできる

　タックルをフラッグをとることに変えているので体の接触が少ないので怪我が少なく、安心して学習に取り組むことができ、学習の本質に迫ることができます。と

くに小学校高学年での男女混ざっての学習や中学生、高校生の女子も安全に楽しく
ゲームに参加することができます。

④運動文化の歴史性・民族性を教えることができる

　プレイだけを楽しむにとどまらす、フラッグフットボール（アメリカンフットボール）の文化性やそれを生み出す土壌となったアメリカでの歴史や国民性といったこともルールやマナー、審判法に反映しており、ことを教えるための教材化が可能です。例えば分業のシステムは他の種目よりはっきりしています。この徹底した役割分担をもとにボールを持たない人の役割だけに留まらず、そこに含まれているプレイの合理性の追求について考えることもできます。アメリカの開拓者精神からきているダウン制についても、実技を通しながら実感として学ぶこともできます。また、歴史性の観点からはラグビーとの違いについてスクリメージラインの存在と前パスから考えることもできます。

⑤自分たちに合ったルールで楽しむことができる。

　①〜③の教材価値に含まれている学習内容をさらにみんなが学びやすいものにするためにゲーム人数を2対2や3対3と少人数にすることでプレイを単純化し、コンビネーションの力をつけていくことやプレイ分析のコーチの役割をつくったりする事もできます。また人数だけでなくポジションのローテーションやコートの大きさなどについても、ルールづくりの視点から学習の対象にできます。みんなが参加しやすくみんなが得点できるといったように教材化する視点によってルールづくりを進めていくことが有効です。

【参考文献】

学校体育研究同志会編『ラグビーの指導』ベースボール・マガジン社、1986年.
西田佳「アメリカンフットボールに込められた思いや願いを考える学習」、『たのしい体育・スポーツ』2013年4月号.
新沼聡「アメリカンフットボールの歴史」、『たのしい体育・スポーツ』2008年7月号.
平田和孝『みんながタッチダウンするフラッグフットボールの指導』創文企画、2001年.

2. 基礎技術・基礎戦術と技術・戦術指導の系統

(1) 感覚づくり（ボール操作・身体操作）

　まず、フラフトでは、「作戦・戦術を教えるのだ」という立場に立って学習を計画することが大前提です。したがって、教えたい作戦・戦術を成功させるために必要な技術を習得させなければなりません。次のようなゲームを授業1単位時間の前半に設定し、感覚づくりを通して技術を習得させたいと考えています。

①しっぽ取りゲーム（グリッド内1対1）

　4m四方のグリッド内を、フラッグを腰に2本
付けた逃げる役としっぽを奪う役とに分かれて
10秒〜15秒程度の時間、逃げる⇔奪うゲーム
をします。時間が来たら役割を交代してもう1
度対戦します。相手を交代すると数回楽しめます。
〈身につく技術・個人戦術〉
・フラッグをつかむ技術
・サイドステップやバックステップ
・フェイント動作

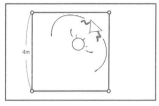

図2-3-1　しっぽ取りゲーム
（グリッド内1対1）

②しっぽ取りゲーム（ゾーン突破型）

　メインゲームのコートで行います。人数
は、Of3人、Df2人で行います。攻撃は、ボー
ルを持ち、腰につけたフラッグ2本を取
られないようセンターラインから相手陣地
のエンドラインをめざして走り抜けます。
守りは、相手のフラッグを奪います。ただ
し、守り側はセンターラインから3mの所に

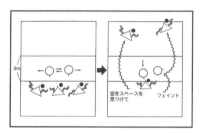

図2-3-2　しっぽ取りゲーム（ゾーン突破型）

引かれたじゃまゾーン内しか動けません。フラッグを取られないでゴールした人数
を得点として、攻守交代をしながら合計得点を競います。
〈身につく技術・個人戦術〉
・フラッグをつかむ技術
・相手に応じた位置取り
・サイドステップやバックステップ
・フェイント動作
・空いたスペースを見つけてタイミングよく走り出すこと

③スロー＆キャッチゲーム

　センターラインからQB役の子が投げた
ボールを走りながらレシーバー役の子が
キャッチします。レシーバーは、QBがボー
ルを投げた瞬間にセンターラインをスター
トします。2人の技能を把握したうえでど

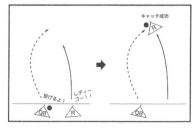

図2-3-3　スロー＆キャッチゲーム

の程度の距離を進めるのかを調整して、できるだけ遠くでのキャッチ成功を目指します。

〈身につく技術・個人戦術〉

・相手に合わせてボールを投げる技術
・走りながらボールの落下地点に入って捕球する技術

(2) 基礎技術（2 人のコンビネーションからのタッチダウンならびにその防御）の指導（局面指導）

　2 人における作戦は、ランプレイかパスプレイに分けることができます。

①ランプレイ

　確実に地域を前進させることができるプレイです。図のような「右ラン作戦」を成功させるために重要となってくるのがボールを持たない人の「ブロック」です。ボールをもっていない人が、QB のフラッグを取られないように相手の邪魔をして、QB の通り道をつくります。ブロックする人は、QB が自分の背中を通り抜けていくようにイメージしてブロックします。

図 2-3-4　ランプレイ

②パスプレイ

　成功すれば地域を大幅にゲインすることができるのがパスプレイです。しかし、キャッチミスや相手のマークに合い、失敗も多いプレイです。受ける場所をあらかじめ決めておくことや投げる距離を短くするなどを考えることがポイントとなってきます。

③手渡しパスからのラン

　相手にボールが見えないように手渡すことで、ディフェンスは誰がボールを持っているのかわからなくなります。相手の裏をかくのに効果的なプレイです。ボールを隠しながら手渡す、ボールを渡した後も持っているように走り抜けることがポイントとなります。

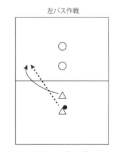

図 2-3-5　パスプレイ

(3) 基礎戦術Ⅰ〜Ⅱ〜Ⅲ

　防御の戦術は、大きく次の 3 種類に分類されます。

・マンディフェンス
　自分がマークする相手を決めて、その相手に自由にパスや

図 2-3-6　手渡しパスからのラン

ランをさせないようにする、「人につく」守り方です。自分の後ろのスペースを突かれないような位置であったり、パスカットをねらえる位置であったりと、場面に応じて、相手との間合いを測る必要があります。上達すると、マークする相手の受け渡し（スイッチ）をしながら守ることもできます。

・ゾーンディフェンス

　自分が守る場所（ゾーン）を決めて、その場所へのパスやランを自由にさせないようにする、「場所につく」守り方です。前後左右、守る場所をどの辺りに設定するのか、あらかじめ決めておく必要があります。

・プレスディフェンス

　相手ボール保持者のフラッグを積極的に取りにいく、「ボールに行く」守り方です。うまくいけば相手陣地を押し戻していくことができる攻撃的な守り方です。その反面、失敗すればリスクの大きい守り方でもあります。

　これら3種類の戦術を上手に使い、相手攻撃から陣地を守ります。

　攻撃の戦術は、大きく次の3種類に分類されます。

・パスワークプレイ（ロビング・ロング・ショート・縦横）

　成功すれば高得点をねらえる半面、キャッチミスやパスカット等のリスクも高く、失敗も多いプレイです。あらかじめ、パスの質やパスを受ける場所を決めておく必要があります。

・フェイントプレイ（フック・スイッチ）

　ボールを持って走るときの相手をかわすための動き、ボールをもらうために（パスを受けるために）相手をかわすための動きなどがあります。最終的に、どこへ動くのかを決めたうえで、そのためのフェイントを考えます。

・ブロックプレイ

　ボール保持者のランコースを作りだしたりするのに、必要な動きです。相手防御がしっかりしてくるほど、また作戦が高度になるほど重要なプレイになってきます。

　これら3種類の戦術を上手に組み合わせることによって、相手防御を崩すことができます。

　以上、防御の戦術と攻撃の戦術をセットにして、言い換えれば「攻防の関係をセットにして」、フラッグフットボールという教材を通し、基礎戦術Ⅰ〜Ⅲを学んでいきます。

①基礎戦術Ⅰ

aⅠ層のプレスディフェンスとその破り方

　プレスディフェンスは、3人で一気にボール保持者（QB）のフラッグを取りに

行くディフェンスです。３人でプレッシャーをかけるので、相手 QB のフラッグを取ったり、パスミスを誘ったりする可能性は高くなります。その半面、背後や左右の空間が広く空いているため、相手攻撃のパス攻撃が決まる危険性も高いと言えます。うまくいけば相手の陣地を押し戻していくこともできる、攻撃的な守り方であると言えます。

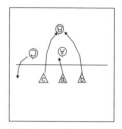

図 2-3-7　プレス Df. I

破り方①横へのショートパスからのラン

　レシーバーを左右どちらかのサイドに置き、ゲーム開始と同時にそのレシーバーへパスします。相手は３人で勢いよくフラッグを取りに来るので、素早くボールを投げる必要があります。パスを受けたレシーバーは、相手防御のいない所をランするだけです。

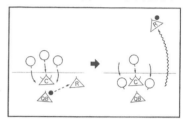

図 2-3-8　横へのショートパスからのラン

破り方②相手防御裏へのロビングパス

　レシーバーはスタートラインぎりぎりの所に位置し、ゲーム開始と同時に相手防御の裏のスペースへ向かって走り出します。QB は、ゲーム開始と同時にロビングボールを相手防御裏に投げます。両手下手投げでふわっと投げる感じです。ボールを受けたレシーバーは、相手防御のいない所をランするだけです。

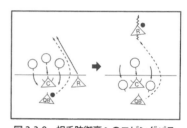

図 2-3-9　相手防御裏へのロビングパス

破り方③片方サイドをブロックしての QB ラン

　センターの横、左右どちらかにブロッカーを配置します。センターとブロッカー２人で、QB のフラッグに向かってくる相手防御を一人ずつ内側に向かってブロックします。QB は、ゲーム開始と同時に、ブロックの外側をランします。逆サイドの相手防御にフラッグを取られないよう、素早くブロックのあるサイドの横に動きだすことが必要です。

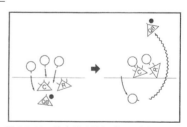

図 2-3-10　片方サイドをブロックしてラン

ｂ I 層のゾーンディフェンスとその破り方

　I 層のゾーンディフェンスでは、コートを左・中・右の３つに分け、一人ずつそのゾーンに入って、自分の近くを突破しようとする攻撃者のフラッグを取ったり、

パスカットを行ったりする守り方です。基本的に、横一列に並んでラインを敷くような感じです。あらかじめ、どの辺りにゾーンのラインを作るのか（浅めなのか深めなのか）を話し合って決めておく必要があります。

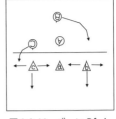

図 2-3-11　ゾーン Df. I

破り方①相手ゾーンライン裏へのロングパス

　３人がラインを作って守るI層のゾーンディフェンスでは、QBへのプレッシャーは全くありません。そこで、レシーバーは、相手防御の裏のスペースを動き、パスを受けます。センターは、レシーバーがパスを受けやすいよう、ブロックに入ります。QBは、あわてることなくパスが通るタイミングを待ってパスします。パスを受けたレシーバーはそのままランします。パスを受ける位置が深ければタッチダウンパスとなることもあります。

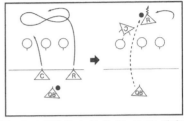

図 2-3-12 相手ゾーンライン裏へのロングパス

破り方②２人ブロックによる QB ラン

　ゾーンディフェンスの最大の弱点は、ゾーンとゾーンの継ぎ目です。この攻撃法では、そこを突きます。ゲーム開始後、センターとブロッカーは、相手ゾーンの継ぎ目（人と人の間）に向かって走り、間を開けるように QB のランコースを作ります。

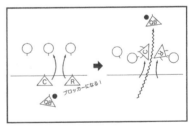

図 2-3-13　２人のブロックによる QB のラン

QB は、あぜらずに、ランコースが出来上がったのを確認し、そこを素早く駆け抜けます。ブロックが上手に入ると、ゾーンの継ぎ目ではなく、両サイドの一番外側に QB のランコースを作ることも可能です。

c I層のマンディフェンスとその破り方

　I層のマンディフェンスは、自分のマークする相手を一人決めて、プレイ中はずっとつき続ける守り方です。ポイントとなるのは、QB のマークです。むやみにフラッグを取りに行って簡単にかわされてしまったり、距離を離し過ぎていてパスを自由にさせてしまったりといったミスのないようにしっかりとつきます。また、レシーバーのマークでは、裏を取られないようにしてパスカットもねらえる位置を取ります。

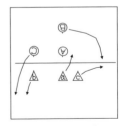

図 2-3-14　マン Df. I

<u>破り方①片方サイドをブロックしてのQB
ラン</u>

　センターとブロッカーを配置します。ブ
ロッカーはセンターの近くに置いておき、
センターのマークとブロッカーのマークを
内側へ押しこむようにブロックします。外
側にスペースができたところをQBはラン
します。逆サイドにいる相手防御にフラッ
グを取られないように素早くブロッカー側
へ回り込みます。

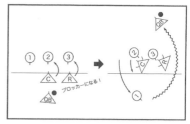

図2-3-15　片方サイドをブロックしての
QBのラン

<u>破り方②センターがQBのマークをブロッ
クしてのQBラン</u>

　センターはQBをマークしにくる相手を
外側から内側に向かってブロックに入りま
す。QBは、その外側のコースをランします。

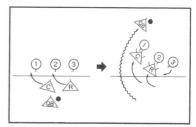

図2-3-16　センターがQBのマークを
ブロックしてのQBのラン

②基礎戦術Ⅱ

　Ⅱ層の攻防の段階になると、Ⅰ層のディフェンスの後方に、カバーリングに入る
プレイヤーを置くことになります。そのため、オフェンスにおいてもⅠ層目、Ⅱ層
目のディフェンスを突破する必要がでてきます。時間差・空間差におけるタイミン
グが少し難しくなってきます。

a Ⅱ層のプレスディフェンスとその破り方

　相手QBに対して、2人がプレスをかけ（Ⅰ層目の防御）、もう1人はカバーリ
ングに入ります（Ⅱ層目の防御）。基本的にセンターが下がってカバーリングに入
ると守りやすいです。センター以外のプレイヤーがカバーリングに入ることも可能
です。

<u>破り方①横へのショートパスからのラン（QBはパス後Ⅱ
層目のブロックに）</u>

　サイドにレシーバーを配置します。ゲーム開始後、QB
はディフェンスのプレスが来る前にレシーバーへパスしま
す。センターはすぐにレシーバーのランを止めに来るⅡ層
目の防御者をブロックします。レシーバーが走るコースを
決めておき、センターはブロックの方向を考え、カバーリ
ングに入る防御者をブロックする必要があります。

図2-3-17　プレスDf.Ⅱ

<u>破り方② QB から手渡しパスを受けて外ラン（QB はⅡ層目のブロックに入る）</u>

　センターとレシーバーは相手プレスⅠ層目の防御者をブロックします。レシーバーは、QB の近くに向かって走り、ボールを受け取ります。そのまま、QB の後ろについてランします。QB は、Ⅱ層目の防御者がフラッグを取りに来るのをブロックします。

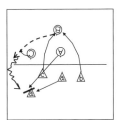

図2-3-18　プレスDf.ⅡのOf.

b Ⅱ層のゾーンディフェンスとその破り方

　対面する相手のいなくなった防御者がカバーリング（Ⅱ層目）に入ることで、ランやパスに対応します。Ⅰ層目の突破はゆるしても、そこで止めることができるので、1回でのタッチダウンはできにくくなります。あらかじめ、ゾーンに入る2人、カバーに入る1人を決めておくと守りやすいです。

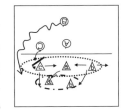

図 2-3-19　ゾーン Df. Ⅱ

<u>破り方①センターがⅡ層目カバーリングをブロックしての QB 外ラン</u>

　センターとブロッカーを配置します。ブロッカーがⅠ層目の防御者を内側に押し込み、サイドのランコースを空けます。次に、カバーに来るⅡ層目防御者をセンターがブロックに入り、QB のランコースを確保します。

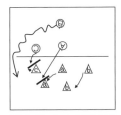

図2-3-20 ゾーンDf.ⅡのOf.

<u>破り方② QB から手渡しパスを受けて外ラン（QB はⅡ層目のブロックに入る）</u>

　センターは相手ゾーンⅠ層目の防御者を内側に押し込むようにブロックします。レシーバーは、QB の近くに向かって走り、ボールを受け取ります。そのまま、QB の後ろについてランします。QB は、Ⅱ層目の防御者がフラッグを取りに来るのをブロックします。

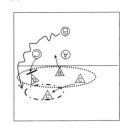

図 2-3-21　マン Df. Ⅱ

c Ⅱ層のマンディフェンスとその破り方

　対面する相手のいなくなった防御者は、カバーリング（Ⅱ層目）に入ることでランやパスに対応します。Ⅰ層目の突破はゆるしても、そこで止めることができるので、1回でのタッチダウンはできにくくなります。

<u>破り方①センターがⅡ層目カバーリングをブロックしての QB 外ラン</u>

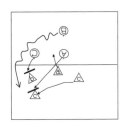

図2-3-22 マンDf.ⅡのOf.

センターとブロッカーを配置します。ブロッカーがⅠ層目の防御者を内側に押し込み、サイドのランコースを空けます。次に、カバーに来るⅡ層目の防御者をセンターがブロックに入り、QBのランコースを確保します。

③基礎戦術Ⅲ（Ⅲ層の攻防）

Ⅲ層の攻防の段階では、一人一人の役割がより複雑になり、１プレイ中に複数の役割を持つプレイヤーも出てきます。また、一回の攻撃でタッチダウンを奪うことが難しくなるので、攻撃権の回数を意識したより戦略的なプレイが求められるようになります。Ⅰ・Ⅱ・Ⅲ層目をどうやって突破するのか、また、このプレイでどこまで攻めようとするのかを考えなければなりません。

この段階のディフェンス方法としては、基礎戦術Ⅰ・Ⅱで述べたプレスディフェンス・ゾーンディフェンス・マンディフェンスを組み合わせ、コートバランスを考えたディフェンスフォーメーションを組み立てみることになってきます。そのため、プレイ人数を５人対５人以上にしてゲームをします。

④試合戦略の指導

試合戦略は、ゲーム展開、相手分析、攻防展開の地域、点差、時間帯等によって変化してきます。例えば、タッチダウンゾーンまでの距離が長く残された攻撃権が１回だけなら、大きく進むことができるパスプレイを選択することになります。それに伴い、守備側はパスプレイを考慮した守りのフォーメーションをとることとなります。逆に、タッチダウンゾーンまでの距離が短い場合、確実に進むことができるランプレイを選択することとなります。いずれにせよ、ハドル（作戦会議）において、どのプレイを選択し、チーム成員の役割を確認することが大切となってきます。

⑤技術・戦術指導とルールの指導

コートの広さや人数は、子どもたちのゲームにおける出現可能なプレイの要素を大きく規定します。また、教えたい内容を学び取ることができるようにするための学習ルールも必要です。

フラフトでは、３つのディフェンス方法（マンツーマンDf・ゾーンDf・プレスDf）とその破り方としての３つのオフェンス方法（パス・ラン・ブロック）を教えたいと考えています。小学校高学年から中学校での学習内容を考え、次のようなゲームルールと学習ルールを設定します。

<u>ゲームルールと学習ルール</u>

- コートの広さ：横 12 〜 15m、縦 30m
- プレイ人数：3 対 3
  （中学校では、内容の発展に伴って 4 対 4、5 対 5 まで増やしてもよい。）
- グループの人数：5 人
  （3 人がプレイしている際に、ゲームを分析する仲間が必要なため。）
- 1 回の表攻撃権は 3 回。3 回の攻撃で陣地を進め、タッチダウンを奪えるように作戦を考える。1 回や 2 回の攻撃でタッチダウン成功した場合、残された攻撃回数に応じてさらに攻撃できる。
- Df は、初めの位置、マークする相手、プレス、ゾーンの選択など、守り方（作戦）を相手の 3 回の攻撃中は変えてはいけない。
- パスカットをされたら、その時点で攻撃権は相手に移る。
- 単元前半は、グループでの Df や Of の作戦を考えることに時間を使うため、兄弟グループを固定して学習内容を習得するゲームを進めるようにする。

第4章
バレーボールの指導

1. 教材としてのバレーボールについて

　バレーボールという素材は矛盾に満ちています。合理的に勝とうとすればポジション固定でよいのに、ローテーションというルールがあります。ラリーが続くことがおもしろいのに、ラリーを切ることで得点になります。サービスは「サービス＝奉仕」なのに、ジャンピングサーブや変化球サーブなど、非常にレシーブの難しいサービスが行われます。手でボールを扱うのに、つかんではいけません。これらの矛盾の多くは、1895年にモルガンがバレーボールを考案した時から、現在にいたるまでの歴史に由来します。

　当初、モルガンはレクレーションとしてのバレーボール（ミントネットと呼んでいた）を考案しました。ボールをなるべく落とさずラリーが続くようプレーもルールも形作られていました。それが、百数十年の間に、世界に普及し、オリンピック種目に採用されるなど競技化の流れにもまれ、現在の6人制バレーボールへと変化してきました。モルガンのルールではネットの高さが1m83cmでしたが、サービスは3m05cmの高さを超えなければならないというルールが存在しました。おそらく攻撃的なサービスを禁止するルールだったのでしょう。現在はサービスが勝敗を左右するほどの攻撃的な技術となっていることが象徴的です。

　ところで、バレーボールと言ってもその行われ方は多様です。9人制をはじめママさんバレーやビーチバレーなど、これほど多様な行われ方をしているスポーツ種目は他に見られません。それぞれが、行う目的や施設や年齢や性、さらにはメディアの要求などに合わせてルールを定めています。ということは、目的や条件によって自分たちのルールを作っていくことを学ばせることができる教材といえます。

　目的や条件に合わせて様々な形のルールで行われるバレーボールですが、共通する核心的なおもしろさに違いはありません。ラリーのおもしろさです。攻撃を含んだ上でのラリーという矛盾を実はプレーヤーも観客も楽しんでいるのではないでしょうか。

2.　バレーボール指導の考え方

(1)　意図的なアタックヒットを含むチームラリーを教える

　通常の授業では子どもたちにはバレーボールの技術的な経験がほとんどありません。バレーボールではボールをコントロールするのが難しく、オーバーハンドパスもアンダーハンドパスも習得するには膨大な時間を必要とします。指先の力が弱い女の子はなおさらのことです。初心者の子どもに数時間ほどの授業で何を学ばせるのかということについて、用具やコートの工夫とともに、バレーボールの本質に沿った内容を精選しなければなりません。

　そこで、バレーボールの本質、中核的なおもしろさをここでは「意図的なアタックヒットを含むチームラリー」と規定しました。意図的という点が重要です。サーブ以外の相手コートへの返球をアタックヒットと言いますので、スパイクではないパスアタックによるゲームであっても、それが意図的な戦術であればバレーボールの本質に触れていることになります。バレーボールの得点は、楽しいラリーを切ったことに対するペナルティーとしての得点です。高度なゲームとは、高度なチーム戦術によるアタックを含むたいへん上質のチームラリーということになります。

　初心者に、数時間ほどの限られた時間で、「意図的なアタックヒットを含むチームラリー」というバレーボールの中核的なおもしろさを味わわせたいと考えます。そのためコートや用具等はラリーが続きやすいものにします。発達段階や技能の段階によってネットの高さやコートの大きさ、そして使用するボールをかえるのです。さらに、スパイクについては導入する段階をあまり早くせず、いつ教えるかよく吟味する必要があります。

(2)　バレーボール指導の 2 つの系統

　ゲーム発展のための指導の系統には 2 つの方向があります。ひとつは、ネット際の攻防を中心に据える系統です。もう一方は、ラリーの質を高めていくことを中心に据える系統です。

　ネット際の攻防中心の系統では、ファーストボールをキャッチしてでもトスにつなぎ、そしてスパイクのバリエーションを増やしていきます。どうやってブロックし、どうやってブロックをかいくぐるかを指導していきます。ネット際の攻防（特に攻撃：スパイクに重点）がバレーボールのおもしろさの中核であると考えるからです。セッターは固定する方向で学習が進みます。

　ラリーの質中心の系統では、ラリーが続くための技術を追求することになりま

す。ボールを保持しないプレーヤーの動き方を中心に指導していきます。ラリーが
バレーボールのおもしろさの中核であると考えるからです。セッターは、だれでも
できるように学習が進みます。

　限られた時間で「意図的なアタックヒットを含むチームラリー」にふれさせるに
あたって、本稿ではラリーの質を高めていくことを中心に据えた指導の系統を提案
します。固定したセッターはおきません。

(3) カバーリングやポジショニングの指導

　ボールに関係しない場合の動き方がわかりできることでゲームの質は大きく向上
します。バレーボールの場合、パスやトス－スパイクに関わらないプレーヤーは体
をボールに正対させた上でのカバーの動きに回ることが重要です。小学生や中学生
の授業の場合、レシーブやパスは失敗することを前提にして、いつでもカバーしあ
える関係をつくりたいと考えます。

(4) 自分たちのルールをつくる

　バレーボールは、自分たちのルールを作っていくことを学ばせることができる教
材であると言いました。自分たちに合わせたバレーボールルールを考えさせたいも
のです。キャッチボール（ホールディング）の許容範囲をどうするか、フォアヒッ
ト（4回のコンタクト）を認めるかどうか。議論の過程では、自分たちはどのよう
なバレーボールをしたいのかという目標の議論にもなるはずです。バレーボールは
何がおもしろいのかという本質をめぐる議論にもなります。キャッチの許容やフォ
アヒットの許容を認めるとすれば、ラリー重視のバレーボールを子どもたちが選択
しているということであり、バレーボールの本質を理解しつつある過程であるとみ
られます。ルールを考えさせながら、目標やバレーボールの本質探しの議論をさせ
ていきたいものです。

(5) 学習カードやグループノート

　チームプレーの要求されるバレーボールでは、学級の人間関係がプレーに反映す
ることになります。技術習得を目指しながらも、生徒同士の関係づくりも進めたい
ものです。そのために、グループ内で学習カードを交流しあい、当番制でノートを
回し、だれがどのようなことを考えているのかわかり合えるようにすることが重要
です。

(6) 小学校、中学校、高校までの指導の段階

　小学校では1人対1人（以下1：1）からはじめて3：3までのゲームを行いながら指導をします。ソフトバレーボールを用いて主にラリーが続くための技術やルールについて学びます。個人の技術で練習するのはオーバーハンドパスのみで十分です。

　中学校2年生までに3：3でスパイクができるようにしますが、ブロックを使わないゲームを行います。

　中学校3年生で5：5まで進みます。5：5でブロックなしで学習し、ポジショニングの取り方が習得できてからブロックを取り入れます。

　高校生になってから、コンビネーションプレーを学習します。ブロックに対して空間差と時間差を意図した攻撃をしかけるところまで学習します。最終的に6：6のフルコートへ行くか2：2へ戻るか、あるいは別の道を探るか高校生には考えさせたいと思います。

3. バレーボールの指導の実際

(1) 準備運動で行うボール操作のルーティーン
　バレーボール特有のボール操作はある程度の時間をかけて習熟を図る必要があります。そのボール操作を取り出し、準備運動として毎時間行うルーティーンを紹介します。後に示すとおり、アンダーハンドパスはだいたい中学1年生まではゲームでも使用しない計画です。したがってルーティーンでもはじめはオーバーハンドパスまでの練習となります。重要な技術の柱は次の3つです。
　○頭の上でボールを操作すること
　○空中でボールを操作すること
　○体全体と連動した肩、ひじ、手首のしなりの作り方
　全て2人組のペアで行います。4〜6mの間隔で行います。
①片手でキャッチボール
　右手で投げたら、次は左手で投げます。フォロー・スルーは投げた手を反対の脚の膝の上に納めます。体全体でしなりをつくります。
②両手のスロー（図2-4-1）
　サッカーのスローインのような投げ方を行います。
③両手床打ちつけ
　両手で床に投げて打ちつける運動です。片手と同様に、体全体でしなりをつくります。
④ジャンプキャッチ（図2-4-2）

図2-4-1 「こんぶでパス」

正面から高いパスを出してもらいます。右利きであれば右足左足の順に「ト・トン」のタイミングでジャンプし空中でボールを両手でつかみます。（左利きは逆）そして着地と同時に、できれば着地前に床にたたきつける運動です。ジャンプの最高到達点でボールを

図 2-4-2　ジャンプキャッチ

つかむことがポイントです。タイミングをとりやすくするため、両手のスイングを大きくします。初心者はバックスイングよりも両手を大きく横に広げたところからスタートした方がうまくタイミングが合わせられます。次第にバレーボール選手のようにバックスイングからのジャンプにしていきます。

⑤片手床打ち（ジャンプなし）（図 2-4-3）

右利きの場合、左足を少し前に出し、体の正面にまっすぐ差し出した左手のひらの上にボールを置きます。そのボールを右手で床に打ちつけます。肘の使い方、手のひらでボールをヒットする事を練習します。右手は真上に

図 2-4-3　片手床打ち

まっすぐ伸ばした後、肘を折ってから打ちます。肘を高く上げて打つことを学ぶためです。動きのイメージとしては、「はぁ〜い」、「かっくん」、「頭かいかい」、「ばっこん」の要領です。

⑥空中でヒット

正面から高いパスを出してもらいます。両手のスイングを大きくとり「ト・トン」のタイミングでジャンプするところまではジャンプキャッチと同じです。空中では、右手の手のひらでボールをヒットします。左手は肘を折って胸の前にたたみます。右手は左足の膝の上に納めます。

⑦オーバーハンドパス（図 2-4-4）

最初の1時間目からオーバーハンドパスは練習します。「前へならえ」の状態から手をおでこの上にもっていき、両手の親指と人差し指で大きな「三角おにぎり」をつくります。（「前へならえ」、「かっくん」、「おにぎり」、「は

図 2-4-4　オーバーハンドパス

いどーぞ」の要領）「三角おにぎり」の中からボールをのぞく感じです。初歩的な段階ではこの状態でボールをつかみ、ボールを一度おでこにくっつけてから相手にパスをします。慣れてくれば、おでこにくっつける時間を短くしていきます。さらにつかむ時間を短くしていけば完成です。

（2）「○○しながら□□すること」の習熟

　バレーボールに限りませんが、ボールゲームでは自チームでボールを展開しながら相手チームの動きを見るなど、同時にいくつかのことを行う必要に迫られます。熟練者でいえば、アタッカーがトスに合わせて助走しながら相手のブロッカーの動きとレシーバーの位置を見ることが求められます。初心者であっても相手チームのあいているところにボールを送るためには同時に行わなければならないことがいくつかあります。そのことに自覚的に慣れるための練習です。以下の練習を技能段階に合わせて準備運動の中に取り入れます。
○パスをしながら送る相手の名前を言う。
○パスをしながらパスの回数を数える。
○パスをしながらしりとりをする。
　初心者の場合は、相手から来たボールを一度直上パスで上げ、それから相手にパスをすると時間の余裕が生まれます。また、果物の名前を言いながらとか、世界の国の名前を言いながらなどのバリエーションもあります。
○パスをしながら計算問題を出す。相手は答える。最初は一桁の足し算。
○パスをしながら相手に指示を出す。相手は指示通りに動作する。
　相手に「右足前に」とか「手をたたいて」などの動作をするよう指示しながらパスをさせます。「犬」とか「猫」とか言って鳴き声をまねさせるということもできます。
○パスをしながら指のサインを出す。相手は読んだサインを言う。
　相手にパスを送った直後に片手の指でサインを出します。1本の指を立てていれば「1」のサインです。パスを返す時に出されたサインの番号を言います。じゃんけんの3種類でもできます。

（3）ゲームの発展と戦術の深化

　ゲームだけ、あるいは練習だけで授業は進めません。1：1のゲームを行いながらバレーボールの初歩的な段階を学習します。1：1であれば初心者でもバレーボールのゲームを楽しむことができます。

①1：1の攻防

【ポイント】

・ ライン際やネット際に穴（得点になる場所）があることがわかる。

・ 穴に落とされにくいフットワークと構えがわかる。

【行い方】

・ ネットの高さはプレーヤーの平均身長の子どもが立って手
を伸ばした時の指先の高さ。

・ はじめは 3m × 3m 程のコートで行い、ラリーを経験する。

・ 慣れてきたらコートを縦 6m ×横 3m 程に広げる。縦長に
することで、穴が見付けやすくなる。

・ はじめは、ボールタッチ数を制限せずに行う。慣れてきた
ら、1 回タッチで返球する。

・ オーバーハンドパスのみで行う。ボールをつかむ反則であ
るキャッチボールは許容。アンダーハンドや片手は反則。

・ サービスは両手で下から相手コートに投げ入れる。

・ 11 点マッチ。ラリーポイント制で行い、ポイントを得たチームにサーブ権がある。
（はじまりのサーブはジャンケン）

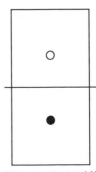

図 2-4-5　1：1 の攻防

【1：1 で獲得させたい技術（攻撃戦術）】

・ 縦 6m ×横 3m の縦長のコートにした段階でライン際やネット際にボールをコン
トロールして落とす技術。

・ 前後または左右に相手の守備をゆさぶる技術。

【1：1 で獲得させたい技術（守備戦術）】

・ 低いボールも高いボールも、そしてジャンプして届くボールにもオーバーハンド
で対応する技術。

・ 相手からアタックされる時（ディグ Dig：アタックされたボールを受ける動作）、
またはサービスが来る時（レセプション Reception：サーブを受ける動作）の構え。

・ 左右に移動する場合は、移動する方向の足を先に動かすフットワーク。

・ 前後に移動する場合は、心持ち右足を前に出し、やはり移動する方向の足を先に
動かすフットワーク。

【1：1 で促したい理解】

・ ライン際に穴がある。

・ ネット際に穴がある。

・ 低いボールをオーバーハンドでレシーブするの
は難しいということ。

・ ディグもレセプションも低く構えて待つことが

図 2-4-6　守備の構え

重要であること。（図 2-4-6）

【1：1の段階の技術の練習方法】

・ ランニングパス（パスする相手
　の名前を呼びながら）

【1：1の段階で考えさせたい問い】

・ 問い「どのようなバレーボール
　をしたいか？」

図 2-4-7　ランニングパス

　この問いを1：1の段階から5：5の段階まで常に問い続けます。はじめは「楽しいバレー」とか「ラリーが続くバレー」などの答えが返ってくるでしょう。

・ 問い「ワンバウンドを許容するラリーは許されるか？」

　案外核心的な問いです。「床に落とさない」ということと、「相手とラリーを続ける」ということのどちらを優先することが、おもしろいのかということを問うています。バレーボールの面白さの核心は何かを探ることになります。

② 2：2の攻防

【ポイント】

・ 人と人の間にも穴（得点になる場所）があることがわかる。

・ ボールに正対することができる。（頭の上を超えたら回れ
　右）

・ カバーリングの重要性がわかる。

【行い方】

・ 縦 6m 横 3m のコート。ネットの高さは1：1と同じ。

・ 得点係を兼ねた審判をつける。

・ 縦長のコートに前後なって2人が入る。

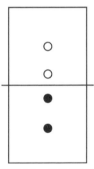

図 2-4-8　2：2の攻防

・ ボールの扱いはオーバーハンドのみとする。片手オーバーハンドは許容。

【ルール】（1：1からの変更点）

・ サービスはコートの中から後衛がオーバーハンドでサービスする。

・ サイドアウト（サーブ権が移行）したら、サイドアウトをとったチームは前後を
　交代する。

・ オーバーハンド以外のパスやスパイクは反則。

・ スパイクではない片手でのオーバーハンドは許容。

【2：2で獲得させたい技術（攻撃戦術）】

・ ライン際、ネット際に加えて、人と人の間をねらってボールを落とす技術。片手
　でのプッシュもあり。

・ チーム内でボールをつないでから返球する技術。

【2：2で獲得させたい技術（守備戦術）】

・ オーバーハンドでバックパスを出す技術。

・ 常にボールに正対し、頭の上を越えたら体を反転させる技術。

・ ボールが自分のところにない時でも、いつでもカバーリングがとれる体勢をとり、自分ではないだれかがはじいたボールをカバーする技術。

【2：2で促したい理解】

・ 人と人の間にも穴があること。

・ カバーリング体勢をとって備えることの重要性。

【2：2の段階の技術の練習方法】

・ 直線3点パス

　オーバーハンドで行います。慣れてきたら、AとBの間にネットがある状態で同じ練習をします。

・ 直線3点パス（その1）

　A→Bバックパス→C→Bバックパス→Aを繰り返す。Bはいつでも

図 2-4-9　直線3点パス

ボールの方向に正対する。（バックパスをしたら180度反転する。）

　Bのパスはいつでもバックパス。バックパスは、球下に入りきらないとうまくいかない。「球下に入る」練習でもある。

・ 直線3点パス（その2）

　A→C→B→C→Aを繰り返す。Bはいつでもボールに正対するのは(その1と)同じ。Bは頭の上をボールが超えたら反転する。「頭の上を超えたら反転」の練習。

・ 直線3点パス（その3）

　A→Bバックパス→C→Aを繰り返す。Bはバックパスを送るために「球下に入る」こととボールが「頭の上を越えたら反転」することと両方行うことになる。

【2：2の段階で考えさせたい問い】

・ 問い「返球までに、チームで何回のヒットが許されるか、また、1人で連続コンタクトが許されるか。」

③3：3の攻防

【ポイント】

・ トス－アタックができる。（中学1年まで）

・ ネット際での動き方。ネットに近づく時と離れる時の判断。（中学1年まで）

- トス－スパイクができる。（中学２年まで）
- オーバーハンドパスとアンダーハンドパスが使い分けられる。（中学２年まで）
- 逆三角形フォーメーションと正三角形フォーメーションの有効性の検証（中学３年まで）

【行い方】
- 縦 6m 横 3m のコート。ネットの高さは 1：1 と同じ。高校生であれば縦 6m 横 6m のコートでも可。
- 得点係を兼ねた審判をつける。
- 縦長のコートにネットに対して逆三角形の位置に 3 人が入る。
- ボールの扱いはオーバーハンドに加えてアンダーハンドも可とする。

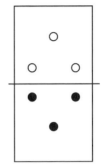

図 2-4-10　3：3 の攻防

【ルール】（2：2 からの変更点）
- サービスはコートの中から後衛がオーバーハンドパスでサービスする。
- サイドアウト（サーブ権が移行）したら、サイドアウトをとったチームはローテーションを行なう。
- オーバーハンド以外のパスやアタックも反則ではない。

【3：3 で獲得させたい技術（攻撃戦術）】
- セットされたボールをオーバーハンドで相手コートの穴をねらってアタックする技術。（中学１年まで）
- セットされたボールをスパイクする技術。（中学２年まで）
- セットされたボールをコースをねらってスパイクする技術。（中学３年まで）
- 中学３年生以降ではスパイクのコースの打ち分け。
- 中学３年生以降ではブロックの技術。

【3：3 で獲得させたい技術（守備戦術）】

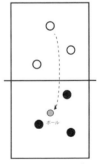

図 2-4-11　レシーバー、セッター、カバー

- 前衛は 2 人。相手コートから来るボールに近いプレーヤーはネットに近づきセッターの役割を担う。ボールから遠いプレーヤーはネットから離れてレシーブの体勢をとる。
- 後衛のひとりは前衛のカバーとサーブレシーブを担う。
- 人と人の間に落ちそうなボールの処理。（交差の原則：サイドラインに近い方のプレーヤーが前、もう 1 人のプレーヤは後ろで交差する。）
- 中学３年生以降では、ブロックにとぶ。ブロックするプレーヤーはネットに近づき、ブロックしないプレーヤーはネットから離れてレシーブの体勢をとる。

【3：3で促したい理解】

・オーバーハンドパスが困難な時にアンダーハンドパスを使うこと。

・ディグの原則。スパイクでくるにせよ、オーバーハンドでくるにせよ、相手チームからのアタックに備えるディグは、アタックしてくる方向に頂角をおいた二等辺三角形を作るという原則。

【3：3の段階の技術の練習方法】

・二等辺直角三角形パス

　3人で直角三角形ができるように立ちます。45度の角の位置をA、直角の位置をB、もうひとりの45度の位置をCとします。A→B→C→Bとオーバーハンドパスを続けます。Bは、イチニッの足運びで向きを変え、これからパスを出す方向に体を向けておいてからボールにタッチできるようにします。向きを変えながら球下にしっかり入ることも重要です。

図 2-4-12　二等辺直角三角形パス

・二等辺三角形パス

　3人で頂角30度くらいの二等辺三角形ができる位置に立ちます。頂角をA、底角をBとCとします。AからBへオーバーハンドパスをします。Bへボールが向かっ

図 2-4-13　二等辺三角形パス

た瞬間Cは前へ出てオーバーハンドで中継してAに戻します。Cは元の底角の位置に戻ります。Aは直上パスを入れてから、今度はCへオーバーハンドパスをします。Cへボールが向かった瞬間Bは前へ出てオーバーハンドで中継してAに戻します。これを繰り返します。

　慣れてきたら、AとB・Cの間にネットをはさんで行います。

・3人のディグ（アタックレシーブ）フォーメーションからのスパイク（約束練習）

　動き方を決めておいて練習する約束練習です。最初は基本形の逆三角形フォーメーションで待ちます。打ってくる相手の近くにいるプレーヤー（図2-4-14では2番）は相手アタッカーに正対してネットに張り付き、ボールが頭の上を通過したら180度反転して、セッターの役割に備えます。図の1番のプレーヤーはすぐにネッ

トから離れて、１
番と３番のプレー
ヤーで二等辺三角
形の底角の位置を
作ります。打って
くる方向を約束し
ておくことで、練
習がスムーズにな

図 2-4-14　３人のアタックレシーブ・フォーメーションからのスパイク

ります。相手コートからの攻撃に対して１番と２番のプレーヤーは、ネットに張
り付くか離れるか逆の動きをすることになります。逆の方向からの約束練習もでき
るようになったら、相手アタッカーが左右どちらから打ってくるか分からないよう
にして練習します。なお、この段階では、練習のスパイクはゆるく打ち（軟打）、
ブロックで跳ぶことも行わないようにします。

【３：３の段階で指導者が押さえておきたい守備の原則】

　バレーボールの守備（ディグやレセプション）のフォーメーションの難しさは、
どのボール（場所、速さ、ラリーの局面）をだれがとるのかの判断の難しさにあり
ます。正面にきたボールであれば迷いはありません。しかし、正面からずれると、
前のプレーヤーがとったらよいのか後ろのプレーヤーがとったらよいのか判断しな
ければなりません。右のプレーヤーか左のプレーヤーかという判断の方が前か後ろ
かという判断よりも難しいことになります。左右の場合プレーヤーとプレーヤーが
ぶつかるからです。ぶつかることを防ぎながらレシーブするには交差する必要があ
ります。左右のプレーヤーの間にきたボールをどちらが前でどちらが後ろで交差す
るのかあらかじめ約束しておく必要があります。これは、プレーヤーの配置（フォー
メーション）の仕方によっても変わります。

　ここまでの話はファーストボールについての話でしたが、セカンドボールについ
ても同じことが言えます。セカンドボールは通常セッターがさわりますから、セッ
ターがさわれる範囲であれば問題ありません。ファーストボールをはじいてしまっ
たあとのカバーをだれがするかという問題です。だれがカバーするかは実ははっき
りしています。はじかれたボールに近いプレーヤーがすればいいのですが、これが
得てして遅れます。ボールがはじかれることを予想するのは難しいからです。ボー
ルにさわっていないプレーヤーはボールがはじかれることを予想しつつサードボー
ルの戦術を選択しなければなりません。

【３：３の段階で考えさせたい問い】

・問い「ローテーションは必要か必要ではないか。」

　1895 年にモルガンによって考案された当初、バレーボールにはローテーションというルールは採用されていませんでした。ローテーションシステムが採用されたのは 1912 年ですので、バレーボールが誕生してから 17 年後になります。

　ところで、バックプレーヤーのスパイクが禁止されたのは 1922 年ですが、その時のルール規定の備考に「これは、ワン・マンの独占権を防ぎ、チームプレーを奨励するためのものである。」という記述があります。

　このことから、ローテーションシステムの導入にもワン・マンプレーを制限する意図が含まれていたと考えられます。ローテーションシステムが必要かどうかという問いは、ワン・マンプレーをどのように考えるかという議論を誘発します。議論が進めば、ローテーションシステムによってゲーム展開と攻守の複雑化が深まったことにも考えが及ぶようにもなるでしょう。

④ 5：5 の攻防

　5：5 はバレーボール学習の最終形です。競技を行うのであれば 9m × 9m のコートで 6：6 のゲームを経験しておく必要があるのでしょうが、授業の場合、5：5 でほぼバレーボールの学習内容を盛り込むことができます。6m × 6m のコートで行う 5：5 が最もわかりやすいと考えます。

　5：5 の利点の第一は、レフトかセンターかライトかという 3 つの中からの選択ではなく、レフトかライトかという 2 つの選択でわかりやすいという点です。攻撃側も守備側も右か左かということに集中できます。ブロッカーもレフト側かライト側のどちらか 1 人が対応するだけです。相手アタッカーに対してマンツーマン対応ができます。

　第二の利点はセッターの役割を固定せずブロッカーが振り向いてセッターになるという点です。セッターがレシーブ位置から走ってきてセットする必要がありません。ブロックから着地した場所がセットするべき場所ということになります。レシーバーもボールが来る方向とセッターにパスする方向が同じなので、相手アタッカーに正対してそのまま正面にボールを上げればよいことになります。

　4：4 や 6：6 は初心者の場合、どうしても中央に穴ができます。中央をだれが埋めるのかということは競技バレーであっても大変難しいのです。5 人であれば中央にひとり配置することになるのでよりラリーの継続につながります。

【ポイント】

・ 攻撃の種類を選択できる。

・ 相手の攻撃に即したフロアバランスがとれる。

【行い方】

・ 縦6m横6mのコート。ネットの高さは、ジャンプをした時にネットの上に頭が
　出ない高さ。
・ 正方形のコートにサイコロの5の位置にプレーヤーが入る。
・ オーバーハンドパス中心で行うが、アンダーハンドパスや
　スパイクを駆使してラリーの質を高めていく。

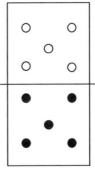

【ルール】（3：3からの変更点）
・ 危険を伴うので、タッチネットは確実にとる。
・ 前衛3人と後衛2人という区分けをする。
・ キャッチ（ホールディング）は禁止。
・ ダブルコンタクト、オーバータイムスについては相談しな
　がら学級ルールで定めることとする。

【5：5の到達点】

【6人と6人のグループで5：5を行う時】

図2-4-15　5：5の攻防

図2-4-16　5：5の到達点

【5：5で獲得させたい技術（攻撃戦術）】

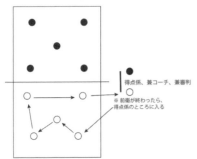

6人グループの場合

得点係、兼コーチ、兼審判
※ 前衛が終わったら、
得点係のところに入る

図2-4-17　6人グループでのローテーション

・ 右や左からの空間差を使った戦術的攻撃。（中学3年生）
・ 右や左からの戦術的な攻撃に対する守備戦術がとれるようになったら、ブロック
　に跳ぶことを解禁する。（中学3年生）

・速攻またはオープン攻撃といった時間差を使った戦術的攻撃。（高校生）

【5：5で獲得させたい技術（守備戦術）】

・フロアーバランスを局面によって変えること。局面とは、右からあるいは左からの攻撃に5人で対応すること。（中学3年）

・ブロックがつくようになったら、ブロックカバーの体勢をつくる。（中学3年）

【5：5で促したい理解】

・自チームが攻撃時、あるいは守備の時のポジショニング。（中学3年生）

・コンビネーションを使ってブロックをかわす3つの法則。時間と空間と人の組み合わせで無数のコンビネーションを作ることができることがわかる。

　　その1：横の空間差→レフトか、ライトか（中学3年生）

　　その2：縦の空間差→前衛が打つか、バックアタックか（高校生）

　　その3：斜めの空間差→その1とその2の組み合わせ（高校生）

　　その4：時間差→速攻かオープンか（高校生）

　　その5：時間差と空間差の組み合わせ→移動攻撃、レフトのAクイックとセンターのセミクイック、レフトのオープンとライトの並行（高校生）

【5：5の段階の技術の練習方法】

・5人のディグ（アタックレシーブ）フォーメーションからのスパイク（約束練習）

　　5人ですが、3人のフォーメーションの単純な組み合わせです。打ってくる方向に対して①③⑤のプレーヤーで扇形にレシーブ体形をとります。④のプレーヤーは後ろにはじかれたボールのカバーリングを意識しています。②①③の二等辺三角形と、②③⑤の二等辺三角形を合わせたようなイメージです。慣れてきたら左右逆の動きで練習したり、どちらから打ってくるかわからないようにして練習します。

【5：5の段階で考えさせたい問い】

図2-4-18　基本形からアタックレシーブ・フォーメーションへ

・問い「バックプレーヤーのフロントゾーンでのスパイクを認めるか」

　　バックプレーヤーのフロントゾーンでのスパイクは自然に出現すると思います。スパイクの得意なプレーヤーがどんどん打てば点数になるからです。しかし、それはみんながやりたいと考えるバレーボールかということを問いたいと考えます。

・問い「得点様式はサイドアウト制とラリーポイント制のいずれを採用するのがよいか。」

サイドアウト制を廃止して、ラリーポイント制を採用する議論は1970年のFIVB総会から始まりました。その理由はテレビ放映や運営の都合によるゲーム時間の短縮です。1988年に第5セットのみラリーポイント制が採用されるようになり、1999年に完全にラリーポイント制に移行しました。約30年もの時間をかけて世界で議論されてきたルールですので、バレーボールの本質に関わる課題がここにもあると考えられます。

・問い「学年バレーボール大会を企画しよう。」「学年統一ルールを考え、大会の運営計画を立てよう。」

バレーボールの学習が進んだら、子どもたちの手による学年バレーボール大会を企画します。各クラスでその都度ルールについて考えてきていますから、クラスによって少しずつルールが異なります。学年内で対抗戦を行うためには、学年統一ルールというべきものが必要になります。その調整や相談も重要な学習です。その際、どのようなバレーボール大会にしたいかというコンセプトから合意形成を図ることが重要です。そしてコンセプトを大会テーマに表します。実行委員長は事前の実行委員会や開会式でそのコンセプトを常に明確に示し続けなければなりません。

(4) 総合的な内容を含んだバレーボールの指導

　なぜ、バレーボールを学ぶのでしょうか。それは、自分たちの願いや思い、夢や希望を、技術やルールや行い方に表していく（織り込んでいく）方法（作法）を学ぶためであると答えたいと思います。願いや思い、夢や希望は世の中を理解する深さによって変わっていくでしょう。逆に、自分たちがバレーボールの世界に織り込みたい願いや思いを考えることは世の中の理解を深めることにつながります。自分たちの願いや思いを技術やルールや行い方に表していこうとすれば、バレーボールの歴史や現在の行われ方を知る必要にせまられます。バレーボールはその技術もルールも行われ方も矛盾だらけのスポーツであることは最初に述べました。バレーボールを世の中の矛盾の噴火口にたとえれば、そこに見られる溶岩を詳しく調べることで世の中を知ることにつながります。世の中を知ることで願いや思い、夢や希望も個人的で局所的なものからより社会的なものへと高められていくでしょう。このような意味でバレーボールの学習は総合的な内容を多分に含みます。各所に総合的な内容につながる「問い」をあげておきました。バレーボールを学習しながら総合的な探究の世界に入り込んでいくことも期待したいと思います。

第5章
ベースボールの指導

1. ベースボールの特質と教材価値

　ベースボールは、打つ、走る、捕る、投げるなどの技術を駆使して、攻撃と守備とを交代しながら得点を競い合う競技です。攻撃方法のメインはバッティングによってランナーを進めることですが、ときには相手のミスによってそれが可能になることもあります。守備では、相手の得点を阻止すること、または最小限度に抑えるためのボールとランナーの動きに対応した組織的プレイ（打球への予測・判断・対応を中心に）が求められます。この競技においては、ボールの扱いに関する個別の技術と、状況に応じてその技術を発揮する力、そしてゲームを効率よく行い勝利を目指すための総合的な力が必要となります。

　したがって、ベースボールの技術的特質は、投打のバランスを軸にしながらの「打って走る」と「捕って投げる」の攻防にあると見ることができます。その観点から、基礎技術を次のように考えます。

　多くの技術の中でもバッティングが中心に位置づくと考えています。打者が打つことによって打球が動き、ランナーが動きます。それらの動きに応じて守備の側が動くという関係にあるからです。バッティングの基礎技術は、投球されたボールからストライクを判断・選択し、バットでミートして正面方向を中心に左右に打ち返すことです。ランナーにはボールと守備側との関係を見ながらの状況を判断して走塁する力が求められます。

　また、守備の基礎技術は、相手のランナーの進塁を防ぎアウトを取るため、ボールを捕って、送球などを状況に応じて行うことだと考えます。一つのボールに複数の守備者が関わり連携プレイが求められます。

　投手の基礎技術としては、ストライクゾーンに安定してボールを投げ、スピードやコースをコントロールして、打者に打たせたり押さえたりすることと考えます。投手がストライクを投げることが、ゲームの充実にとって不可欠です。

2. キャッチボールから三角ベースへの指導系統

　授業においては、一般的な9人対9人のゲームは当面は行わず、3人対3人の

三角ベースから始め、徐々に数を増やして6人対6人での三角ベースを行います。その主な理由は、狭いスペース・近い距離で少人数のゲームを行うことにより、ベースボールの基礎を学びながら特質をみんなが共有することが可能だからです。授業への参加生徒数と校庭や体育館などの施設面からも有効です。（例えば3人のゲームの場合、1か所6人で6か所のスペースが取れれば36人が同時にゲームを行うことができます。）競技コートは、内野の1辺が約15mの正三角形とし、外野はネットや壁などで空間を囲いボールが遠くに行かないように設定します。塁間は、打者が2塁方向にゴロを打った場合、野手がとって投げたら、ギリギリアウトになる位の距離が適当です。本塁から外野の壁までの距離は、3人ゲームでは20m位、6人ゲームでは30～40m位を目安にします。壁まで達した打球を打つと2塁打の可能性がある位が良いと思います。

　また、6人での三角ベースのあと、菱形の4ベース制ゲームを行って正方形での四角ベースゲームに移行します。

〈競技コート（例）〉

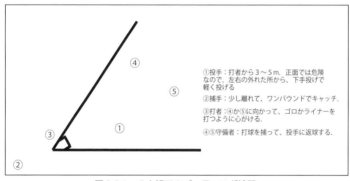

図 2-5-1　5人組でのバッティング練習

（1）からだの使い方とボールの扱い（個別技術）

①からだの使い方（ベースボール技術に関わる共通する使い方）

a. 足を肩幅より少し広めに開き、ひざを曲げて重心を下げ、動きやすい姿勢をつくり、両肘を軽く曲げて、サイドステップとクロスステップを組み合わせて、前後左右に動きます。ボールを想定して上下の動きも行います。

b. 上記の姿勢から、重心を軸足に乗せ、逆の足を軽く上げて踏み出しながら重心を移動し、ひざ、腰、肩の順に動かしねじれを利用して体幹を回転させます。バットをもって振ればバッティングになり、両手を上げて投げる動作をすれば投球動作になります。

c. 肩甲骨や肩、腰など投打の動作に関与する関節の可動域を広げるよう、各部位を
ゆっくりと大きく回したり伸ばしたりします。

②ボールを捕る

a. グラブをはめた手のひらでボールを止めることが大事。ボールの軌道に対して直
角に手を出して止め、ほとんど同時に手を閉じてつかみ、右手を添えてキャッチ
を確実にするとともに、投げる動作の準備に入ります。グラブに5本の指をしっ
かりと入れ、人差し指の付け根にボールの中心が来るようにします。素手で捕る
場合もほぼ同様に考えます。素手で練習した後グラブを使います。

b. ボールの衝撃を和らげるため、手首・肘をゆるめて軽く捕ります。ボールの正面
に動いて捕ることに心がけながら、上下左右のボールの方向と同じ方向にグラブ
に指先が向くようにします。

c. 捕球したら、スムーズに投球動作に入れるよう、グラブに添えた右手でボールを
つかみながら足をステップして投球動作に入ります。

③ボールを投げる（勢いをつけて慣性の法則でボールを飛ばします。）

a. 先ずはボールをにぎる。人差し指と中指の2本または薬指の3本をボールの縫
い目にかけて、残りの指で挟むように持ちます。

b. 手首をリラックスして、指先で回転させるようにアンダーハンドでリリースし上
方に放り上げます。

c. 左足を前に踏み出し、左手を前方に差し出し、腰を回転させて軸足（右足）で地
面をけるようにして腕をスイングさせて山なりのボールを前方に投げます。（本
格的なソフトボールのピッチングでは独特の方法がありますが、ここでは単純な
下手投げによるスローピッチまでとします。）

d. その動作ができたら、オーバーハンドスロー。ボールを持った手を耳の後ろに持っ
て行き、肘を肩の高さまで上げ、そこから前項と同じ要領で体をひねり、前方に
出した左手を引きながら右手をスッと前に出して投げます。

e. 強く投げる時や、遠くに投げる時は、腕を大きく振って予備動作を大きくして投
げたり、ステップして勢いをつけて投げます。

f. 相手の構えたグラブを目標に投げるようにしますが、ワンバウンドして目標に行
くボールを投げる練習も大事です。リリースする指でボールを押さえる練習にな
ると同時に、高すぎる暴投を防ぎ、確実に相手に送球することができるからです。

〈この項の補足説明〉

　ボールを「捕る、投げる」の技術は、上記のポイントを一つずつ意識しながら、

2 〜 4 人組で行うキャッチボールの中で身に付けていきます。また、この後、発展していく各練習の中で活用され、状況に合わせて行いながら技術が高められていきます。2 人で行うキャッチボールは最初 2m 位の距離からボールを相手に手渡すような感じでアンダーハンドで軽く放ります。少しずつ距離を広げながら山なりのボールを投げて行き、感覚がつかめてきたらオーバーハンドで投げます。ゴロやフライなどを織り交ぜることによって実戦的になります。

　3 人で行うときは 3 角形になり、捕ってから約 60 度方向を変えて投げます。4 人で行うときには、四角形になって、捕ってから約 90 度方向を変えて投げたり、10m 位の間隔で縦に並び、捕ってから 180 度方向を変えて投げる中継プレイの練習をします。また、バックアップの練習もします。そうすることでゲームで活用できる練習になります。

　また、ピッチングは「投げる」技術のひとつですが、打者との関係でボールを投げるという特徴があります。様々な工夫や技術が必要ですが、狙ったところに狙ったスピードで投げられるよう、腰の回転、重心の移動、腕の振り、手首のスナップと指先でのコントロールなどを身に付けます。

④ボールを打つ（バッティング）

　バットでボールを打つ行為はそれ自体楽しいことであると同時に、ベースボールのゲームにおいては、得点を獲得する中心的な技術であり（バスケットボールのシュートとゲームとの関係参照）、同時に打球を飛ばすことによって守備機会を提供し、ゲーム全体を活性化・充実させるものでもあります。その意味でバッティングはベースボールの宝であると言えると思います。この宝物をすべての子どもたちに味わってもらうことができるよう、バッティング技術のポイントと練習順序を考えました。

　バッティングとは、ピッチされたボールを見極めてバットで打つ行為です（ラケットを使ったり、ティースタンドの使用については後述します）。まずはバットに当てること。できれば強く当てて、ボールを強く弾き、スピードのある打球を飛ばすことをめざします。そのために振り幅の小さいバントに近い打法から始めて、徐々に振り幅を大きく勢いのあるスイングをすることでボールを強く飛ばすようにしていきます。バッティング技術の向上のため、小手先だけの打ち方にならないよう、重心の移動と腰の回転など体全体を使うことが大切です。

　動作としては、次の通りです。「構える→テークバック→バット・体を止めてボールを視覚でとらえる→打つか打たないか決断する→（打つ場合）スイング・ミート→フォロースルー」。このような一連の動作です。

表 2-5-1　バッティング動作

リズム（声）	動作	機能・意識	
イチ	構える	動作のスタート地点	この動作をするとピッチャーが動作を開始
ニーッ	テークバック	ピッチングに合わせて準備動作	軸足に体重を乗せ他の足でステップ
ノォ	止める（溜める）	ボールを視覚でとらえ	
サ〜ン	スイング・ミート〜フォロースルー		

　ピッチャーの動作との関係で説明すると、①まずバッターが構えてからピッチャーが間合い（長い場合と短い場合とあります）を計って投球モーションに入ります。ですから、「イチ」と「ニーッ」の間はその間合いに応じて決まります。②ピッチャーの手からボールが離れるのに合わせてテークバックしながら重心を軸足に乗せます。③投げたボールが中間点に来たときピッチャー寄りのステップした足を着地させて上体はテークバック姿勢で一瞬止めるようにしてボールを見極めます。④打たないと判断した時は、そこで動作を止め、打つと判断した時はその位置からボールのスピードとコースに応じてスイングしてミートします。

　バッティング動作をメモリで考えると、構え（トップ）がゼロ、テークバックはマイナス1、ミートポイントは4、ミートして腕の伸びきり地点が5、フォロースルーは6〜10。バント打法は4から5くらいまで、小さいスイングは2から7くらいまで、フルスイングはマイナス1から10まで。

a. 打者と投手の2人組で、「手打ち」「平手打ち」、「両手グリップ打ち（脇がしまる、基本を）

b. 3人組でバント打法からスモールスイング（運動学で言うところの準備局面と終末局面を最小限度にして、主要局面をクローズアップさせる練習法である）

c. 5人組（打者、投手、守備1、守備2）で、振り幅を広げる。この練習は、バッティング練習であるが、そのためには投手がコントロール良く投げ、守備者は打球を捕って投手に返球するので、規模の小さな総合練習である。（図2-5-1参照）

d. 投手の投球動作にタイミングを合わせて準備動作を開始します。バットスイングはテークバックした肩の位置からストライクゾーンに向かってダウンさせボールの軌道に合わせて水平にスイングしてミート〜フォローとなるようにします。

e. 空振りや打ちそこなったときは、その原因を考え次のスイングの修正に活かします。たとえば、ボールに対してバットが「下すぎた、上すぎた、早すぎた、遅すぎた」のどれか、などです。

f. 余裕をもって正確に打てるようになってきたら、コースによる打ち分けを意識して行います。真ん中のボールは正面へ、インコースのボールは体を開き気味にして左方向に、アウトコースのボールは腰の回転とバットの回転を遅めにして右方

　　向に打つようにします(右ききの場合、左ききは方向が逆)。それができたら、ボールのコースに関係なく左右に打ち分ける力もついてきます。打球とはバットによって加えられた力の方向に飛ぶものですから、飛ばしたい方向への角度でボールをバットでミートすればよいのです。

　　打つ方法としては、手打ちかバットを使用することとし、ティースタンドやラケットなどは原則として使いません。但し、バッティング練習に十分時間が取れず、ゲームを行なう場合は、みんながベースボールらしさを味わうことを優先し、ミートしやすい打撃面の広い用具 (ラケットなど) を使うこともあり得ます。しかし、ティースタンドにボールを置いてのバッティングでは、元はアメリカのトップレベルの選手の練習用に開発されたものであり、初心者にとってはピッチャーとの関係や動くボールにミートするというバッティングの本質を学び、味わう練習につながらないので、これは有効ではないと考えます。

(2) 三角ベースでの練習
　　攻撃と守備に 3 人ずつのグループを作って行います。

〈競技コート (例)〉

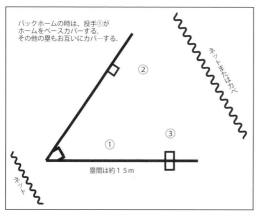

図 2-5-2　三角ベースのコート

①ランナーを意識して、捕って、投げる (守備側の組み合わせ技術)
「打者役」の人が、ゴロを投げて走ります。全員 2 回やったら攻守交代します。
a. ランナーなし
　　守備側は、ランナーを 1 塁でアウトにするため、捕って、投げる。
b. ランナー 1 塁

　守備側は、2塁でのアウトを狙い、次に1塁でのアウトを狙う。

c. ランナー1，2塁（満塁）

　守備側は、ホームでのアウト、次に2塁、1塁での順にアウトを狙う。

d. ランナー2塁

　2塁ランナーの動きによって、ホームでのアウトを狙うか、1塁に投げるかを決める。

②守備を意識して、打って、走る（攻撃側の組み合わせ技術）

　打者は、練習のため、すべて内野ゴロを打つ。この段階では、しっかりと前方に打つことを心がけます。自分の打球がどこに飛ぶ傾向があるかつかみ、慣れてきたら打球のコースを意識して打つようにします。

a. ランナーなし

　1塁から離れた方向に打ち一塁に走る。1塁への出塁を狙う。

b. ランナー1塁

　2塁から離れた方向に打ち、1塁ランナーを進め、自分も出塁するよう1塁に走る。

c. ランナー1、2塁（満塁）

　ホームから離れたところ（又はバックホームに時間を要するところ）に打ち、2塁ランナーを生還させる。

d. ランナー2塁

　打者がやることは同上。2塁ランナーは状況を判断して走塁する。ゴロであっても、明らかに無理な場合は、途中で止まる。

③3対3のゲーム（ゲームとしての総合的技術の最小単位）

〈3人対3人のゲームで学ぶこと〉

a. ヒットを打って、ランナーが走って、得点する方法（攻）

b. 打球を捕ってアウトにする、得点を防ぐ方法（守）

c. 空いたベースやポジションのカバーや連携の仕方（守）

d. 守備のスキをついて進塁したり得点する方法（攻）

e. 場面ごとのルールの基本形とプレイの定石（攻守）

f. 楽しさを知り、さらなる学習意欲を育てる（攻守）

〈3人対3人のゲームの方法・特別ルール（初歩的なもの）〉

a. 打者（三振、フォアボール、ファウル、打球）

　三振、フォアボールなし、打つまで。打球は野手の捕れる範囲のみ、それ以外はファウルボール

b. 投手（位置と投げ方、守備）

　打者から 2 ～ 3m 離れた斜めの位置又は 5 ～ 6m 離れた正面からアンダーハンドで軽く放る。

　キャッチャーがいないので本塁のベースカバーに入る。

c. ランナー（フォースアウトとタッチアウト、離塁）

　塁が詰まっているときは塁への送球でアウト、それ以外はランナーにタッチしてアウト。離塁・盗塁はなし。

　エラーしたボールが遠くに転がったらテークワンベース、それ以外はフリー（最初は気づきにくい）。

d. 安全対策（バット、打球、人との衝突、施設との衝突）

　ボールやバットなどを絶えず整頓しておくこと。打った後バットを放り投げないこと。ランナーと野手が衝突しないようにすること、一塁はダブルベースを採用。守備は声を掛け合う、ボールに対して前後に重なること。危険物を取り除いてからゲームを始める。壁などの間際までボールを追わないこと。

e. チームの協力（アウトカウント、ボールカウント、次にやることを確認しながら）

f. 役割（ゲーム内、ゲーム外）

　守備では、打球を捕る、送球を捕る、それらのバクアップ、空いたベースのカバー。攻撃では、打球を飛ばしてランナーが進みやすくする、ランナーはすばやく判断して進塁・得点。基本はセルフジャッジ。得点などの記録。

（3）4 対 4 ～ 6 対 6 まで（人数が増える意味）

① 4 対 4

　キャッチャーが加わります。キャッチャーの役割は、投手をリードして投げやすくする、状況判断して守備の指示をする、本塁付近の打球への対応、ランナーへの対応などです。

② 5 対 5

　外野手が一人加わります。それにより、守備に深みができます。また、打撃する方は、伸び伸びと長打が狙えるようになります。

③ 6 対 6

　もう一人の外野手が加わります。それにより、守備に深みと幅ができます。打撃する方は、更に伸び伸びと長打が狙え、外野に飛んだ時の走塁の方法にも工夫が生まれます。

(4) 菱形4ベースゲーム

　三角ベースの形のまま、外野側に正三角形をもう一つ描きその頂点を2塁ベースの位置とします。三角ベースから四角ベースのゲームへのつなぎとして有効だと考えます。三角ベースで2塁であったベースは3塁になります。人数は6人対6人、三角ベースの外野の二人の真ん中に2塁ベースができる感じになります。このスタイルの特徴は、1塁と本塁に関わる攻防は三角ベースでの技術をそのまま生かせること、2塁での攻防は、三角ベースでは外野手であった二人が、ベースにもかかわるようになり攻防の緊張感と面白さが増すこと、塁が4つになることでゲーム内容が複雑になり、正方形四角ベースでのゲームへの移行がスムーズになります。ちなみに、歴史的に見ても1945年にルールを考案したカートライトが描いたダイヤモンドは菱形でした。そこから技術の発展に伴って正方形へと変化してきました。

〈競技コート（例）〉

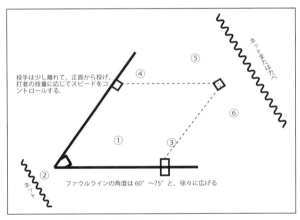

図2-5-3　菱形4ベースゲームのコート

(5) 四角ベースでのゲーム（三角ベースからの発展）

　バッティング技術が向上し、守備力が向上すると、広いスペースでのゲームが可能になります。

　四角ベースでのゲームと三角ベース（菱形ベース）との違いは、以下の通りです。

a. ファウルラインの角度が90度となり、広い範囲に打てる。

b. 塁が4つとなり、ランナーが増えると複雑さが増す。

c. 対角ができ、今までより遠距離の送球が必要になり、ランナーには有利になる。

d. 外野が格段に広くなり、打球が飛べばヒットになりやすいが、バッティング力が
　　向上しないまま行うと、外野までボールが飛ばず、外野手の守備機会が極端に少

なくなる。

（6）11人対11人のゲーム

（外野が広いので5人にする案）

　外野フェンス（壁）の位置にもよりますが、外野の広さと個人の守備能力との関係で、通常の守備位置の間に2人加えることにより、外野に飛んだ打球への対応がすばやくなります。しかし、人数が増えることにより、守備位置によってボールに関与する機会に差が出るので、ローテーションなどの工夫も必要になります。攻撃では、打順待ちの時間が長くなるので、そのときの課題を明確にしておくことが大切になります。例えば、打席に備える、相手チームの観察、ランナーコーチに立つ、ファウルボールを拾いに行く、バットなどの片付け、作戦・指示、記録などです。

（7）9人対9人

　広い外野の守備が3人になるので、打球を予測しての位置取りや動き、走りこんでの守備、お互いを補い合うカバーリングなど幅広い動きや、その逆に接近した時のぶつからないための声の掛け合いなどが大切になります。

（8）補足、その他

①授業計画（例1）3人のゲームまで

a. オリエンテーション（1時間）

b. ボールの捕り方、投げ方、打ち方（2時間）

c. 三角ベースの3人対3人で「打って走る」と「捕って投げる」の組み合わせ練習（3時間）

d. 3人対3人のゲーム（3時間）　〈合計9時間〉

②授業計画（例2）4人のゲームまで

a. オリエンテーション（1時間）

b. ボールの捕り方、投げ方、打ち方(2時間)

c. 三角ベースの3人対3人で「打って走る」と「捕って投げる」の組み合わせ練習（1時間）

d. 3人対3人のゲーム（キャッチャーあり、守備側4人）でランナー2塁からの「打って走る」と「捕って投げる」の組み合わせ練習（2時間）

e. 4人対4人のゲーム（3時間）〈合計9時間〉

③授業計画（例 3）9 ～ 11 人のゲームまで

a. オリエンテーション（1 時間）

b. ボールの捕り方、投げ方、打ち方（2 時間）

c. 三角ベースの 3 人対 3 人で「打って走る」と「捕って投げる」の組み合わせ練習（1時間）

d. 4 人対 4 人のゲーム（1 時間）

e. 5 人対 5 人のゲーム（1 時間）

f. 6 人対 6 人のゲーム（1 時間）

g. 四角ベースで「打って走る」と「捕って投げる」の組み合わせ練習（1 時間）

h. 四角ベース 9~11 人のゲーム（4 時間）〈合計 12 時間〉

④記録の取り方（参考例）

〈個別技術に関して、個人やペアでの技術獲得目標のために〉

　　捕る、投げる：キャッチボールの連続回数

　　打つ：トスバッティングでジャストミートの割合

〈ゲームの事実をみんなで認識し、次の改善に役立てるために〉

　　投手：投球数（内訳　ストライクとボールの数）、対戦した打者数、イニング・アウト数、前方へ打たせた数

　　打者：打席数、成績（三振、フォアボール、ゴロアウト、フライアウト、相手エラー出塁、シングルヒット、2 塁打、それ以上、進塁打、打点）

　　走者：進塁、得点

　　野手：打球処理数、内訳守備成績（ゴロをアウトに、ゴロ止めたがセーフに、フライキャッチ、フライをキャッチして送球アウト）、打球に触れないプレイなど（カバーリング、送球キャッチ、中継プレイ参加、キャッチャーの捕球数、ピッチャーの捕球数）

　　ゲームメイク・チームワーク：作戦参加、意見・発言、声掛け・味方の励まし、笑顔、ハイタッチなど

　　ゲーム：得点表（スコアボード）、イニング毎得点と打者数、所要時間

【参考文献】

『たのしい体育・スポーツ』2012 年 5 月号（特集：みんなができる・わかるベースボール（型）の授業づくり）.

荒木豊『体育の技術指導入門』ベースボール・マガジン社、1979 年.

王貞治のバッティング理論（YouTube、インタビューより）.

クルト・マイネル著、金子明友訳『マイネル・スポーツ運動学』大修館書店、1981 年.

第3部

ボールゲーム
の指導の基礎

第1章
ボールゲームの特質と指導の考え方

1. 学習指導要領におけるボールゲームの指導

　1958年の学習指導要領（以下、指導要領）の改訂以来、それまでは「試案」であった指導要領が学校の教育実践のねらいや内容の基準・規準となりました。ここでは58年の改訂から今日までのおよそ60年間にボールゲームの指導の考え方がどのように移り変わってきたのかを概観してみます。その際、①体力要素と技能の基礎の重視（58年、68年要領）、②「楽しい体育」の提起と機能的特性の重視（77年、88年、98年要領）、③「指導内容の明確化・体系化」（2008年、2017年要領）の大きく3つに区分して、指導の考え方を特徴づけてみようと思います。

（1）体力要素と技能の基礎の重視（58年、68年要領）

　58年の指導要領では体育科の目標として体力目標が最も重視され、「基礎的運動能力」が「技能」の基礎と位置づけられました。次の68年改訂の指導要領でもこの方針が踏襲され、「総則」では学校教育活動全体を通して体力向上を図ることが示されました。この頃から体育科に独自の内容や「系統」が本格的に問題になり始めました。

　58年の指導要領では、個別の動き（要素）や形態の類似性から教材の系統を捉えていました。例えば「バスケット型」の教材系統は「ドッジボール」「ポートボール」「バスケットボール」となっています。また、指導系統の考え方は、個別・個人技能＝「基礎」、連携・集団技能＝「応用」、そして集団技能を使った「ゲーム」という形式的で段階的な組み立てになっていました。

　68年の指導要領では、「個人的技能」「集団的技能」「ゲーム」を関連づけて扱うこととなりましたが、どのように「関連づけて扱う」のかは明らかではありませんでした。そのためボールゲームの系統指導は一種のジレンマを抱えていました。一方で「基礎」―「応用」―「ゲーム」の段階指導では子どもたちが「ゲーム」の面白さをなかなか味わえない、他方で「ゲーム」中心の指導ではゲームの面白さや質が高まっていかないというジレンマです。

　このように、この時期の指導要領の考え方は、ゲームの本質やしくみを明らかにすることなく、現象的な分類や形式的な要素への分解から系統化を図ろうとするも

のでした。そのためにボールゲームの指導のジレンマを解決する内容や系統を示すことができなかったのです。

(2)「楽しい体育」の提起と機能的特性の重視（77年、88年、98年要領）

体力や要素的な技能中心の体育では、子どもたちは運動やスポーツそれ自体の面白さを学ぶことができず、「体育嫌い」を生む結果をまねきました。また70年代は余暇の楽しみが重視されるようになり、生涯スポーツの理念が広がってきました。こうして77年改訂の指導要領では、「運動に親しむ」ことを中心的なねらいとした「楽しい体育」への転換が図られました。そしてボールゲームの指導では「簡単な技能を生かしたゲーム」を楽しむことが内容の柱になりました。

次の89年改訂の指導要領でも「楽しい体育」が継承されました。とくに「楽しさ」を生み出す教材の機能的な特性に着目して内容が導かれるようになります。競争という機能的特性をもつゲームの指導において、「簡単な作戦を立てて」勝敗を競い合う楽しさを味わうことが重視されました。

98年改訂の指導要領では、「楽しさ」につながる教材の機能的特性とともに子どもから見た特性にも注目するようになりました。そしてそれぞれの子どもやチームの課題に応じた指導が重視されるようになっていきました。ボールゲームでは「チームに適した課題」をもって「簡単な作戦を生かしたゲームができる」ことがねらいとなりました。

このように「楽しい体育」では、ゲームそのものの面白さ（その機能的特性）に着目しゲーム中心の指導が行われました。その際、それぞれの子どもやチームの課題に応じて「簡単な技能」や「簡単な作戦」を生かしたゲームができることが内容になりました。しかし「楽しい体育」では、それぞれの課題に応じた技能や作戦の内容と水準がはっきりせず、「楽しさ」という個々の主観的感情に寄りかかって指導を控える「支援」が広がることになりました。ボールゲームが好きで得意な子どもと苦手でプレイに消極的な子どもは、「課題」の違いや「作戦」における役割の違いで分断され、それぞれに相応の「楽しさ」を味わうことが指導（支援）の中心となったのです。その結果、すべての子どもたちが獲得すべきボールゲームの基礎的な技術・戦術やルールに関する内容が不問にされてしまいました。

(3)「指導内容の明確化・体系化」（2008年、2017年要領）

2000年以降「学力低下」が問題となり、それが「ゆとり教育」路線（体育でいえば「楽しい体育」路線）による弊害と目され、その反省から2008年改訂の指導要領では「生きる力」につながる「確かな学力」が重視されるようになりました。

技能のねらいでは、「楽しく行い、動きができる」（低・中学年）、「楽しさ喜びに触れ、技能を身につける」（高学年）となり、「楽しさ」だけでなく、「動きができる」や「技能を身につける」ことが強調されています。また指導内容に関しては、発達におうじた「指導内容の明確化・体系化」が改訂の方針に掲げられました。

　ボールゲームの指導で特徴的なことは、多種多様なボールゲーム（種目）を技術・戦術的な共通性から分類して、「ゴール型」「ネット型」「ベースボール型」といった「型」で教材が括られるようになったことです。（表 3-1-1）いくつかの教材（種目）に共通する学習内容に基づいて教材を選択し、教材を開発するという考え方が強調されています。ボールゲームの領域で共通に学習する内容を考える時の柱として「ボール

表 3-1-1

分類（型）	ゲームの特徴、戦術課題
ゴール型	コート内で攻守が入り交じり、ボール操作とボールを持たないときの動きによって攻防を組み立てたり、陣地を取り合って得点しやすい空間に侵入し、一定時間内に得点を競い合うこと。
ネット型	ネットで区切られたコートの中でボール操作とボールを持たない攻防を組み立てたり、相手コートに向かって片手、両手もしくは用具を使ってボールなどを返球したりして、一定の得点に早く達することを競い合うこと。
ベースボール型	攻守を規則的に交代し合い、ボール操作とボールを持たない動きによって一定の回数内で得点を競い合うこと。

操作」と「ボールを持たないときの動き」が位置づいています。また、発達段階に応じて「易しいゲーム」や「簡易化されたゲーム」などルールや条件を工夫し、特定の技能や集団技能を身につけるゲーム化された練習（「ドリルゲーム」「タスクゲーム」）を導入することが有効だとされました。

　2017 年改訂の指導要領においても、ボールゲームの基本的な指導の考え方や内容は 2008 年要領を引き継いでいます。ただ今度の指導要領では、「知識・技能」、「思考・判断・表現」、「学びにむかう力、人間性」という３つの「資質・能力」にそって、ねらい・内容が整理されています。「運動の楽しさや喜び」を味わうこと、攻防の動き方を理解すること、自己やチームの課題の解決に向けて工夫し、考えたことを他者に伝えることなどに重点がおかれています。

　以上概観してきたように、指導要領はその変遷のなかでボールゲームの指導のねらいや内容、方法について様々な考え方を示してきました。けれども、指導のねらいや内容の体系や系統が本格的に問われだしたのは最近のことです。ボールゲームの指導については次のような観点から研究や実践を深めていくことが必要なのです。

　第一にボールゲームはスポーツとしてどんな文化的・技術的な特質（本質）をもっているのか。

　第二に、ボールゲームの技術・戦術はどのような構造や体系をもっているのか。

　第三に、ボールゲームの教科内容と指導の系統性はどのように構成されるべきな

のか。なかでも、すべての子どもが獲得する必要がある基礎的内容、ゲームの認識、プレイの質の発展はどのように系統化されるのか。

2. 体育同志会のボールゲームの指導

(1) 子どもの喜びを高める技術の内容と方法

　1958年の学習指導要領の改訂をきっかけに体育における系統学習が実践や研究の焦点となりました。当時の指導要領の考え方の弱点については先に述べた通りです。その頃、体育同志会では「基礎からゲームへの指導」でも、「ゲーム中心の指導」でも、「リードアップゲーム」による指導でもない技術の系統立った指導の内容や方法について独自のアプローチを試みていました。

　そこでは「子どもの喜びを高める技術の内容と方法」を明らかにすることがめざされました。「子どもは運動のどんな技術について興味を感ずるのか、またその運動の本質的な面白さと、その基本的技術は何か、そのような本質的な面白さと、その基本的技術とを含んだ、最も単純なゲームや演技は何か、それらはどう発展するのか」という問題が追求されました。さらに、子どもに即して技術の系統を考える際に以下に示す3つの条件を満たすことが不可欠であるとされました。

---

①運動の持っている本質を失わないこと
②その本質の発展につれて子どもの技術が系統的に必然性をもって発展するもの
③子どもの発達段階に応じて運動のよろこびを高め、とびつくように興味や関心がもてるもの

　このような考え方のなかで、過渡的には既存の種目を大胆に改変したバレーボールの「ラリーゲーム」（3対3のパスラリー）、「ラグバス」（ラグビー式バスケット）などの教材開発が実験的に試みられました。そして、60年代のなかばから後半にかけて徐々に指導の考え方が整理されていきました。

(2) 基礎技術と技術学習（指導）の系統性の考え方

　こうして60年代の終わりから70年代はじめにかけて、体育同志会は独自の技術指導の考え方を確立していきます。以下ではその概要を示しましょう。

　体育同志会では、学校の体育という教科は人類がつくり上げてきた運動文化を基盤として成り立ち、運動文化の継承・発展や変革・創造という文化創造の過程に位

置づく営みだと捉えてきました。したがって、体育教材について研究するためには、運動文化としての教材（文化財）の本質（特質）を検討・吟味することが不可欠であると考えました。

「運動文化の本質（特質）」は、運動文化そのものを成り立たせている固有で独自の性質であり、運動文化においては「技術的特質」が文化の本質（特質）の中心に位置づくと考えられていました。こうした考え方を前提に、「運動文化の基礎技術」は、「その運動文化のもつ本質（特質＝他のものでは代えられないもの）を含み、基礎技術の習得によって、その独自のスポーツ技術が次々と進歩（上達）していく核になるもの」と特徴づけられました。そして次の四つの原則的な要件で基礎技術が捉えられました。

---

①学習する運動文化の本質（特質）を形成する最小単位の技術

②最初に練習し、最後（ゲーム）まで質的に発展する内容をもった技術

③学習する運動文化の技術習得については、誰もが必ず体験し習得しなければならない技術

④ある程度の運動量を有し、児童・生徒が興味をもって、容易に習得できる技術

※ただし、④は教育的配慮からの要件であり、原則的には①から③の規定で十分だと考えられています。

さらに「運動文化の技術学習の系統性」については、「基礎技術を中核（ベース）」とした「運動文化のもつ技術発展の原則的（法則的）順次性にそって、教授学的改変（発達・認識に照応した教育学的改変）を加えて」構成されるという考え方が示されました。

このように体育同志会の指導の考え方の特徴は、第一に当該の運動文化に固有の本質（特質）が何かを明らかにする、第二に形式的・機械的な「要素」への分解ではなく固有の特質をもった「最小単位」を導き出す、第三に技術発展の系統を反映しつつも子どもの実態に応じた指導・学習の系統を構成するところにありました。それは当時の指導要領の「系統学習」の弱点や不十分さを克服し、すべての子どもたちに運動文化の本質的な面白さを系統的に確実に獲得させるための先駆的な取り組みでした。

（3）教材（運動文化財）ごとの系統指導

以上のような考え方をもとに、70年代には学校体育における球技領域の主要教

材であるバレーボール、バスケットボール、サッカーについての系統指導の実践と
研究の成果がまとめられていきました。

　球技において「技術的特質」は「得点様式―形式と方法（内容）」に表れている
と考えられました。具体的にはバスケットボールやサッカーでは、「コンビネーショ
ンによるシュート」、バレーボールでは「コンビネーションによるパス・トス・ス
パイク」と捉えられました。

「基礎技術」について、バスケットボールやサッカー
では、上記の「技術的特質」を受けて、「2人のコン
ビネーションからのシュート」と捉えられたのです。

　系統指導は、「最小単位」の2対2をベースにして
ゲームへと発展していく技術の原則的な発展（構造）
に（図3-1-1）、子どもの発達や認識に照応するよう
な「教授学的な改変」を加えて構成されました。（図
3-1-2）

図3-1-1　球技の基本的技術構造

「教授学的な改変」はいわば文化素材の系統
を、子どもの実態や地域・学校の条件に即し
た教材の系統に変換する作業ともいえます。
そこには、ある程度共通かつ一般的な子ども
の認識や発達に照応させた一種の原則的・典
型的な系統という面と、現実の子どもの実態
や学校の実情に即した現実的・特殊的な系統
という面を合わせ持ったバリエーションがあ
ります。

「基礎技術」の考え方も同様です。「2人の
コンビネーションによるシュート」という
「基礎技術」は、現実にはある特定の状況・
条件におけるプレイとして実体化されます。

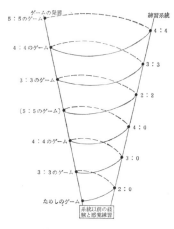

図3-1-2　指導系統とゲーム人数の発展の
模式図

その場合、普遍的・本質的な内容を含み込んだある現実の
プレイの形で「典型化」されることになります。例えば図
3-1-3はバスケットボールの「基礎技術」を身につけるた
めの「2：0」と言われる「典型」プレイを図示したもの
です。これは、攻防関係を想定していながら、学習者の発
達や認識や経験に応じて一つの典型に具体化（「改変」）し
たものです。そのねらいは、第一に「ショット」という「得

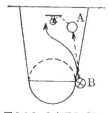

図3-1-3　2人でのパス・
ショットの典型

点する」ための技術の面白さに集中し習熟を図れるように、相手がいない状況（外乱が少ない）にする。第二に「一人はショットできる位置を占め、もう一人がそこにパスをつなぐ」というプレイに、ショットできる場所を支配するコンビネーション（2人の関係）の最も一般的でシンプルな形を見いだし、それをやがては「防御を破って」創り出さなければならないプレイの原型と見なしたということです。また、この典型化された「2：0」は、子どもの認識や習熟の実態に応じて、実は多様な実際の形（バリエーション）を含み込んでいます。つまり、①角度（位置）を変えた2人の練習、②動き、ステップ、ドリブルを含んでキャッチ・ショットする2人の練習、③リターン・パスを含んだ2人の練習といった多様な形態への変形や展開が可能です。

(4)「時空間」という考え方に基づく技術指導

　70年代のボールゲームの技術指導は、その頃の指導要領が示し得なかった、技術的な高まりとゲームの面白さの追求の両面を関連づけた指導を可能にするものでした。それは学びの主体であるすべての子どもの実態に即した指導を重視した成果でもあったといえます。

　その後80年代に入り、主体の実態に関わらず客観的に存在している文化・技術の構造をより深めていく必要性が提起され、また防御との関係で攻撃の指導をした方がよいのではないかという問題提起がされて、バスケットボールを中心にその理論的・実践的研究が進められました。

　そうした研究の成果は、「バスケットボールの技術は攻防関係による『最重要空間』の争奪戦の技術」という表現に端的に示されています。この新たな提案のポイントは次のようにまとめることができます。

　第一に、球技の客観的な技術のしくみを「攻防関係」を軸に発展・統合していくという考え方を提案しています。第二に、プレイする主体が働きかける対象を空間（時空間）と捉え、空間への働きかけ方として技術を考えています。バスケットボールに関していえば、「シュート可能な空間にノーマークを作り、そこに防御を破ってボールを運びこみ、得点する」ことを目的とするゲームであり、「空間をめぐる攻防関係が技術の中核になる」と捉えられました。第三に、ボールゲームの特性から攻防において最も重要な意味をもつ「シュート可能」で「ノーマーク」の空間が「最重要空間」と表現されました。そして第四に、技術を構成する攻防関係に活用される手段として、①ボール（道具）、②ゴール、ラインを含むコート（場）、③一方の動きに他方がどう反応するかという人間関係の法則を含む情報（人間関係）があげられ、これらの手段が「攻防関係による『最重要空間』の争奪」において関連

づけられ統合されたものが球技の技術であると捉えています。（図3-1-4）

　このように攻防関係を単位とする技術の捉え方から、教材配列の原則として、「2：2」の攻防関係を最小の単位として「攻防関係を単純から複雑へと系統化」することが主張されています。（図3-1-5）

　このような提案から新たなボールゲームの指導に関する研究課題が浮かび上がりました。

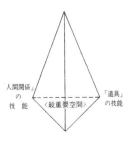

図3-1-4　バスケットボールの技術

　第一にボールゲームの技術研究は、学校体育における指導のために教授学的な観点から検討しなければならないが、他方で、社会的・文化的に客観的に存在しているボールゲームの文化的様式や技術・戦術体系を明らかにすることが必要であること。

　第二にボールゲームの技術指導に関しては、「攻防関係」に関する技術・戦術内容をゲームの質的発展にそくして系統的に指導するための研究が必要であること。

　これらの課題にこたえるために、80年代の終わりから90年代にかけてボールゲームにおける戦略・戦術の研究が注目されるよう

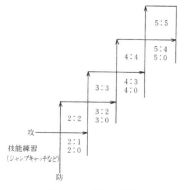

図3-1-5　教材の系統

になっていきました。ボールゲームにおいては技術がゲームの「戦略・作戦・戦術」と不可分に結びついています。また、技術指導の中核とされてきた「コンビネーションからのシュート」は、ゲーム（攻防関係）における具体的な「戦術」の中で活かされます。ボールゲームの全体システムがもつ運動文化としての特質（本質）を改めて捉え、全体システムに応じた指導内容の体系化と系統化の研究が求められてきたのです。

（5）ボールゲームにおける戦略・戦術の指導

　スポーツという運動文化は「競技」という様式をもちます。ですから技術の指導内容について考える際にも、競技力を高めることとの関連や、競技という様式をもつスポーツ実践に役立つ科学の成果をふまえることが大切になります。それは、とくに中学や高校など子どもの発達・学校階梯が高い段階においてボールゲームの指導内容を考える際、競技としての特性が際立ってくる中で何を教えるのかという問

題にも関わります。また、「練習ではうまくできるが試合・ゲームになるとうまくできない」、「せっかく練習したことが試合・ゲームに生きない」という多くの体育実践で見受けられる指導上の悩みに答えていくことにもなります。

　競技としてのボールゲームの試合（ゲーム）そのものを学習内容にしていくこと、学習や練習が試合（ゲーム）における成果につながっていくように指導内容、指導系統、指導方法を明らかにすることが、戦略・戦術の指導を考えるとき重要になります。

　とはいえ戦略・戦術についての指導は、単に競技としてのボールゲームを「出来合いのもの」として子どもたちに受容すること求めるものではありません。戦略・戦術学習の意義は、競技・試合のすべての局面を自らの意志や判断で主体的につくり上げていく自立したスポーツ愛好者（スポーツの主人公）を形成すること、そのために大切な学習内容は何かを明らかにする点にあります。チームの練習や試合においては、ともすれば監督やコーチ、あるいは教師が試合の方針やプラン、練習計画や内容を決定し、選手や生徒たちは言われるまま行動する姿が見受けられます。このような中では戦略・戦術的な思考や判断の力が選手や生徒たちに育ちません。しかしスポーツの主人公は、何のために、どんなことを、どのように取り組めばよいのかを自覚的に考え判断し実行する力をもつ必要があります。チームづくり、試合のプランや作戦づくり、試合にむけた練習計画づくりなど、スポーツ活動のすべての局面を当事者として自主的・主体的に進めていくために、戦略・戦術についての認識・思考・判断と実施運営の力を身に付けていくことが必要です。

　わたしたちが、戦略・戦術学習を重視するのはそのためなのです。

【参考文献】
学校体育研究同志会編『バスケットボールの指導』、ベースボールマガジン社、1973.
学校体育研究同志会編『サッカーの指導』、ベースボールマガジン社、1974.
学校体育研究同志会編『体育の技術指導入門』、ベースボールマガジン社、1974.
森敏生「体育同志会の球技研究史を探る」、『運動文化研究』Vol.28、2011.

第2章
ボールゲームの教育課程

1. 体育の教科内容とボールゲームの位置づけ

(1) 体育の教科内容の柱とボールゲームで教えること

　体育の教科内容は、運動文化（スポーツ）の主人公にふさわしい学力を子どもたちに獲得させることをめざして編成されます。そのためには体育の教育課程において運動文化（スポーツ）を総体として（まるごと）体系的・系統的に子どもたちに学習させる必要があります。運動文化（スポーツ）の総体は技術性、組織性、社会性という三つの相互に関連しあった側面からなると捉えられます。これにそって体育の教科内容は、技術性に関わる内容、組織性に関わる内容、社会性に関わる内容を三つの柱（領域）として編成されます。

　こうした体育の教科内容の柱と基本的な内容事項にそってボールゲームで教えることの全体像（小学校から高校までの12年間で教える内容事項）を以下に示します。

Ⅰ．スポーツの技術性に関わる内容
　1．技術的内容
　　ゲームの戦略・戦術・コンビネーションの構成
　　ゲームに特有の時空間の認知
　　身体操作とボール操作
　2．技術学習（練習）の系統性
　　基礎技術と基礎戦術の認識
　　系統的学習とスモールステップ・バリエーションの理解
　　学習課題のイメージ化・言語化・概念化
　3．パフォーマンスの分析方法
　　ゲーム観察の方法
　　ゲーム記録の方法
　　ゲームの分析と総合の方法
Ⅱ．スポーツの組織性に関わる内容
　1．グループの組織化
　　グループ編成の仕方
　　グループの機能・役割分担
　2．グループ運営（計画―実施―評価）
　　グループ方針・目標形成
　　グループ戦略立案（試合戦略、練習計画）

　　　練習の実施運営とコーチング
　　　反省・評価とフィードバック（ミーティング）
　　３．ゲーム・ルールづくり
　　　ルールの意味（ルールの根拠・理由）
　　　ルールの仕組み（本質的・構成的ルールとその他）
　　　ルールづくりの手続き（合意形成、異議申し立て）
　　　ゲームの規範の共有（フェアネス、ルール遵守）
　　　審判法とオフィシャル
　　４．競技会の企画と運営
　　　競技方式と特徴（リーグ、トーナメント）
　　　競技会の企画（順位、組み合わせ、開閉会式）
　　　競技会の運営と管理（実施運営、結果管理）
　　５．試合の鑑賞・評価
　　　試合（ゲーム）の鑑賞
　　　試合の「良さ」の基準
　　　美的（魅力的、美しい、感動）プレイ
Ⅲ．スポーツの社会性に関わる内容
　　１．ルールと戦術の変遷史
　　　ボールやゴール・コートの開発・変化
　　　ルールの編成と戦術の発展史
　　２．ボールゲームの文化史・発展史
　　　ボールゲームの競技化と大衆化
　　　ボールゲームのグローバル化とローカル化
　　　メディアスポーツとしてのボールゲーム
　　　ディサビリティスポーツとしてのボールゲーム
　　３．ボールゲームの振興と主体形成
　　　ボールゲーム振興に関わる法・政策・行財政
　　　組織・団体のガバナンス
　　　愛好者の拡大と組織化（サポーター）

(2) 中核的内容としての「戦略・作戦・戦術」

　ボールゲームはそれぞれの種目に固有の様式をもっています。勝敗に関わる得点形式、ゴールやコートといった様々な形状と広さをもつ競技空間、独特の区切り方や構造をもつ時間秩序があり、非日常的なゲームの時空間がつくられます。その中でプレイヤーはボールを介して常に相手（集団）と対峙しながら攻防が繰り広げられます。このようなボールゲームに固有の特質によって、多種多様なスポーツ文化のなかでもボールゲームは、勝敗をめぐる「戦略・作戦・戦術」の学習に最も適した運動文化素材だといえます。
　上記の技術性、組織性、社会性の三つの柱からなる教科内容およびボールゲーム

で教えることがらの中核にこの「戦略・作戦・戦術」が位置づいています。技術性に関わっては戦略・戦術の認識、構成、分析が、組織性に関わっては競技方式に応じたグループ戦略、試合戦略の立案、実行、反省・評価が、社会性に関わってはルールと戦術の変遷史ならびにゲームの発展史が位置づけられています。こうした「戦略・作戦・戦術」が中核となってその他の内容と相互に関連づけられてボールゲームのカリキュラム（指導・学習の体系や系統）が構成されます。

(3) 組織性に関わる内容の位置づけ

　ボールゲームでは勝敗という競技の結果は常に相対的な意味合いを帯びています。相手次第では自分たちのできぐあいが素晴らしく良くても負けることがあり、逆によくないできでも相手に勝つこともあります。また、トーナメント戦という競技方式では次の段階に進む上で勝つという結果が絶対条件になる一方、リーグ戦という競技方式では各試合の勝敗だけではなく相手の戦績を含むリーグ戦全体を視野にいれながら試合を進める戦略思考が必要になります。競技方式に応じた試合の進め方（戦略）や試合結果の受け止め方がボールゲームでは重要になります。したがってボールゲームでは、勝敗の相対的な意味合いを自覚的に反省し、単に試合の結果だけではなく競技方式における試合の重要度やそれぞれの試合の内容（できぐあい）について評価・判断ができることが大切です。それには、競技・試合の方針や目標と計画的見通し（戦略）を独自に持っていること、その戦略のもとで試合の各局面をどう戦うかの戦術的内容をはっきりさせておくことが必要です。

　このような独自の戦略・戦術内容をもつということは、相手に勝る可能性を最大限追求する合理的な判断という面と、自分たちが抱くゲームの理想や価値を試合の戦略や戦術に具体化するという面をもっています。例えば「チームのメンバー全員の力を生かして試合で最善の結果を出す」といったチームの方針や目標には、上記の両面にわたるチーム独自の主体性と共同性が表現されています。こうしたチーム方針や目標は、一方でボールゲームが客観的に求める価値（競い合いにおける卓越性、戦術・技術の向上）に照らして妥当性が問われます。他方でまた、方針や目標形成の際のメンバーの合意形成や、方針や目標の追求の仕方に対するメンバーの納得度によって正当化されます。

(4) 社会性（歴史性）に関わる内容の意義
①ボールゲームの起源と発展史

　ボールゲームは多様なスタイルで世界中の多くの人々が楽しむ運動文化です。ボールゲームにはフットボールのように民衆の伝統的なゲームをルーツにもつもの

と、バスケットボールやバレーボールのようにレクリエーションなどの目的・意図をもって人為的につくり出されたものがあります。またバスケットボールがフットボールを室内ゲーム向きに改良するという発想のもとで開発されたように、多種多様なボールゲームは文化的な系統や体系をもっています。

　サッカーやバスケットボールなど、多くのボールゲームでは国際組織化が進んでいます。サッカーやバスケットボールといったメジャーなものでは、世界中の国と地域から 200 以上の協会が国際組織に加盟しています。サッカーの競技人口は 2 億 6500 万人、バスケットボールの競技人口は 4 億 5000 万人といわれています。メジャーなボールゲームはオリンピック競技種目になっており、世界選手権あるいはワールドカップという世界中が注目する国際大会も開催されます。まさに世界中に広がるグローバルスポーツなのです。

　他方で、何百人、何千人の地域住民が参加する「祭りのフットボール」（マス・フットボール）が民衆の伝統的ゲームとして継承されています。フットボールが伝播・普及していった国々でアメリカンフットボール、オーストラリアンフットボール、カナディアンフットボールなど地域に固有な形態も創り出されています。（図 3-2-1）

　このようにボールゲームは一方では国際的競技としてグローバル化して世界中の注目を集め、他方ではローカルな伝統的ゲームあるいは国や地域で特色をもった多様な形態で楽しまれているのです。

　ボールゲームの起源と発展、グローバル化

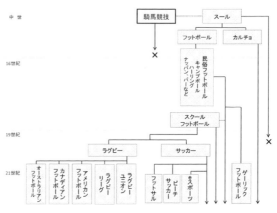

図 3-2-1　フットボールの歴史の概念図（中房、2018）

やローカル化の動向など、歴史的・社会的な発展・豊穣化の過程を学ぶことで、ボールゲームの文化としての理解が深まります。国際的に統一された競技形式への洗練・発展、伝統的形態の継承と創造など、共通の本質的特性を持ちながらも多種多様な固有の形態が生み出され、それぞれの時代や国・地域の担い手たちによる豊かな継承・発展・変革・創造の動態や位相が伺えます。こうしたことを学ぶことは、体育授業におけるゲーム・ルールづくりの歴史的・社会的意味を探ることや、これから

のボールゲームの変革・創造を洞察する手がかりとなるでしょう。このような意味で、スポーツ文化を変革・創造する担い手を育てるうえで重要な学習になると考えます。

②ボールゲームの現代的様相

　現代スポーツの実像のなかでグローバル化するメジャーなボールゲームは、ナショナリズムやコマーシャリズムと強くつながっています。ボールゲームが盛んな国では、国境を越えてトップ選手が活躍する世界最高水準のプロリーグが形成されています。国際大会においては各国の代表選手が国民の熱狂的な応援を受けて世界の頂点をめざした戦いが繰り広げられます。国内リーグにおいても国際大会においても、メジャーなボールゲームに対しては、グローバル企業がスポンサーとなり、巨大メディアが莫大な放映権を支払って膨大な資本が投入されています。世界の人々を感動させるトップ選手達の素晴らしいプレイやゲームは「メディアスポーツ」として世界中に配信されます。文字通り世界最高峰の戦術や技術が最先端の映像技術を駆使して身近な生活空間に届けられるわけです。ワールドカップ、オリンピック、世界選手権などは「メディアスポーツ」として消費・享受されて、政治やその他のどんなジャンルや出来事にもまして熱狂的なナショナリズムを掻き立てる文化装置、文化イベントになっています。

　こうしてボールゲームの現代的・社会的様相では、国民や民衆の圧倒的多くは「観衆」や「視聴者」として「見るボールゲーム」を享受していることになります。したがって、ボールゲームのこれからの発展に国民や民衆がどう主体的に関わるかという点で、「メディアスポーツ」を分析・鑑賞・批評するメディアリテラシーの水準が問われます。

　他方で、生涯スポーツとして「するスポーツ」の実態としては、特定のスポーツ手段を要しない散歩・ウォーキングや体操の実施者が多く、ボールゲームで実施率が比較的高いのは商業スポーツが提供するボウリングやゴルフになっています。このことはわが国ではボールゲームを「する」環境・条件の整備が不十分であることを物語っています。最近では、フットサルコートに集った人たちが緩やかなネットワークを形成してミニサッカーを楽しむというスタイルもあるようです。

　ともあれ、学校期に人気の（実施率の高い）ボールゲームの殆どは、生涯スポーツの場面ではそう簡単に実施できない実態があります。ボールゲームを実施するための環境・条件の整備状況、振興のための政策や行政や団体の取り組み、地域スポーツクラブなどの活動、あるいは新たな享受スタイルの創出など、これからの社会においてボールゲームを楽しむための環境・条件なども、学んでおきたい社会的内容

になるでしょう。

2. 子どもの発達段階とボールゲームの学習内容

(1) ボールゲームに求められる多面的な能力

　学校体育（小学校、中学校、高校）におけるボールゲームのカリキュラムでは、「戦略・作戦・戦術」の内容を中核として、技術性に関わる内容、組織性に関わる内容、社会性に関わる内容が、子どもの発達課題に応じてトータルに編成されます。

　ゲームというプレイ場面に限定しても、ボールという道具の操作、特有の時空間の認知と状況判断をともなう身体操作、味方のプレイヤーと相手のプレイヤーを含む他者の認知と行動の予測判断、ゲームのルールや規範の理解とそれに沿ったゲーム中の行為のコントロールなど、多面的な能力が要求されます。

　ボールゲームではルールで定められた時空間的な制約のなかで、ボール操作、ボールを持たない動き、味方や相手といった他者との協同や対峙関係が求められ、複雑で刻々と変化する状況において予測・判断、意思決定、最適な行為 (プレイ) の選択と実行を行う必要があります。様々なスポーツ分野のなかでも最も複雑な課題を解決することが求められます。それだけに、ボールゲームのカリキュラムにおいて学習のねらいや内容を決めていくためには発達段階（年齢や学年）に考慮して基礎的なものから複雑なものへの体系や系統を考える必要があります。また、単に発達段階だけではなく、ボールゲームで求められる諸能力の学習経験、習得状況もまた充分に考慮しなければ、適切な指導内容を導くことができません。

(2) ボールゲームの発達段階・階梯に応じた学習課題

　前述のように、ボールゲームには多様な能力発達の要件と学習経験が深く関わっています。それだけに、発達と学習の両面を考慮して最適な指導内容を導くとともに、発達・学習の段階を固定的・機械的に捉えずに学習者の実態に即した柔軟な対応が大切になります。そのような意味で、ここでは次のような大枠の発達段階・階梯を設定し、発達に応じたボールゲームの学習課題の重点化と系統的な構成を提案したいと思います。

①小学校低学年から中学年の段階

　最初の段階は、いわゆる「9、10才の質的転換期（壁）」を節目とした、それ以前の小学校低学年から中学年までの初期的・基礎的な学習の段階です。この段階は、課題や対象に応じた身体運動を構築するコーディネーション能力や感覚運動的なコ

ントロール能力の急速な発達に応じて、遊び（ゲーム）的な要素を含み比較的単純で具体的な対象や場面がはっきりした教材によって、初歩的・基礎的な技術・戦術的能力を形成する段階です。ここでの中心課題は、ゲームに不可欠な基礎的なボール操作や身体操作を身につけること、得点に関わる攻防空間を明確な目印を手がかりに認識できるようになること、これらをベースに、味方や相手との最小単位（2人〜3人）の人間関係（攻防関係）をつくる方法を獲得すること、そして、ゲームの基本的概念をつかむことにおかれます。

②小学校高学年から中学校前期の段階

　次の段階は「9，10才の壁」を越えて論理的・抽象的、合理的な思考が可能になる小学校高学年から中学校前期の段階です。この段階では、対象を客観的に分析し対象の機能や性質にかなった働きかけができるようになり、自己中心性を脱して主体的に集団的・組織的な活動が可能になってきます。ここでは本格的なゲームの戦略・戦術学習に入っていきます。教材化されたゲームの時空間がプレイヤーに求める客観的な要求内容を認識し、それにもとづいて自分達のチーム戦術を合理的な根拠をもって考え改善し発展させていく学習です。ゲームの時空間の戦術的な使い方を知的・概念的に理解し、他者とのコンビネーションや戦術プレイをより意図的で組織的にコントロールできるようにしていきます。ゲーム目標や課題、ゲームのルールについても互いに意見を出し合い、問題があれば集団的・組織的に解決していくようにします。

③中学校後期から高校の段階

　第三の段階は、ものごとをいろんな観点から体系的に把握し、ものごとの成り立ちや根拠にも目をむけるようになり、社会や歴史的な認識世界も広がる一方で、からだや内面の劇的な変化に自我の葛藤や危機と対面しながら、より個性的な自立に向けた発達を遂げていく段階です。それは、中学校の後期から高校段階までの個性化と社会化がすすむ段階です。この段階では、既存のゲームのルールや戦略・戦術自体を批判的な学習の対象にすることができます。それらに反映されたゲーム理念や文化的・技術的特性にさかのぼって問い直し、ゲームについての文化的認識を深めていきます。また、自分たちの要求や理想と照らし合わせて批判的な考察視点を設定し、ゲームのルールや戦略・戦術のより個性的で創造的な構成を図っていきます。こうして自分たちの実態と理想や要求に応じた試合の競技方式やルールを工夫し、試合・ゲーム全体の戦略を集団的に立て自分たちにあった戦術的工夫を盛り込んでいきます。試合にむけた練習計画・試合の実施運営・試合結果の総括を含めて

主体的・協働的に試合の全局面を自分たちでマネジメントします。

　ここで述べてきた発達段階・階梯に応じた指導内容の設定は、発達段階・階梯に幅をもたせて理解する必要があります。これは、例えば中学や高校での指導であっても、それまでに十分な既習経験が無ければ、補充学習的な意味でそれより前の段階に位置づく学習内容を精選して学ぶことが必要になることを意味しています。

　また、例えば中学校段階においてボール操作の経験や能力が不十分な生徒の指導では、限られた授業時数の中でボール操作の習熟を図ることは困難かもしれません。しかし、コンビネーションや戦術プレイについて知的に理解することが可能であり、コンビネーションや戦術プレイの面白さを味わうことはこの発達段階に相応しい学習課題です。このような場合、ボール操作の未習熟にともなうプレイの制約をルールや用具の工夫により緩和し、発達段階に相応しい戦術的な工夫の面白さが重点的な学習課題になるような教材づくりが必要です。

　以上のように、発達段階・階梯に応じた学習課題と学習内容の構成を考える場合には、子どもの実態に応じた柔軟な対応が求められるのです。

3.　年間指導計画におけるボールゲームの位置づけ

　年間指導計画は教師が自主的に立てるものです。教育課程を編成する権限は、学校とりわけ子どもと直接向き合って子どもたちの学ぶ権利を実践的に保障する教師に付託されています。教育委員会の指導資料に示された年間指導計画をそのまま、あるいは多少修正して使っているだけでは、子どもたちの実態やニーズにそぐわないかもしれません。このことを念頭に、ここでは年間指導計画におけるボールゲームの指導の位置づけについて述べてみたいと思います。

　年間指導計画は、その学年の子どもたちにどんな力や認識を育てようとしているのか、どんな子どもに育ってほしいのかという目標イメージに方向づけられています。したがって、学年の体育に関わる目標にそってボールゲームの指導でめざす能力や内容が描き出される必要があります。これについては前項の「ボールゲームの発達段階・階梯に応じた学習課題」が大枠の手がかりになります。

　前項でも述べたように、ボールゲームという教材（文化財）が子どもに求める能力や認識は多様です。ボールゲームでは複雑で刻々と変化する状況について、時空間的な制約の中で予測・判断、意思決定を行い、最適な行為（プレイ）の選択と実行を行う必要があります。他の運動領域よりも行為の自由度が大きく複雑な技術・戦術課題を創造的に解決することが求められるのです。このようなボールゲームの特質から、体育で扱う様々な運動領域の中でも、ボールゲームは「戦略・作戦・戦

術」を教科内容（学習内容）の中核とする領域です。したがって、年間指導計画においては、「戦略・作戦・戦術」を中核としながらも複雑な学習課題のなかで何を重点的に教えるのかを絞り込み、子どもの認識・思考や興味・関心に応じた教材化と単元構成が必要になります。具体的には年間計画におけるボールゲームは以下のような観点から位置づけられることになるでしょう。

（1）大単元で仕組むこと

　教科内容の重点化に応じた教材化を図ったとしても、多様な学習経験や運動能力・技能をもつ子どもたちが、ゲームのルールや作戦・戦術などについての検討・吟味や工夫を交えながらゲームそのものが楽しめるようになるには、それなりの学習時間の保障・確保が必要です。ボールゲームの単元は標準的に考えてもおよそ10時間から15時間程度の大単元として設定することが適切です。

（2）主体的・協同的なグループ学習

　ボールゲームにおける異質グループでの主体的・協同的な学習は、一般的に他の運動領域における学習よりもむずかしい面があります。それは、多くの場合、ゲームの観察・記録・分析する方法がむずかしい、ゲームの課題と技術・戦術練習の課題を結びつけることがむずかしい、自分たちの上達を相手がいるゲームの相対的結果のなかでクリアに捉えることがむずかしいなどの理由からです。また、チームというボールゲームの集団とグループ学習という学習集団が混同され、チームとしての盛り上がりやまとまりを学習集団としての高まりと誤認されることもあります。

　このようなことから、単元計画においては、陸上運動領域や器械運動領域の教材単元の中でグループ学習（学習集団）の方法を学びグループ学習の意味や成果を実感する経験をしたうえで、ボールゲームのグループ学習に取り組むよう、年間指導計画においては学期や学年の後半に位置づけられることが適切だといえるでしょう。

（3）中核となる学習内容の系統

　いくつかのボールゲーム教材を年間計画に盛り込む場合シーズン的な考慮も必要ですが、「戦略・作戦・戦術」という中核的な内容やゲームのルールづくりといった学習内容の系統的関係を考慮する必要があります。

　例えば、小学校中学年の年間指導計画における教材の系統的配列を想定してみると、戦術学習がよりわかりやすい「フラッグフットボール」をまず配置し、みんなで話し合い作戦を立ててゲームする面白さを実感させます。次に「ラグハンドボー

ル」で作戦づくりとともにルールづくりにも取り組ませます。とくに攻防で最も重要なゴール付近の場のつくり方や攻防プレイに関わるルールづくりが焦点になるでしょう。そしてこれらの教材に続いて、「サッカー」や「ネットボール」などボール操作やゴールテクニックを要するゲームを教材に、グループのメンバーみんなが相手を破ってコンビネーションを成功させる技術・戦術学習に挑戦させるといった具合です。

（4）体育行事など教科外活動との関連

　年間計画においては、体育授業におけるボールゲームの指導と球技大会、クラスマッチといった体育行事や、クラブ活動との関連を考えて単元を設定する必要もあります。体育授業ではグループのみんなでボールゲームの戦術やコンビネーションを駆使したゲームを楽しむ学習や、ルールの意味を考えながらのルールづくり、試合や競技形式の企画や運営・管理の基礎となる学習が仕組まれます。こうした授業で学習した内容が球技大会やクラスマッチの企画・運営や、行事に参加した時のゲームの内容と楽しみ方に生かされることになります。つまり、体育で学習した内容をいっそう自主的な取り組みとして自分たちの力で作り上げる経験をする場が体育行事です。体育行事を通して、子どもたちは体育授業で学習したことを実践的に試し総括して生きた力として身につけることができるのです。

【参考文献】
学校体育研究同志会『体育理論の指導』ベースボールマガジン社、1978.
学校体育研究同志会教育課程自主編成プロジェクト編『教師と子どもが創る　体育・健康教育の教育課程試案』創文企画、2003.
中房敏朗「歴史としてのフットボール」『運動文化研究』Vol.35.、2018.

第3章
ボールゲームの教科内容の体系と系統

1. ボールゲームの教科内容と学習課題

　ボールゲーム教材で身につける力として、まず技術・戦術（戦略・戦法含む）の習得を挙げることができ、クラスの仲間と「ともにうまくなること」が求められます。

　また、これらに関わりながら技術・戦術以外の内容（以下、総合的内容と呼ぶ）を学ぶことになります。総合的内容には、組織・集団に関わることや、歴史・社会性に関わることがあります。組織・集団に関わる内容としては、メンバーの合意形成が中核となり、クラスの仲間と「ともに楽しみ競い合うこと」が求められます。

　さらに、歴史・社会性に関しては、仲間と「ともに意味を問い直すこと」が求められます。

2. ボールゲームの基礎技術・戦術の考え方

(1) 球技の技術的特質と「基礎」の再考
①球技の技術的特質
　第3部第1章で述べられているような体育同志会の球技研究史の流れを踏まえ、球技の技術的特質について、ここでは改めて攻防の両面を含めて、「攻防関係における状況判断を含むコンビネーションによる戦術課題の解決」と整理しておきます。

　この技術的特質の考え方では、第一に、攻防関係における状況判断能力が戦術課題を解決する能力の中核と捉えられています。第二に、戦術課題は味方同士のコンビネーションによって解決されると考えられています。コンビネーションは、攻撃のコンビネーションについて言えば、攻撃の組み立てや攻撃の終結（シュートなど）の場面で、2人以上のプレイヤーが、時間的・空間的に相互に同調し連動して行動することです。

　なお、攻防の戦術課題の内容は「攻撃と防御の二面的機能」から導かれます。つまり、攻撃の場面でも、シュートを放ちゴールを果敢に攻めていくことためのプレイと、相手にボールを奪われないようにボールをキープするためのプレイが必要になります。（第4章「ボールゲームの科学」の項を参照）

②基礎となる技術・戦術

表 3-3-1　基礎となる技術・戦術に含まれる学習内容（構造的内容）

		基礎となる攻撃の技術・戦術	基礎となる防御の技術・戦術
戦術的行為の構造	規定	2 人のコンビネーションによるシュート	2 人のコンビネーションによるシュート阻止
	行為の目標	シュート可能な場（重要空間）でノーマークをつくり（最重要空間）、そこにボールをつないでシュートする	シュート可能な場（重要空間）を空けない、そこでノーマークにしない、ボールを入れさせない、シュートさせない
	行為の手段	状況判断を一致させ、互いの動きを連携させる（＝コンビネーション）	ボール保持者のマークと非ボール保持者のマークを連携する（＝コンビネーション）
	行為の実施	実際にパス（ドリブルを含む）―シュートする	実際にパス（ドリブルを含む）やシュートを妨げる
戦術的行為に必要な状況判断・認識と技能		重要空間・最重要空間と補助空間といった場の認識と、場を使う・つくる技能	味方同士の相互の関係や相手との関係についての認識と、味方との関係をつくり相手との関係を崩されない技能
		味方同士の相互の関係や相手との関係についての認識と、味方との関係をつくり相手との関係を崩す技能	味方同士の相互の関係や相手との関係についての認識と、味方との関係をつくり相手との関係を崩されない技能
		パス、キャッチ、ドリブル、シュートなどのボール操作の認識と技能	パス、キャッチ、ドリブル、シュートなどのボールの動きを妨げる技能

　戦術の最小単位は 2 人のグループ戦術です。基礎となる攻撃の技術・戦術は、主として「スコアリングプレイ」（攻撃終結の準備と実行）が展開されるゲームの部分的局面（とくに、ゴールやゾーンに近いエリア）に関わっています。そこで、基礎となる技術・戦術を、「2 人のコンビネージョンによるシュート（アタック、タッチダウン）〈攻撃〉、およびその阻止〈防御〉」としておきます。

　基礎となる技術・戦術は、2 人以上のグループ戦術をつくりあげるプレイヤー同士の機能的関係（つまり戦術課題を解決するコンビネーション）の最小単位なのです。表は、そこに含まれる学習内容の全体を構造的に示しています。

（2）ゲーム全局面の戦術と指導
①攻防システムの三層構造
　ボールゲームではゲームの全局面が、次の三層で展開されていきます。
❶ボールを中心とした地域（主にゴール付近）での攻防（Ⅰ層）
❷Ⅰ層周辺でカバーをして防御したり、フォローやチャンスを作り出したりして攻める（Ⅱ層）
❸さらにⅡ層周辺（全体）でコートバランスをとりながら防御したり、ゲームメイクや反撃に備える（Ⅲ層）
　これら三層において、攻撃は、①パス、②レシーブ、③ゲームメイクで、防御は、

①マーク、②カバー、③コートバランスという３つの基礎的機能を分担共同しながら展開され、それらの最小単位は「3on3」となります。単なる３人対３人という意味ではなく、攻撃や防御の基礎機能の３つを根幹に有しています。具体的には３人以上のチーム構成で複雑に発展していき、チーム戦術におけるフォーメーションやシステムとなっていきます。

②ゲームの全体的把握と基礎戦術の発展系統モデル
　戦術の最小単位を２人のグループ戦術とし、「２人のコンビネーションによるシュート（アタック、タッチダウン）〈攻撃〉、およびその阻止〈防御〉」と整理された指導内容は、最も重要な戦術課題（スコアリングに関わるプレイ）を中心とするものとしていました。しかし、ゴール周辺での攻防戦術が中心となる指導だけでは、ゲーム全体の把握までいくことはかなり困難でした。言い換えると局面の攻防は学ぶことができても、それをゲームに活かせないという従来からの課題を解決することはできてきていません。
　ゲームに活きる指導とは早い段階からゲームの全体像の把握と攻防関係をセットとして学ばせ、ゲームにおける攻防機能をコンパクトにした基礎戦術から徐々に複雑にしていくことが重要なのです。

③学習・発達段階と主な指導内容
　図 3-3-1 は基礎戦術の発展系統をモデルで示したものです。図に示されるように小学校の低・中学年（初期的・基礎的学習段階）ではスコアリングに関わる部分局面（ゴール付近）を中心とし、基礎となる技術・戦術（２人によるコンビネーションを、「２：２」や「３：３」のゲームなどにより学習します。

　小学校高学年・中学校２年（戦術の本格的学習段階）では、ゲーム全局面の把握と基礎戦術の学習（Ⅰ層〜Ⅱ層）を、「３：３」や「４：４」のゲームなどで学習します。

　中学校３年・高校（戦術の主体的創造段階）では、ゲームの全面的・戦略的構成を含めたフォーメーション確立を、「５：５」以上のゲームで学習することになりま

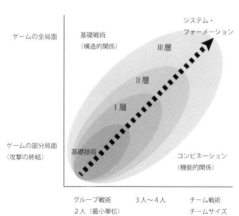

図 3-3-1　基礎技術の発展系モデル

す。

(3) ボールゲームの指導内容の体系と系統

　2008年改訂の学習指導要領から従来の繰り返し単元型構成から、体系的に大まかに指導内容が構成されるようになってきています。また、「ゴール型」「ネット型」「ベースボール型」という3つの型に整理されています。一応、小学校から高校までの流れはあるものの全体として曖昧な構成であり、ほぼ攻撃中心の内容となっています。

　また現実には、ゴール局面の攻撃を中心とした単元が構成され、次学年の同領域へと引き継がれていますが、うまく繋がらないことが多いようです。

　そこで、小学校から高校まで一貫して攻防を一体化して構成し、ゲームの全体構造が把握できるように指導内容の体系を組み込み、系統的に指導できるようにしています。

　表3-3-2は、球技における技術・戦術の系統的指導体系を示したものです。学年として小学校低学年から高校まで示していますが、大まかな目安です。特に学年間のつながりは、次に学ぶ内容の準備がどれくらいできているかが重要です。つまり、子どもの学習・発達段階に関わり、対象となる子どもの状況に対応しながら指導していくことが重要となっていきます。

①学習・発達段階別の指導内容
a 初期的・基礎的段階

　この段階は、大まかに小学校低・中学年に学習します。スコアリング局面に焦点化された学習です。

　初期的段階では「ゲーム感覚づくり」が必要となります。「しっぽとりゲーム」「シュートボール」などの教材で学習します。

　その後、基礎となる技術・戦術として「2人のコンビネーション」を学習していきます。そこでは、攻撃主体のパスワーク戦術を「じゃまじゃまサッカー」教材などで学習することになります。

　総合的内容（組織・集団・歴史など）に関しては、「ペア（2人）によるルールづくり」や「グループによるルールづくり」を、技術・戦術学習を行いながら学習していきます。

b 戦術の本格的段階

　この段階は、大まかに小学校高学年～中学校2年までの時期に学習します。ゲーム全局面での攻防の展開を基礎戦術（I層、II層）で学習します。

表 3-3-2　球技における技術・戦術と総合的内容の系統的導体系

学年	学習・発達段階		戦術・戦略（作戦）				総合的内容（技術・戦術以外）
			攻撃戦術	防御戦術	戦略	分析	組織・集団歴史
小学校低・中学年	初期的・基礎的段階 スコアリング局面に焦点化 基礎となる技術・戦術（2人のコンビネーション）ゲーム（2:2、3:3）	ゲームづくり 感覚	「しっぽとりゲーム」「シュートボール」など			触球数調査	ルールづくり①（ペアルール）
		基礎技術	2人のコンビネーションによるシュート（攻撃主体）パスワーク「じゃまじゃまサッカー」			ボール軌跡図 作戦図	ルールづくり②（グループルール）
小学校高学年・中学校2年	戦術の本格的段階 ゲーム全局面の経験 基礎戦術の学習（I層、II層）3：3ゲーム 4：4ゲーム	基礎戦術 I層	I層防御に対する攻撃 3つの攻撃戦術①パスワークプレイ②フェイントプレイ③ブロックプレイ「3 on 3」「読み・破る」「ストロングサイド」「ワイドブロック」	内線防御「内線ゲーム」I層での防御 3つの防御戦術①プレス Df.②マン Df.③ゾーン Df.「プレスゲーム（5秒）」マン Df.（半コート、全コート）	局面戦略 ベンチ指示	戦術分析図（固定防御）	ルールづくり③（クラスルール）
		基礎戦術 II層	II層防御に対する攻撃「読み・破る」「2ポスト」（ブロック、リターンパス、カットアウェイ）	内角防御「内角ゲーム」II層での防御カバーリングファイトオーバー・スライド・スイッチ（3秒ウエイト）	半面戦略 ベンチ指示	戦術分析図（変化攻防）	ルールづくり④（現行前史と学年ルール）英型・米型スポーツ史
中学校3年・高校	戦術の主体的創造段階 ゲームの全面的・戦略的構成 フォーメーションの確立（III層）5：5以上のゲーム	基礎戦術 III層	III層防御に対する攻撃「読み・破る」セーフティマンカッタープレイとスクリーナープレイ遅攻と速攻	III層での防御コートバランス防御法の併用スクリーンアウト	全面戦略 ゲームプラン ベンチワーク	戦術・戦略分析図（ゲーム分析）	ルールづくり⑤（ルール史と社会）スポーツ歴史

　I層での防御戦術（①プレスディフェンス、②マンディフェンス、③ゾーンディフェンス）をまず学習します。その後、I層防御に対する攻撃戦術（①パスワークプレイ、②フェイントプレイ、③ブロックプレイ）を学習していきます。

　次に、II層での防御戦術（カバーリング、ファイトオーバー・スライド・スイッチ）を学習します。その後、II層防御に対する攻撃戦術（「読み・破る」、2ポスト、

ブロック、リターンパス、カットアウェイなど）を学習していきます。

　総合的内容（組織・集団・歴史など）は、「クラスによるルールづくり」や「学年ルールづくり」および「現行ルール前史」、さらには「英型・米型スポーツ史」などを技術・戦術学習を行いながら学んでいきます。

c 戦術の主体的創造段階

　この段階では、大まかに中学校3年生～高校の時期に学習します。ゲームにおける攻防の全面的・戦略的構成をフォーメーションの確立（Ⅲ層）で学習します。

　Ⅲ層での防御戦術（コートバランス、防御法の併用、スクリーンアウトなど）をまず学習します。その後、Ⅲ層防御に対する攻撃戦術（「読み・破る」、セーフティマン、カッタープレイとスクリーナープレイ、遅攻と速攻 など）を、さらにはゲーム戦略等を学習します。

　総合的内容（組織・集団・歴史など）は、ルール史と社会との関係やスポーツの歴史全般を技術・戦術学習を行いながら学習していきます。

② Ⅰ～Ⅲ層における指導（学習）内容

a Ⅰ層の攻防の学習

　まず、以下の戦術学習すべてにおいて、体育授業であるから能力差を利用した戦術・戦略を考えたり使用したりしないように指導することが大前提になります。

　戦術学習は三段階で行います。攻防の戦術を学ぶ上での第一段階はⅠ層による攻防となります。攻撃とは防御を崩して得点をあげることですから、いかに合理的に防御を崩すかが攻撃の戦術となります。すでに崩れている防御ならば特別に戦術は必要ではなく、そこを突いて攻撃すればいいので、何の戦術も必要ありません。したがって攻防の戦術を学習する子どもは防御法を知っておく必要があります。

　まず内線防御を学習します。内線防御とはマーカーとゴールを結んだ線上に位置して守ることです。このことにより攻撃側の動きに対して少ない距離を移動して守ることができます（内線の利）。

　学習は「内線ゲーム」を使って行います。「内線ゲーム」とは攻撃側がパスをまわし、ストップがかかった時に何人がきちんと内線の位置にいるかを競うものです。

　つぎにⅠ層の防御法を学習します。「3on3」で行います。すべてのボールゲームの防御戦術は①プレスディフェンス、②マンディフェンス、③ゾーンディフェンスの3種類に分類できることがわかっています。大まかに①ボール、②人、③地域へのディフェンスです。

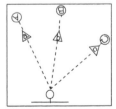

図 3-3-2　内線ゲーム

　最初はわかりやすく攻撃的なプレスディフェンスがよいと思います。防御側は攻撃の開始点に向けて全員でボール奪取にいきます。他の場所、特に後方のことは考えずにボールに向かいます。ボールホルダーに3人が行くことになります。パスより前にボールに到達すれば、ボール操作やパスミスの確率は高くなります。

　攻撃側はこのプレスに対してどのように攻めるかをグループで考えていきます。この場合、コート外にいる子ども（コーチ）の方が攻防の全体が見えているので有効な方法を考えることができるので、コート外の子どもも一緒に学習をすすめていきます。

　これらの3つの防御を崩す学習により攻撃の基礎戦術の①パスワーク、②フェイント、③ブロックの3種類が学習されていきます。

　クラス全体で各班の戦術を公表・交流し、学習を深めていくのはもちろんのことです。

　3つ防御法に対する攻撃戦術が学習されたら、「防御を読み・破る」学習へと移っていきます。

「防御を読み・破る」学習とは、防御側が数回（たとえば3回連続）同じ防御法で守り、その一回目でどのような防御法をとっているのかを読み、次の回でその防御法を破る攻撃を成功させるというものです。攻撃と防御を各班で交代しながら行います。防御側は固定回数後に異なる防御をすることになります。

　班全員でミーティング（戦術会議＝ハドル）をして防御を読む（分析）していきます。特にコート外から見ている子ども（コーチ）の役割が大きくなります。

　例えば野球のように3回攻撃を1イニングとして数イニングの防攻を行い、得点を競うゲームも考えられます。

　単元後半には少し人数を増やして（例えば5：5）で3つの攻防の機能が多人数でのゲームに活かされるかどうかを確認してみます。ここではフェイントやブロック戦術を応用した典型的は攻撃として「ストロングサイド」や「ワイドブロック」の学習を入れています。

b　Ⅱ層の攻防の学習

　Ⅰ層の攻防では防御側に欠点があり、そこを突いて攻撃されてしまっていました。その防御側の欠点をⅡ層により補う学習となります。つまり、Ⅰ層では一ヶ所あるいは一人が崩された場合、カバーするプレイヤーがいないので、一気にゴールまで運ばれるケースが多くありました。そこで、崩されそうな場所をカバーする防御を学習します。

　この学習の前に内角防御の学習をしておきます。内角防御とはレシーバーに対するマークの時、ボール・マーカー・ゴールの角の内側で防御するというものです。

これによりレシーバーへのマークもカバーも可能になります。もちろんボールホルダーには内線防御となります。

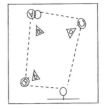

この学習は「内角ゲーム」によって行うことができます。それは、ストップがかかった時に何人がきちんと内線と内角の位置にいるかを競うものです。

図3-3-3　内角ゲーム

Ⅱ層によるプレスディフェンスは速い横パスや後方へのロングパスを守れる位置に一人が下がることによりカバーができるようになります。しかし、プレスに行くプレイヤーが一人減るためプレスがやや弱くなります。このⅡ層のプレスをどう崩すかを攻撃側の班は考えることになります。特にコート外の子ども（コーチ）が手薄になった所を見つけていきます（分析）。防御側は横パスと後方の中間守備となるため、その反対側が手薄なことに気づくと攻撃の糸口が見つかり、Ⅱ層のプレスを崩すことができるようになります。

Ⅱ層によるマンディフェンスは突破しようとするボールホルダーへのカバーとレシーバーへのマークにより崩されてもマークをすることができます。攻撃側はボールホルダーへのカバーによりできたフリーのプレイヤーを攻撃の糸口とすることでⅡ層のマンディフェンスを崩すことができるようになっていきます。

Ⅱ層によるゾーンディフェンスは突破しようとする地域へのカバーにより崩されにくくすることができます。攻撃側はカバーにより広がったゾーンの空間を攻撃の糸口とすることでⅡ層のゾーンディフェンスを崩すことができるようになります。

ここでもクラス全体で学習した戦術の共有を行います。その後、Ⅰ層同様に「防御を読み・破る」学習を行います。

単元後半には人数を1～2人増やしてⅡ層の防御をより確実にした攻防へと展開していき、3つの攻防の機能が多人数でのゲームに活かされるかどうかを確認していきます。さらにはブロック戦術を応用した典型的な攻撃として「2ポスト」の学習を入れます。2人のポストプレイヤーを置き、そのポストを利用してブロック（およびカットアウェイ）やリターンパスなどの戦術を使うものです。

c　Ⅲ層の攻防の学習

最初は「3on3」でコートバランスを含めた防御を学習します。Ⅱ層の段階と同じようにプレス、マン、ゾーンでの防御法も学習します。これによりすぐにゴールにつながるような攻撃ができにくくなります。深い地域は攻められないが、ボール付近の防御が弱くなります。

攻撃側は防御が弱くなったボール付近や浅い地域に攻撃の糸口を見つけ、連続攻撃を組み立てるようになっていきます。

「3on3」の攻防である程度コートバランスをとりながら防御します。また、ゲー

ムメイクや反撃への対応などができるようになったら、コートサイズを大きくし人
数も増やしていきます。

　5 〜 6 人が前陣・中陣・後陣のバランスが取れて、Ⅲ層の攻防が学習しやすい人
数です。

　単元後半にはリーグ戦や戦術発表会を行います。ゲームではオールコートでの
ゲーム展開、相手分析、攻防展開の地域、点差、時間帯のどの要素を組み込んだゲー
ムプランなどの戦略の学習も行っていきます。

第4章
ボールゲームの文化的特質と科学

1. ボールゲームの文化的特質

(1) 文化的特質を捉える観点

　多種多様な運動文化（スポーツ）のなかでもボールゲームに固有の本質的な特徴（特質）とはどのようなものでしょうか。ボールゲームの中にもサッカー、バスケットボール、ラグビー、バレーボール、テニス、バドミントン、卓球、ベースボール、ゴルフなど様々な種目がありますから、ボールゲームの特質を簡潔に述べることはとても困難です。ここではさしあたり次のような観点からボールゲームの特質について考えてみることを提案します。

　第一に、歴史的・社会的に形成されてきたゲームとしての目的、つまり相手との相対的な関係において何を競い合い、何を達成しようとするのかということと、それを量的に記録・表示する得点形式に、それぞれのゲームの特徴が表れるということ。

　第二に、ゴールやネットなどを含むコート、フィールド、コースなどの特有の様式をもつ空間がつくられ、また、ピリオド、セット、イニング、ラウンドなどの特有の区切りをもつ時間でゲームが構成されているということ。

　第三に、ボール（シャトル、パックなどを含む）というそれ自体が独特の運動性能（飛び方や転がり方）をもつ手段を使ってゲームの目的が達成されるので、ボールの保持、動き、運び方が対決する当事者同士にとっては常に攻防の中心的な関心事になるということ。

　第四は、試合においては個人対個人で競い合うものもありますが、多くはペアやチーム同士で競い合う形式を取ります。したがって、相手との競い合いという面と自分たちのチーム内で協力・協同するという面が相互に密接に関係しあって勝敗を決することになるということ。

(2) ボールゲームの発生と発展の過程

　以上のような観点から特徴づけられるボールゲームには、前にも述べたように、そもそも民衆の伝統的なゲームをルーツにもつものと（例えばフットボール）、レクリエーションなどの目的・意図をもって人為的に創案されたもの（例えばバスケッ

トボール、バレーボールなど）があります。ボールゲームの文化的な特質を理解するために、こうしたボールゲームの起源と発展の歴史的な歩みを知ることも大切です。発生と発展の歴史的な歩みのなかで、どのように固有のゲームとしての様式が形作られてきたのかを明らかにし、ゲームの様式に刻み込まれてきた人間的な能力や喜びや挑戦の内実を読み取り、ゲームの発展に影響した社会的条件を捉え、今後どのように発展・変化していくのかを洞察してみるのです。

　ボールゲームの発展について、それぞれのゲームに固有の時空間（コートやゴール）の確立のされ方やつくられ方の変化、攻防のプレイを媒介するボールやボールを扱う用具、シューズやウエアの性質・機能の改良とデザインの変化がとても大きな意味をもっています。なぜならこうした変化がゲームのプレイのあり方、実際の技術・戦術の開発や発展と深く関わっているからです。（「ボールの授業」の頁を参照）

(3) 複雑なシステムとしてのボールゲームの試合

　チーム対チームの形を取るボールゲームの試合（ゲーム）は、「自分たちのチーム―相手のチーム―試合・ゲームの目的と課題―ゲームの時空間―用具・手段―競技ルール」といった様々な要因が複雑に相互に関係しあうシステムとみなすことができます。しかも、多くの要因をもち、それらが複雑に関連しあうだけではなく、諸要因の関係自体が時間とともにめまぐるしくダイナミックに変化します。したがってプレイヤーは、たえず新たな情報を収集し、その時々の情報・情況を認知・判断し、柔軟かつ的確な意思決定を繰り返しおこなわなければなりません。ボールゲームのこのような複雑でダイナミックな特性は、ゲームの展開や結果に不確かさや意外性をもたらします。プレイヤーは柔軟で状況に適応したクリエイティブな行為を求められることになるのです。いろんなゲーム場面・状況のなかでは、ゲームの目的を達成するための具体的な課題の内容や、課題の解決の可能性と方法はいくつもあり、そうした自由度の中で最善・最適な方策を選択判断し決定する難しさと面白さがあります。戦略・戦術的な判断と意思決定の中身をゲームの目的と条件に照らして最適なものにできれば、自分たちにとって有利なゲーム状況を創り出すことができます。

　こうしたボールゲームの複雑でダイナミックなシステムとしての特性から、競い合うプレイの当事者たちの関係も単純ではありません。

　先ず、競い合いは、そもそも互いにゲームの目的を志向する相手が存在することを大前提としています。そして、行為の目的・条件やルール・規範について相手と合意し了解し合うことなしにはゲームは成立しません。こうした相手との共存、相手との合意と了解といった共同への努力なしにはゲームは成り立ち得ません。その

ため、ボールゲームではフェアプレイ、つまり相手の尊重、合意したルールの下で最善をつくすことが求められるのです。

　また、相手と競い合うのは、合意した目的・条件における互いの技術・戦術的なパフォーマンスの高さです。相手に対抗するためにはチームとして自分たちの協力・協同関係をより強化し、チームプレイをより組織的で洗練されたものにしていかなければなりません。相手が手強ければ手強いほど、自分たちの協力・協同関係や組織的なパフォーマンスを高めていかなければならず、競い合いの関係は互いの組織的パフォーマンスを高め合う関係を必然的に含み込んでいます。このことは、両チームが全力・総力を発揮し最高のパフォーマンスをぶつけ合ったゲームが最も感動的で質の高いゲームになることからも理解できるでしょう。

　こうしたことから、ボールゲームの競技（競い合い）は、単純に勝敗という結果の二分法で捉えるだけでは不十分です。単純な勝敗結果からすれば一方の利得が他方の損失となる「ゼロサムゲーム」のように見えますが、実はそうではありません。ゲームの当事者たちが互いに経験したこと、ゲームのなかで現実に当事者たちが表現し成し遂げたこと、そして創り出されたゲームの状況やできごとに目を向ければ、競い合い対峙し合う者それぞれの可能性が最大限に表現され、お互いが相互に高め合う関係を紡ぎ出していることを感じ取ることができます。そこでは、プレイの感動や喜びなど絶対的な価値をともなう感情と共感、ゲームの状況や敵味方のプレイについての新たな認識、ゲームの目的・条件に適った美しいプレイなどが相互の関係のなかで創造されているのです。

2. ボールゲームの科学

　Jリーグの発足をきっかけとしてボールゲームのコーチングシステムがずいぶん整備され発展してきています。例えば、サッカー協会は神経系と筋・骨格系の両面から発達過程を捉え、「プレゴールデンエイジ」（〜8,9歳）「ゴールデンエイジ」（9〜12歳）「ポストゴールデンエイジ」（12、13歳〜）「インディペンデントエイジ」（16歳頃〜）という発達段階を特徴づけて一貫指導のシステム化を図ろうとしています。それぞれの時期で重点的に育てるゲーム能力、ゲームセンス、ボールスキルなどを整理し体系化しようとしています。コーチングの発展は、技術や戦術に関する研究や、人間の発達に関する研究、指導方法に関する研究などを土台としており、体育における技術・戦術の指導を考える上でも検討に値する中身があります。

(1) ゲームの局面構造

　ボールゲームの戦術について理解する上で基礎となる考え方のひとつは、ゲームの局面構造という捉え方です。（図3-4-1）それは、ゲームを攻防に関わるいくつかの意味ある文節（局面あるいは状況）に分け、それらの関係としてゲームの仕組み理解するものです。めまぐるしく展開する複雑なゲームを攻防に関わる意味のまとまりとして大づかみにするのにとても役立つ考え方です。

　局面は大きく三つに文節されています。攻防が切り替わる「転換局面」、攻撃を開始しボールをゴール周辺に進め攻撃の体制を組み立てる「攻撃の組み立て」（あるいはそれを阻止する「攻撃の組み立ての防御」）、そしてコンビネーションなどで相手の防御を破ってシュートチャンスをつくりシュートする「攻撃終結の準備と実行」（あるいはそれを阻止する「攻撃終結の準備と実行の防御」）です。これらの局面はコート（フィールド）空間上の場所とも深く関係していることはいうまでもありません。

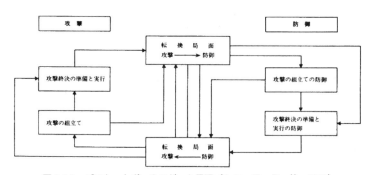

図3-4-1　バスケットボールのゲーム局面（G. シュテーラー他、1993）

（2）攻撃と防御についての理解

『バスケットボールの指導教本』（2002）では「攻撃と防御の本質」に関して次のように書かれています。

「攻撃と防御は、それぞれ絶対的概念として独立して成立するものではない。…（中略）…対立する要素を争点としながら相対的概念として成立している。攻撃の技術や戦術の内容はさまざまであるが、ドリブルやパスはあくまでもよりよいシュートに結び付けるための手段であり、その究極の目的はシュートを成功させて得点をとることである。」

　また、「攻撃と防御の二面的機能」を次のように解説しています。

「同一コート上に同時に対する2チームが存在することから、攻撃と防御のいずれにも常にそれぞれの反対要素が存在する。攻撃における防御行動は、技術が未熟

なるゆえに発生する場合と、防御者の行動によって発生する場合がある。攻撃の本質的な努力目標は、防御状態を発生させないこと、防御状態を回避する技術を身につけることである。一方、防御者にとっての第一義的な行動は、攻撃者との対峙を維持することである。しかし、対峙の維持だけでは防御の目的が達成されない。そこで攻撃に対立して反撃行動をとるようになる」。(図3-4-2)

攻撃	防御	
相手にボールを奪われないようにキープする	シュートを阻止しゴールを奪われない	守備的機能
シュートを放ってゴールする	相手にボールを自由に回させない。チャンスがあれば奪いにいく	攻撃的機能

図 3-4-2

　同一コート内で2つのチームの攻防が入り乱れるサッカーにおいても同様に、上述のような攻防についての捉え方がなされています。こうした攻防の理解は、「攻守混合型」、「ゴール型」のボールゲームの戦術を立て、実行し、評価する場合の基本的な拠り所となります。

　また、攻撃と防御の二面的機能を理解しておくことは、チームの攻撃戦術や防御戦術におけるそれぞれのプレイヤーの役割配置を考えるうえで大切です。例えば、サッカーのチーム戦術をバランスよく機能させる最小の人的構成は4人といわれています。それは、「ボール保持者」を中心に、相手守備陣の「突破」を試みるプレイヤー、攻撃に「幅」を持たせるためにサイドに開くプレイヤー、ボール保持者への「サポート」のために後方に位置するプレイヤーの4人の構成が必要になるからです。4人で攻撃場面における攻撃的機能と守備的機能をバランスよく分担していることがわかります。(図3-4-3)

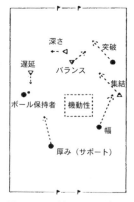

図 3-4-3　4対4のミニゲーム

　サッカーの役割配置は状況に応じて変化しますが、アメフト型の分業体制はより明確です。守備側から説明すれば、ボールを保持する相手バックスに突進し、いち早くボール保持者を捕まえるプレイヤー、相手の侵入行為をマークして空間への突進を止めるプレイヤー、守備ラインを破られても最悪タッチダウンを阻止するためにカバーするプレイヤーといった3層の役割分担があります。

(3) ゲームによる技術・戦術のトレーニング

　サッカーでは、M-T-Mメソッド(Match Training Match)という方式によって技術・戦術のトレーニングを行っています(図3-4-4)。まず、「4対4」などのスモールサイズを含む「試合」(Match)を使って、「なぜその技術・戦術が必要なのか」ゲーム感覚とともに認識させます。次に必要とされる技術・戦術に焦点化したトレーイ

ングを行い、それを再び「試合」で試して技術・戦術の有効性とトレーニングの効果を確認・評価するという方式です。M-T-M がトレーニングのユニットになっているわけです。

試合 (Match)…4対4などのスモールゲームを含む

なぜその技術、戦術が必要なのか認識させましょう。

練習 (Training)

<得>を増やすためにトレーニングさせましょう。

試合 (Match)

トレーニングによって<得>が増やせるようになったか、最後のゲームで試してみましょう。

図 3-4-4　M-T-M method（Match Training Match）

　体育授業におけるボールゲームの指導においても同様のアプローチが試みられています。イギリスでボールゲームの指導に関して 1980 年代に提起された「ゲーム理解のための指導」（TGFU：Teaching Games for Understanding）といわれるものです。その指導では、「ゲーム」の経験のなかでゲーム理解と戦術的な気づきを図り、ゲーム場面で必要な意思決定の内容について自覚化し、プレイの技能発揮のために習熟を図って、ゲームにおいてそのでき具合を試してみることが一連のサイクルで構成されています。（図 3-4-5）

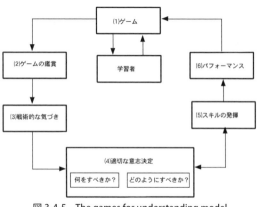

図 3-4-5　The games for understanding model
（D.Bunker and R.Thorpe, 1986）

　こうしたゲームによる指導の考え方は、1990 年代にアメリカの「戦術アプローチ」に取り入れられ改良されていきました。アメリカのゲームの指導においても、個々の技術を段階的に指導するそれまでのやり方では生徒の興味が低下し、しかも練習した技術を状況判断と意思決定を要するゲームではうまく生かせないという悩みを抱えていました。「戦術アプローチ」はその対案となるべく研究・実践されてきました。グリフィンらは体育授業における具体的な指導モデルに改良した、「ゲーム―発問―練習―ゲーム」というサイクルを提案しています。そこでは明確な「戦術的課題」にそって主要な課題を提示し、具体的なプレイ行為の獲得を図ることがめざされます。ゲーム（スモールゲーム）で主要な課題に対する戦術的行為を試みた後、教師から発問が出され戦術的行為のポイントについての理解と確認が図られます。そのうえで練習課題を設定してプレイを定着させ、再度ゲームのなかで練習したことを生かして戦術課題の達成を試みます。

(4) ゲームパフォーマンスの評価

「戦術アプローチ」によるボールゲームの指導モデルを開発してきたグリフィンらは、その成果を評価するための方法も提案しています。「戦術アプローチ」は戦術的な理解やプレイ行為の習熟をめざしているため、従来のスキルテストを評価方法とするわけにはいきません。そこで開発されたのがゲームパフォーマンスの評価方法（Game Performance Assessment Instrument=GPAI）です。それは「ボールを持ったときのプレイ」と「ボールを持たないときのプレイ」の両方を含めて、ゲーム場面での戦術的な気づきや判断・意志決定を重視する観点から、ゲームパフォーマンスの構成要素をリストアップして、観察可能な基準（項目）を設定しようとしたものです。具体的には「ベース」（ポジショニング）、「調整」（流れやバランスに応じた動き）、「意思決定」（状況に応じてプレイの選択）、「技能発揮」、「サポート」、（パスがもらえるポジションへの移動）、「カバー」（味方を守備面で援助）、「ガードあるいはマーク」（守備面での対応）という7つのカテゴリーが設定されています。（図3-4-6）

```
日付 96／4／16           GPAI サッカー                クラス 2C

①ゲームパフォーマンスの要素
②適切さと有効さの評価基準
③スローイン，ゴールキック，コーナーキック等のリスタートを含む
カテゴリー
  意思決定  基準──プレイヤーがフリーのチームメイトにパスをしようとする。プレイヤーが適切なタイミ
              ングでシュートしようとする。
  技能発揮  基準──レシーブ：パスされたボールのレシーブコントロール。／パス：ボールがターゲットに
              とどく。
              シュート：頭の高さより低いボールをターゲットにあてる。
  サポート  基準──プレイヤーがパスをもらうために適切なポジションにとどまったり，移動したりして，
              ボール保持者のサポートをする。
```

名前	意思決定		技能発揮		サポート	
	適切	不適切	有効	非有効	適切	不適切
マシュー	××××××	×	××××××	×	×××××××	××××
ブライアン					×××	×××
キャティー	×××××	×	×××××	×	××××	×
ケリー	××	×	×××	×	××	
ピーター	×××	××	××	×××	××	×
アリソン	×	××	×	××	×××××××	×

図 3-4-6　サッカーパフォーマンスの観察結果（グリフィン他、1999）

ボールゲームで自分たちの実態・実際に即した学習課題（戦術課題）を明確にする（自覚する）ためには、適切なゲームパフォーマンスの評価基準や観点を設定し、「ゲームパフォーマンスの評価」方法を開発することがとても重要になります。ボールの動きを空間的・時間的に追跡したりそこに誰がどのように関与したのかを記録し、それを空間的バランス、時間的な配分、プレイヤー同士の関係性や使用した技術的プレイの内容などを指標に分析・評価します。その場合、ゲームパフォーマンス

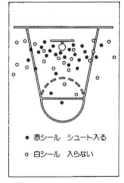

● 赤シール　シュート入る
○ 白シール　入らない

図3-4-7　シュート地点調査

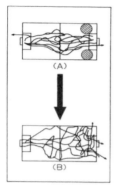

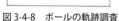

図 3-4-8　ボールの軌跡調査

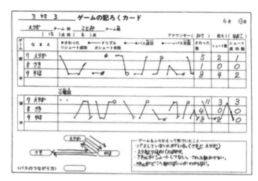

図 3-4-9　ゲームの記録カード（心電図とパスのつながり）

の追跡・記録の手法や結果の統計的分析や評価の方法がなるべく簡便であることが必要です。（図 3-4-7 ～図 3-4-9）また、最近ではこうしたパフォーマンスの記録・分析・評価が最新のテクノロジーとシステムによってより短時間で精密に効果的に実施されるようになっています。

3.　ボールゲームの授業づくりに向けて

　以上のようなボールゲームの文化的特質をふまえて、ボールゲームの授業づくりにおいて押さえておきたい観点をいくつか挙げておきましょう。（これに関連して、第 3 部第 2 章ボールゲームの教育課程も参照のこと）

（1）ボールゲームの社会的あり方にも目をむける

　ボールゲームは様々なスタイルで世界中の多くの人びとに愛好されており世界中に普及している運動文化（スポーツ）です。けれども世界的に普及しているメジャーなスポーツだからこそ、国際的なビッグイベントの開催にともなって、過剰なナショナリズムやコマーシャリズムという問題が起ることもあります。

　またこのように世界中に多くの愛好者がいるボールゲームは世界的ネットワークをもつメディアを通して私たちが視聴する対象になっています。他方で、民俗スポーツ、民衆スポーツとして多様なボールゲームが各国・地域に固有のスタイルで存在しています。

　このように、ボールゲームへの興味関心が広がりを見せているにもかかわらず、わが国では学校以外の場でボールゲームを「する」社会的な環境・条件の整備が十分とはいえません。反面、「観る」「支える」という側面からボールゲームを楽しん

でいる人たちが増えています。

　学校体育で学習するボールゲームの内容はこうしたボールゲームの社会的現実と無関係ではないことに留意する必要があります。

(2) 戦略・戦術学習の系統的学習の重要性

　先でも述べたように、様々なスポーツ（運動領域）のなかでもボールゲームでは、勝敗をめぐる状況判断、味方との協力や相手との駆け引き、つまり「戦略・作戦・戦術」に関わる認識と行為が学習や経験の質に大きく影響します。ですから、試合の方針や目標に基づくゲームのシナリオやプランを描き出すこと、戦術的課題を達成するコンビネーション練習を系統的に進めること、ゲームの実施を通して戦術的なパフォーマンスを記録し分析・評価をすること、分析・評価の結果を次のチームの練習やゲームプランに生かすことなど、戦略・戦術のレベルを系統的に高めていく学習を組織することが必要です。

(3) 勝敗という結果だけではなく理想の試合内容やチームの追求を

　ボールゲームの試合では勝敗という結果は常に相対的な意味合いを帯びています。「試合に勝って、勝負に負けた」というコトバが象徴するように、勝敗結果と試合の事実や内容が一致しないこともしばしば起ります。したがって、ボールゲームの愛好者たちは、勝敗や順位という結果に関する目標のみならず、「どんなゲーム」をめざすのか、ゲームの内容や試合展開に関わる価値・意味・質へのこだわりが大切です。また、ボールゲームの学習を既存のゲーム（ルール）の枠内で問題解決を図ることにとどめる必要はありません。ゲームの特質を大事にしながらも、場合によっては自分たちが考えるゲームの理想・価値・意味を鮮明にし、それにそってルールを作りかえたり、ルールを創造するような学習経験が大切です。また、自分たちの理想・価値・意味をゲームにおける戦略・作戦・戦術づくりの中身やチーム編成の仕方、技術・戦術学習のあり方に具現化していくことも大切な学習課題となるでしょう。

【参考文献】

G. シュテーラー、I. コンツアック、H. デブラー、唐木國彦（監訳）『ボールゲーム指導事典』、大修館書店、1993.

稲垣安二『球技の戦術体系序説』、梓出版、1993.

長谷川裕「サッカーにおける攻撃と守備の四原則—戦略・戦術指導の内容構成のために—」、『たのしい体育・スポーツ』第41巻4号、1992.

R.Thorpe, D. Bunker, & L. Almond (Eds.), Rethinking games teaching, Loughborough, UK: Loughborough University Press, 1986.

リンダ・L・グリフィン他、高橋健夫、岡出美則（監訳）『ボール運動の指導プログラム』、大修館書店、
　1999.
日本バスケットボール協会『バスケットボール指導教本』、大修館書店、2002.
日本サッカー協会、公認準指導員・地域C級指導員養成講習会資料、2001.
出原泰明『体育の授業方法論』、大修館書店、1991.
坂井ひづる「こんな授業ならデータはいらない─データはなぜ必要か」『たのしい体育・スポーツ』
　第26巻第8号、2007.

あとがき

　なぜ、「新学校体育叢書（新叢書）」の発刊が求められるのか。どんな「新叢書」が必要なのか。これらについては、本書冒頭の「発刊によせて」に記されています。「新叢書」発刊に込めた問題意識は、これまでに「水泳の授業」（2012 年）、「器械運動の授業」（2015 年）という形に表されました。本書「ボールゲームの授業」はこれに続くものです。10 年以上前から研究会・学習会や編集会議を積み重ねて準備してきましたが、発行に至るまで随分時間がかかりました。それは「ボールゲームの授業」という広大な領域と系統を 1 冊に凝縮することの難しさにあったと考えています。けれどその困難さは同時に本書の特徴を物語るものでもあります。以下、本書の特徴を示しましょう。

　本書は、第一に、小学校の「ゲーム」及び「ボール運動」から、中学校、高校の「球技」に至るまでの、「ボールゲームの授業」を盛り込んでいます。つまり、学校階梯をまたいでボールゲームのカリキュラムの内容がどのように系統化されるのかという考え方を背景に持ちながら、各学校階梯・学年での指導計画や内容が紹介され、とくに重点となる教材について指導内容と系統が詳しく述べられています。

　第二に、「ゴール型」の教材に重点をおきつつも、「ネット型」「ベースボール型」の授業にも対応できる内容となっています。教材（文化素材）の本質的な性格を明らかにすることで、教材どうしの関連や違いを考える基礎が示されています。さらに、ボールゲームの中核的な教科内容となる戦術の原則や体系と系統的な指導をどう構成するのか、その考え方が整理されています。ボールゲームの授業の鍵となる、練習とゲームを有機的に結びつけ発展させる指導がイメージできるでしょう。

　第三に、本書で紹介する指導計画や指導内容の系統は、実践的に試みられ、子どもたちの学びとして手応えがあったものをもとに記されています。そのため、同じ教材であっても実践者と学習する子どもの違いによって指導の内容や方法のバリエーションを見てとることができます。このことは、本書に書かれていることが、「これしかない」指導の内容や方法ではないということを意味しています。だから、本書を手がかりにして、自分の学校の様子や受け持つ子どもたちの実態に応じた、クリエイティブな授業づくりの一助としてほしいと考えています。

　何よりも、本書を手がかりに様々な授業が試みられ、忌憚のないコメントや問題指摘が届き、そして新たな提案が生まれることを切に願っています。

2022 年 4 月吉日

編集者を代表して　森　敏生

執筆者紹介

新学校体育叢書の発刊によせて‥‥森　敏生（武蔵野美術大学）

第1部　ボールゲームの指導計画

第1章‥‥日名大悟（大阪・小学校教諭）

　　　　舩冨公二（大阪・元小学校教諭）

　　　　久保雅一（兵庫・淡路市教育委員会）

　　　　大後戸一樹（広島・広島大学）

第2章‥‥石井崇史（東京・小学校教諭）

　　　　山本雅行（大阪・元小学校教諭）

　　　　木村典雄（長野・元小学校教諭）

　　　　大後戸一樹

　　　　才藤久雄（熊本・元小学校教諭）

　　　　起田新也（熊本・小学校教諭）

第3章‥‥漆山晶博（滋賀・中学校教諭）

　　　　佐藤不二夫（熊本・元中学校教諭）

　　　　矢部英寿（宮城・中学校教諭）

第4章‥‥吉田　隆（福井・福井大学非常勤講師）

　　　　殿垣哲也（兵庫・兵庫大学非常勤講師）

第5章‥‥矢部英寿

第6章‥‥石田智巳（京都・立命館大学）

補　章‥‥和田範雄（和歌山・元小学校校長）

第2部　ボールゲームの指導内容と系統

第1章‥‥山本雅行

　　　　舩冨公二

　　　　日名大悟

第2章‥‥石田智巳

第3章‥‥石井崇史

　　　　才藤久雄

　　　　林　健司（熊本・小学校教諭）

第4章‥‥矢部英寿

第5章‥‥横森茂樹（東京・元中学校教諭）

第3部　ボールゲームの指導の基礎

第1章‥‥森　敏生

第2章‥‥森　敏生

第3章‥‥則元志郎（熊本・熊本大学名誉教授）

第4章‥‥森　敏生

イラスト：山田絵未

新学校体育叢書
ボールゲームの授業

2022 年 6 月 8 日　第 1 刷発行

編　者　学校体育研究同志会

発行者　鴨門裕明

発行所　㈲創文企画
　　　　〒 101 － 0061
　　　　東京都千代田区三崎町 3-10-16　田島ビル 2F
　　　　TEL：03-6261-2855　FAX：03-6261-2856
　　　　http://www.soubun-kikaku.co.jp
　　　　［振替］00190 － 4 － 412700

装　丁　岩本　巧

印　刷　壮光舎印刷㈱

ISBN 978-4-86413-161-2